U0958758

高等学校“十二五”应用型经管规划教材

# 电子商务概论

张 莹 高 飞 高仁华 主编

## Introduction of Electronic Business

電子工業出版社
Publishing House of Electronics Industry
北京 · BEIJING

未经许可，不得以任何方式复制或抄袭本书之部分或全部内容。
版权所有，侵权必究。

**图书在版编目（CIP）数据**

电子商务概论 / 张莹，高飞，高仁华主编. —北京：电子工业出版社，2015.7
高等学校“十二五”应用型经管规划教材
ISBN 978-7-121-26600-3

Ⅰ. ①电… Ⅱ. ①张… ②高… ③高… Ⅲ. ①电子商务－高等学校－教材 Ⅳ. ①F713.36

中国版本图书馆 CIP 数据核字(2015)第 155750 号

责任编辑：杨洪军
印　　刷：涿州市京南印刷厂
装　　订：涿州市京南印刷厂
出版发行：电子工业出版社
　　　　　北京市海淀区万寿路 173 信箱　邮编 100036
开　　本：787×1092　1/16　印张：15.5　字数：378 千字
版　　次：2015 年 7 月第 1 版
印　　次：2015 年 7 月第 1 次印刷
定　　价：39.00 元

凡所购买电子工业出版社图书有缺损问题，请向购买书店调换。若书店售缺，请与本社发行部联系，联系及邮购电话：（010）88254888。
质量投诉请发邮件至 zlts@phei.com.cn，盗版侵权举报请发邮件至 dbqq@phei.com.cn。
服务热线：（010）88258888。

# 前　言

自从 1994 年杰夫·贝索斯创建亚马逊模式以后，电子商务在人类历史上已走过 20 多年的历史。从历史的长河来看，电子商务的发展历程如沧海一粟，然而纵观今天的世界，我们的生活已经或正在被电子商务所改变。电子商务已经深深地影响和改变着我们生活、学习、沟通与思维的方式。

21 世纪的世界是以互联网为背景，电子商务环绕身旁的时代。中国的电子商务经过了接近 20 年的发展，电子商务的各个领域正在发生翻天地覆的巨大变化，从形式到内涵的各个方面都更加丰富和完善，在国民经济中的作用显著增强。随着电子商务的蓬勃发展，我国对既懂计算机又懂商务的复合型人才产生了巨大的需求，同时对高等学校电子商务人才培养工作提出了更高的要求。因此，如何面向日新月异的电子商务发展，开展各具特色的电子商务专业人才培养工作，打造新型的电子商务教材体系和系列教材，显得十分必要。

近年来，市场上也出现了很多电子商务方面的教材。但是，电子商务的发展日新月异，作为一门新学科，知识更新又很快，无论是电子商务的内涵、技术、营销手段还是电子商务的管理及运营，与几年前相比都发生了很多变化。原有教材的很多内容显得滞后，不能满足和适应现有电子商务专业和其他相关专业学生的需要，这促使我们要尽快地在原有基础上不断增加新的内容，于是就有了现在这本教材。

本书共 10 章，系统、全面地介绍了电子商务的概念、理论和方法，内容包括电子商务概述、电子商务模式、电子商务技术基础、网络商店的规划与运营、网络营销、电子商务物流与供应链、电子支付与网上银行、无线网络与移动电子商务、电子商务法律、电子商务典型应用。在每章中还加入了一些相关案例、相关链接与课堂讨论题等，以辅助学生对某些章节的重点掌握。每章后面都安排了复习思考题，题型多样，有利于读者总结归纳所学知识，巩固对本章内容的吸收和理解。

本书资料新颖、内容翔实；结构合理、深入浅出；编写体例新颖、实用性强，突出对基本理论、基本技能的掌握和应用能力的培养。本书既可作为高等院校电子商务专业、市场营销专业、计算机信息管理专业、工商管理专业、经贸专业、财经专业等相关专业的电子商务基础教材，又可作为有关电子商务的培训用书，对企事业单位从事电子商务应用的管理人员、技术人员和事务操作人员也有重要的参考价值。

本书由张莹、高飞、高仁华担任主编。各章编写情况为：第 1 章由张莹编写；第 2 章由姜文文编写；第 3 章由张莹和于硕编写；第 4～6 章由高飞编写；第 7 章由王洪艳编写；第 8 章由于硕编写；第 9、10 章由高仁华编写。

由于时间仓促，编者水平有限，在编写过程中难免存在问题或疏漏，不当之处，恳请专家和读者指出，以利于日后的提高和完善。在本书写作的过程中，我们参照了其他教材及网络的一些资源，对于在书中没有提到的教材和网络资源，在此一并表示深深的谢意。

# 目　录

# 第 1 章　电子商务概述

## 引导案例

**京东商城的发展历程**

京东商城是中国 B2C 市场最大的 3C 网购专业平台，是中国电子商务领域最受消费者欢迎和最具有影响力的电子商务网站之一，在线销售家电、数码通信、计算机、家居百货、服装服饰、母婴、图书、食品等 11 大类数万个品牌百万种优质商品，2013 年，活跃用户数达到 4 740 万人，完成订单量达到 3 233 亿元。1998 年 6 月 18 日，刘强东在北京中关村创办了京东公司，公司代理销售光磁产品，并在短短两年内成为全国最具影响力的光磁产品代理商。2003 年，面对“非典”对传统零售业的冲击，刘强东放弃了全国扩张连锁店面的计划，并于 2004 年年初，将京东公司带入电子商务领域，正式创办了“京东多媒体网”（360buy，京东商城前身）。自此，京东公司进入了高速发展期，以年均 300%以上的速度增长。2007 年，京东多媒体更名为京东商城。2011 年 11 月 22 日，京东商城取消“全场免运费”策略。2014 年 5 月 22 日，京东在纳斯达克挂牌，成为仅次于阿里巴巴、腾讯、百度的中国第四大互联网上市公司。2014 年 11 月 22 日，京东集团宣布大家电“京东帮服务店”正式开业。京东称，未来三年，“京东帮服务店”将在全国区县铺开，达到千余家。

（资料来源：中国电商学院，http://www.eczhidi.com/edu/136.html）

## 本章学习目标

- 了解电子商务的产生和发展过程、电子商务对社会产生的影响、电子商务在中国的发展现状；
- 掌握电子商务的概念、特点、功能、组成和框架。

## 1.1　电子商务的相关概念

### 1.1.1　电子商务的概念

电子商务，顾名思义，是指利用现代信息技术和计算机网络（包括互联网、移动网络和其他信息网络）所进行的各类商业活动。由于对电子技术和商务活动的界定范围不同，迄今为止国内外对电子商务还没有一个较为权威和确切的定义。不同的部门、组织和企业都是根据自己的理解和需要来给电子商务下不同的定义。

### 1．各国政府对电子商务的定义

（1）欧洲议会对电子商务的定义。电子商务是通过电子方式进行的商务活动。它通过电子方式处理和传递数据，包括文本、声音和图像。它涉及许多方面的活动，包括货物电子贸易和服务、在线数据传递、电子资金划拨、电子证券交易、电子货运单证、商业拍卖、合作设计和工程、在线资料、公共产品获得等。它包括产品（如消费品、专门设备）和服务（如信息服务、金融和法律服务）、传统活动（如健身、体育）和新型活动（如虚拟购物、虚拟训练）。

（2）美国政府对电子商务的定义。电子商务是通过互联网进行的各项商务活动，包括广告、交易、支付、服务等活动。全球电子商务将会涉及全球各国。

（3）中国上海市电子商务安全证书管理中心对电子商务下的定义。电子商务是指采用数字化电子方式进行商务数据交换和开展商务业务活动。电子商务主要包括利用电子数据交换、电子邮件、电子资金转账及互联网的主要技术在个人间、企业间和国家间进行无纸化的业务信息的交换。

### 2．相关组织对电子商务的定义

世界贸易组织认为，电子商务是能通过电信网络进行的生产、营销、销售和流通活动。它不仅指基于互联网上的交易，还指所有利用电子信息技术来解决问题、降低成本、增加价值和创造商机的商业活动。

国际商会认为，电子商务是指整个贸易活动实现电子化。电子商务，从涵盖范围方面可以定义为：交易各方以电子交易方式而不是通过当面交换或直接面谈方式进行的任何形式的商业交易；从技术方面可以定义为：电子商务是一种多技术的集合体，包括交换数据（如电子数据交换、电子邮件）、获得数据（共享数据库、电子公告牌）以及自动捕获数据（条形码）等。

联合国经济合作和发展组织认为，电子商务是发生在开放网络上的包括企业之间、企业和消费者之间的商业交易。

全球信息基础设施委员会认为，电子商务是运用电子通信作为手段的经济活动，通过这种方式人们可以对带有经济价值的产品和服务进行宣传、购买和结算。这种交易的方式不受地理位置、资金多少或零售渠道的所有权影响，公有私有企业、公司、政府组织、各种社会团体、一般公民、企业家都能自由地参加广泛的经济活动，其中包括农业、林业、渔业、工业、私营和政府的服务业。电子商务能使产品在世界范围内交易并向消费者提供多种多样的选择。

### 3．企业对电子商务的定义

1997 年 IBM 公司第一次使用“电子商务”一词。IBM 公司认为，电子商务＝信息技术+Web+业务，即电子商务是在互联网等网络的广泛联系与传统信息技术系统的丰富资源相结合的背景下，应运而生的一种相互关联的动态商务活动。它强调的是网络环境下的商业化应用，不仅仅是硬件和软件的结合，而是把买方、卖方、厂商及其他合作伙伴通过互联网、企业内部网和企业外部网结合起来的应用。

通用电气公司认为，电子商务是通过电子方式进行商业交易，分为企业与企业之间的电子商务和企业与消费者之间的电子商务。企业与企业之间的电子商务是指，以电子数据交换为核心技术，增值网和互联网为主要手段，实现企业间业务流程的电子化，配合企业内部的电子化生产管理系统，提高企业从生产、库存到流通（包括物资和资金）各个环节的效率。企业与消费者之间的电子商务是指，以互联网为主要服务提供手段，实现公众消费和服务提供方式以及相关的付款方式的电子化。

联想公司认为，电子商务是利用电子化、信息化的手段，使得企业能够提高效率，降低成本，提升客户满意度。电子是手段，商务是目的。

综上所述，电子商务有狭义和广义之分。狭义上讲，电子商务（Electronic Commerce，EC）是指在互联网、企业内部网和增值网上以电子交易方式进行的交易活动和相关服务活动，是传统贸易活动各环节的电子化、网络化。它包括通过互联网买卖产品和提供服务，产品可以是实体化的，如图书、化妆品、电脑，也可以是数字化的，如新闻、录像、软件。此外，它还可以提供各类服务，如安排旅游、远程教育、团购物品等。它实现了交易的无纸化、自动化和高效化，同时影响了从生产到消费各个方面商务活动的方式。

广义上讲，电子商务（Electronic Business，EB）是指应用计算机与网络技术与现代信息化通信技术而按照一定的标准，利用电子化工具来实现包括电子交易在内的商业交换和行政作业的商贸活动的全过程。一方面，它不仅包括通过电子邮件、视频交换、文件交换以及电子数据交换所进行的网络上的商业数据交换和通过网络进行的电子交易，还包括政府职能部门所提供的电子化服务、网络银行以及跨企业共同运作等，它覆盖了与商务活动有关的所有方面；另一方面，它既包括企业内部商务活动，如生产计划安排、管理、财务核算、物资调配等，也包括企业间以及企业与客户之间的商务活动；它不仅是硬件和软件的结合，更是把买家、卖家、厂家和合作伙伴在互联网、企业内部网、企业外部网上利用互联网技术与现有的商业设施结合起来进行商贸业务的综合系统。

EC 主要强调的是网络和交易，EB 则可以看作电子化商务系统。后者不仅有交易，还包括供应链管理、客户关系管理等，是指各种行业中各种业务的电子化。狭义定义是基本范畴，广义定义是具有现代特征、现实意义的电子商务系统定义。二者的关系如图 1-1 所示。

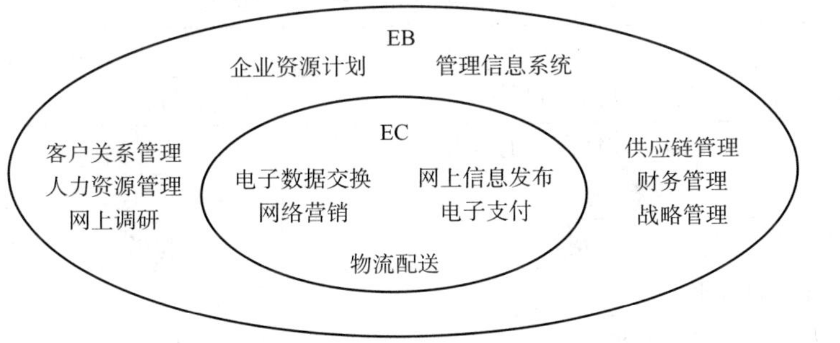


图 1-1　EC 和 EB 的关系

本书认为，电子商务是各种具有商业活动能力和需求的实体（生产企业、商贸企业、金融企业、政府机构、个人消费者等）采用计算机网络和各种数字化传媒技术所进行的商品服务贸易及与此相关的各种经营管理活动的总和。

### 1.1.2 传统商务与电子商务的区别与联系

**1．传统商务与电子商务的区别**

传统商务是商品生产、流通、结算所进行的全部活动的总称。商品交易是商务活动的形式。整个交易过程是信息流、资金流和物流的统一。电子商务虽然和传统商务有着同样的商务流程，但它将传统商务活动中的物流、资金流、信息流的传递方式利用网络科技整合，企业将重要的信息以全球信息网、企业内部网或外部网直接与分布各地的客户、员工、经销商及供应商连接，创造更具竞争力的经营优势。电子商务与传统商务相比，主要有以下几点区别。

（1）传统商务和电子商务的运作过程不同。传统商务交易过程中的实务操作由交易前的准备、贸易磋商、合同与执行、支付与清算等环节组成。电子商务的运作过程相似，但是交易具体使用的运作方法是完全不同的。例如，合同的签订与执行，电子商务环境下的网络协议和电子商务应用系统的功能保证了交易双方所有的交易协商文件的正确性和可靠性，并且在第三方授权的情况下具有法律效应，可以作为在执行过程产生纠纷的仲裁依据。传统商务环境下的交易双方必须以书面形式签订具有法律效应的商贸合同，来确定磋商的结果和监督执行，并在产生纠纷时通过合同由相应机构进行仲裁。

（2）传统商务和电子商务的商品流转机制不同。传统商务下的商品流转是一种“间接”的流转机制。这种方式并不能给生产企业带来更大的利润，因为直销方式要求制造厂商有许多销售人员经常奔波在各个市场之间。电子商务的出现使得每种商品都能够建立最直接的流转渠道，制造厂商可把商品直接送达用户那里，还能从用户那里得到最有价值的需求信息，实现无阻碍的信息交流。

（3）传统商务和电子商务所涉及的地域范围和商品范围不同。传统商务所涉及的地域范围和商品范围是有限的，而随着互联网的推广与普及，特别是各类专业网站的出现，电子商务所涉及的地理范围和时间则是无限的，是超越时空的。

传统商务与电子商务的区别如表 1-1 所示。

**表 1-1 传统商务与电子商务的区别**

| 项 目 | 传统商务 | 电子商务 |
|---|---|---|
| 信息提供 | 根据销售商的不同而不同 | 透明、准确 |
| 流通渠道 | 企业—批发商—零售商—消费者 | 企业—消费者 |
| 交易对象 | 部分地区 | 全球 |
| 顾客忠实度 | （普通销售时）不固定 | 固定（购买方便、价格低廉） |
| 交易时间 | 规定的营业时间内 | 24 小时 |
| 销售方法 | 通过各种关系买卖 | 完全自由购买 |
| 营销活动 | 销售商的单方营销 | 双向通信、PC、一对一 |
| 从业者技能 | 商务技能 | 信息技术使用技能和现代商务技能 |
| 顾客方便度 | 受时间与地点的限制，还要看店主的眼色 | 顾客按自己的方式无拘无束地购物 |
| 对应顾客 | 需长时间掌握顾客的需求 | 能够迅速捕捉顾客的需求，及时应对 |
| 销售地点 | 需要销售空间（店铺） | 虚拟空间 |

2．传统商务与电子商务的联系

（1）电子商务的物流系统可以建立在传统商务的物流系统的基础上，这样会更充分发挥物流资源的利用率。

（2）电子商务下的客户可能就是传统商务下的客户群，从某种意义上说，电子商务是传统商务的发展。

（3）电子商务的许多活动可以沿袭传统商务中的活动方式进行操作，并对它们加以改进延伸，使之能够适应新的商务条件。

## 1.1.3 商务电子化和电子商务的区别

商务电子化和电子商务是两个不同的概念。商务电子化是电子商务的前提，电子化只是提升商务能力的因素之一，而电子商务以商务为本，其本质不是电子技术，需要的是商务流程和管理模式的改变。

**【课堂讨论题】**

传统的旅游公司建立了自己的网站，并通过这个网站发布旅游线路信息，介绍旅游景点，提供交通、导游咨询服务，提供网上订票、酒店预订、旅游路线预订等服务。这是电子商务吗？

如果企业仅仅是以信息技术代替手工操作进行管理，通过网站在前台表现出电子商务的特征，后台没有实现整个运作体系的业务流程重组优化和全面信息化，这样的网站如同一个发布信息的媒介，不可避免地会出现消费者只是把网站作为自己搜索相关产品信息的一个信息源，继而采用传统方式去物理商场买产品的现象。电子商务不仅使商务过程电子化，而且强调通过利用信息技术手段和服务，通过内外整合，实现生产、采购、销售全过程的整合信息化，将信息服务、交易服务、支付服务、物流服务整合起来形成一个供应价值链。

## 1.1.4 电子商务的特点

电子商务是整个事务活动和贸易活动的电子化。它将信息网络、金融网络和物流网络结合起来，把事务活动和贸易活动中发生关系的各方有机地联系起来，使得信息流、资金流、物流迅速流动，极大地方便了各种网络上的事务活动和贸易活动。与传统商务相比，电子商务有以下特点。

1．虚拟性

通过互联网为代表的计算机网络进行的贸易，贸易双方从贸易磋商、签订合同到支付等过程无须当面进行，均通过计算机网络完成，整个交易完全虚拟化。对卖方来说，可以到网络管理机构申请域名，制作自己的主页，组织产品信息上网。而虚拟现实、网上聊天等新技术使买方能够将自己的需求信息反馈给卖方。买卖双方通过信息的相互交换，签订电子合同，完成交易并进行电子支付。整个交易都在网络这个虚拟的环境中进行。

2．全球性

互联网是一个开放的全球计算机网络，无论身处何地，无论白天与黑夜，只要轻点鼠标，就可以登录任何国家、任何地域进行交易。

#### 3. 低成本性

电子商务的低成本性体现在以下几个方面：

（1）电子商务实行“无纸贸易”，提高内部信息传递的效率，节省时间，降低管理成本。

（2）网络营销使买卖双方通过网络进行商务活动，无须中介者参与，减少交易的有关环节。

（3）卖方通过互联网进行产品介绍和宣传、减少在传统方式下做广告、发印刷产品等大量费用。

（4）互联网让买卖双方即时沟通供需信息，使无库存生产和无库存销售成为可能，减少库存的同时缩减产品周期。

#### 4. 高效性

互联网将贸易中的商业报文标准化，使商业报文能在世界各地短时间内完成传输和接受计算机的自动处理。同时，原料采购、产品生产、资金结算、货物运输等环节都在最短时间内自动完成，极大地缩短了交易时间，提高了工作效率。

#### 5. 交易透明性

买卖双方从交易的洽谈、签约以及货款的支付、交货通知等整个交易过程都在网上进行。通畅、快捷的信息传输可以保证各种信息之间互相核对，防止伪造信息的流通。

#### 6. 协调性

在电子商务环境下，企业除了要协调企业员工与客户、客户与企业内部、生产商和零售商等之间的关系外，还必须与银行、通信、物流、服务部门等多个部门共同合作，实现电子商务活动的全过程。

#### 7. 安全性

安全是电子商务中必须考虑的核心问题。网络诈骗、病毒和非法入侵时刻威胁着电子商务的发展。为了让用户有一个安全的网络交易环境，国际上多家公司联合开展安全电子交易的技术标准和方案研究。随着技术的发展，电子商务的安全也会逐渐增强，并成为电子商务的核心技术。

#### 8. 平等性

电子商务企业可以以近乎相同的成本进入全球电子化市场，使得中小企业可能拥有大企业的信息资源，提高中小企业的市场竞争力。

### 1.1.5 电子商务的功能

从应用目标来讲，电子商务的功能主要包括内容管理（Content Management）、协同处理（Collaboration）、交易服务（Commerce）三项，简称 3C。这三项功能相互区别又相互联系，它们之间的关系如图 1-2 所示。

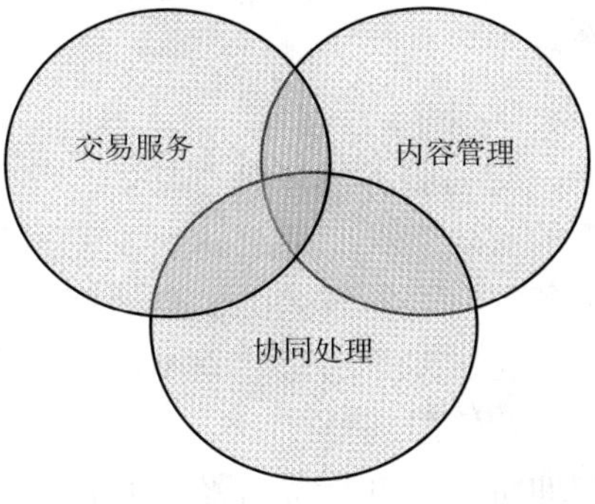


图 1-2 电子商务三项功能间的关系

### 1. 内容管理

内容管理是指内部和外部信息的综合管理，“内容”是指任何类型数字信息的结合体，如文本、声音、图形图像、视频、网页、数据库表单等。管理是指施加在内容对象上的一系列过程，包括收集、存储、处理、传递、发布、更新等。从对外网站信息的发布到财务数据和客户数据一类的内部保密信息的处理都属于内容管理，具体包括以下几个方面。

（1）信息的收集。信息的收集主要是指通过企业的信息系统和技术自动收集主要媒体、相关期刊、行业协会报告等主要信息资源，并根据企业自身需要进行选择和组织。

（2）企业内部信息的传播。将各种信息在企业内部传播，如在企业内部网上发布公司通知、有关政策及信息。

（3）企业对外信息发布。企业需要及时在网站上发布各种信息。网站上的主页包括静态和动态信息，将定期发布和刷新。

（4）保护及管理关键数据。公司的一些重要信息，如公司的财务数据、客户数据、产品信息等是不能对外公布的，电子商务的运作过程需要对信息的内容及信息流的方向进行安全控制。

（5）信息存储和检索。为满足企业员工、合作伙伴和客户的需求，电子商务系统应该提供存储和利用复杂的多媒体信息的能力，如照片、录音、录像、工程计划等。

### 2. 协同处理

协同处理是指支持分布在各地区的各类人员实时协同工作和业务流程的自动处理，从而达到缩短业务运作周期、共享信息、提高效益、降低成本的目的。协同处理的具体内容包括以下几个方面。

（1）通信系统。通信系统包括电子邮件和信息系统，一般这是企业网络应用中的首要内容。

（2）企业内部资源管理。企业内部资源管理是通过各种信息的集成和协同处理，有效调配企业的人、财、物等资源，保证企业的正常运行。

（3）企业内部网和外部网。企业内部网将企业内部各组织紧密地联系在一起。企业外部网使企业与供应商、制造商、物流中心等企业伙伴共享信息和进行流水作业，达到相互协同的目的。

（4）工作流程自动化。企业的信息管理系统使企业工作进行自动处理，不仅确保了工作程序的严格，还提高了工作效率。

3．交易服务

在电子商务的三大功能中，交易服务属于外部功能，是前两项功能的根本目的和最终体现。交易服务即电子方式下的买卖服务，主要进行交易过程中的交易订单、销售合同、支付选择、资金确认、客户服务等与交易有关的信息处理，具体包括以下几个方面。

（1）市场与售前服务。该功能主要是通过建立 Web 站点等手段树立产品的品牌形象，并向消费者提供有关商品和服务的信息。

（2）网上订购。网上订购通常都是在产品介绍的页面上提供十分友好的订购提示信息和订购交互格式框。当客户填完订购单后，系统通常会回复确认信息单来保证订购信息的收悉。订购信息也可采用加密的方式使客户和商家的商业信息不会泄露。

（3）网上支付。电子商务要成为一个完整的过程，网上支付是重要环节。客户和商家之间可采用信用卡账号实施支付。在网上直接采用电子支付手段将可省略交易中很多人员的开销。网上支付需要更为可靠的信息传输安全性控制，以防止欺骗、窃听、冒用等非法行为。

（4）电子账户。网上支付需要有电子金融来支持，即银行或信用卡公司及保险公司等金融单位要为金融服务提供网上操作的服务。电子账户管理是其基本的组成部分。信用卡号或银行账号都是电子账户的一种标志。其可信度需配以必要技术措施来保证。例如，数字凭证、数字签名、加密等手段的应用提供了电子账户操作的安全性。

（5）服务传递。对于已付款的客户应将其订购的货物尽快传递到他们手中。而有些货物在本地，有些货物在异地，电子邮件能在网络中进行物流的调配。最适合在网上直接传递的货物是信息产品，如软件、电子读物、信息服务等。它能直接从电子仓库中将货物发到用户端。

（6）客户服务。客户服务可提供网上问题解决方案、企业的服务支持和产品信息等，在节省费用的同时强化了与客户的联系。

## 1.2 电子商务的背景

### 1.2.1 电子商务的产生

1．基于电子通信工具的初期电子商务

1839 年，当电报出现之后，人们就开始运用电子手段进行商务活动。电报可以说是最早的电子商务工具，通过在电线中传输“莫尔斯码点和线”来进行贸易活动，这是电子商务的萌芽。随着电话、传真、电视等电子工具的诞生，商务活动中可应用的电子工具进一步扩充。

2．基于电子数据交换的电子商务

20 世纪 60 年代末期，电子数据交换（Electronic Data Interchange，EDI）的出现和应用，标志着电子商务的产生。EDI 是为商务或行政事务处理，将业务文件按一个公认的标准从一台计算机传到另一台计算机的数据传输方法。当时的贸易商在使用计算机处理各类商务文件时发现，由人工输入到一台计算机中的数据 70%来源于另一台计算机的输出文件，但由于很多人为因素，影响了数据的准确性和工作效率的提高。人们开始尝试在贸易伙伴之间的计算机上使数据能够自动交换，EDI 应运而生。EDI 首先将商业或行政事务处理中的报文数据按照一个公认的标准，形成结构化的事务处理的报文数据格式。由于可以减少甚至消除贸易过程中的纸面文件，因此 EDI 也被人们称为“无纸贸易”或“电子贸易”。

由于 EDI 具有高速、精确、远程和巨量的技术性能，因此 EDI 的兴起标志着一场全新的、全球性的商业革命的开始。早期的 EDI 只是在两个商业伙伴之间，依靠计算机与计算机直接通信完成。20 世纪 70 年代，数字通信技术的发展大大加快了 EDI 技术的成熟和应用范围的扩大，也带动了跨行业 EDI 系统的出现。80 年代 EDI 标准的国际化又使 EDI 的应用跃入了一个新的里程。时至今日，EDI 历经萌芽期、发展期已步入成熟期。

**相关链接**

**EDI 的特点**

（1）EDI 使用电子方法传递信息和处理数据。EDI 一方面用电子传输的方式取代了以往纸单证的邮寄和递送，从而提高了传输效率，另一方面通过计算机处理数据取代人工处理数据，从而减少了差错和延误。

（2）EDI 采用统一标准编制数据信息。这是 EDI 与电报、传真等其他传递方式的重要区别，电传、传真等并没有统一格式标准，而 EDI 必须按照统一的标准才能实现。

（3）EDI 是计算机应用程序之间的连接。EDI 实现的是计算机应用程序与计算机应用程序之间的信息传递与交换。由于计算机只能按照给定的程序识别和接受信息，因此电子单证必须符合标准格式并且内容完整准确。在电子单证符合标准且内容完整的情况下，EDI 系统不但能识别、接受、存储信息，还能对单证数据信息进行处理，自动制作新的电子单证并传输到有关部门。在有关部门就自己发出的电子单证进行查询时，计算机还可以反馈有关信息的处理结果和进展状况。在收到一些重要电子邮件时，计算机还可以按程序自动产生电子收据并传回对方。

（4）EDI 系统采用加密防伪手段。EDI 系统有相应的保密措施，它传输信息的保密通常采用密码系统。各用户掌握自己的密码，可打开自己的“邮箱”取出信息，其他用户却不能打开这个“邮箱”。一些重要信息在传递时还要加密，即把信息转换成他人无法识别的代码，接收方计算机按特定程序译码后还原成可识别信息。

### 3．基于互联网的电子商务

20 世纪 90 年代前，大多数 EDI 都不通过互联网，而是通过租用增值网（Valued Added Network，VAN）来实现，这样做主要是从安全方面考虑。但由于使用 VAN 的费用很高，仅大型企业才会使用，限制了基于 EDI 电子商务应用范围的扩大。

1991 年随着美国政府宣布互联网向社会开放，一直被排斥在互联网外的商业贸易活动正式进入这个新的领域。1995 年互联网上的商业信息业务量首次超过科教信息业务量，成为基于互联网的电子商务大规模起步的标志。随着互联网安全性的日益提高，个人计算机的广泛应用、信息卡的普及，作为一个全球性、费用低、服务更好的系统，互联网逐渐替代 VAN 而成为 EDI 的硬件载体，成了以计算机和信息、技术为支撑，基于互联网的电子商务，这一转变标志着真正意义上的电子商务已经形成。

### 1.2.2 电子商务的发展过程

20 世纪 90 年代中后期，基于互联网的电子商务得到了迅猛发展。20 世纪 90 年代中后期至今，电子商务的发展经历了以下四个阶段。

#### 1. 初始的高速发展阶段

1995 年亚马逊网络书店的冉冉升起，使电子商务成为经济活动的热点，大量风险投资涌入电子商务，网络概念股在美国受青睐，电子商务出现爆炸式发展。根据著名咨询公司 CMP Research 在 1998 年做的一项调查，大约有 1/3 的美国企业会在一年内实施电子商务，在已经实施电子商务的企业中有 64%的企业期望能在一年内收回投资。而另一项调查显示，美国在 1997 年 1 ~ 6 月间申请商业域名（.com）的公司从 17 万多个增加到近 42 万个，1997 年年底这一数据又翻了一番。

电子商务的爆炸式增长与美国政府的扶持和资本市场的迅速发展有关。在互联网商业活动还不普及时，美国政府出钱使互联网免费运行；1997 年美国政府规定各部门在互联网上购买不少于 450 件的商品，以培养在互联网上购物的习惯和环境。2000 年美国互联网产业的收入已经超过 5 000 亿美元。20 世纪 90 年代开始，由于 IT 业的快速发展，美国股市连涨十年。

#### 2. 调整蓄势阶段

由于扩张速度快、资金投入多，电子商务问题暴露，物流、管理问题突出，网络股出现泡沫。2000 年中期开始，电子商务进入调整阶段。2000 年，以高新技术类上市公司为主的美国纳斯达克（Nasdaq）股票市场一年内从接近 5 000 点跌破到 2 000 点。资金撤离，网站开始重新洗牌，优胜劣汰，强者生存，弱者淘汰，超过 1/3 的网站销声匿迹，电子商务经历了其发展过程的寒冬腊月。

#### 3. 复苏与回暖期

2002 年中期，电子商务步入复苏和回暖期。经过严峻的市场考验，电子商务网站开始务实经营。这个阶段对电子商务来说有三个最大的变化：一是大批的网民逐步接受了网络购物的生活方式，而且这个规模还在高速扩张；二是众多中小型企业从 B2B 电子商务中获得了订单，获得了销售机会，“网商”的概念深入商家之心；三是电子商务基础环境不断成熟，物流、支付、诚信瓶颈得到基本解决，不断有电子商务企业开始宣布盈利。

#### 4. 纵深发展期

从 2006 年起，电子商务进入了可持续发展的稳定期。电子商务基础服务、技术支撑、服务外包及第三方交易服务等产业发展势头迅猛；越来越多的企业应用第三方电子商务交易平台服务，越来越多的传统企业运用电子商务手段实现成功转型，形成了良好的社会基础与应用环境。这个阶段最明显的特征是，电子商务已经不仅仅是互联网企业的天下。大量的传统企业和资金流入电子商务领域，使得电子商务世界变得异彩纷呈，不论是国民经济的制造业领域还是服务业的流通领域，不论是企业应用还是个人应用都渗透着电子商务。

**相关案例**

**亚马逊的发展历程**

亚马逊网上书店成立于 1995 年 7 月。一个月之后，亚马逊卖出了第一本书。1997 年 5 月，亚马逊开始上市。亚马逊开始每股仅 9 美元左右，而到 1998 年 11 月股价长了 23 倍，达到 209 美元。之后，亚马逊开始尝试进入其他相关领域，1997 年开始销售音乐 CD。不仅如此，亚马逊的业务迅速拓展，进入从软件到时装，从鲜花到旅行包的各种市场中，并与包括微软在内的各大公司进行竞争。与此同时，亚马逊迈开了向国外扩张的步伐。1999 年年初出资 5 500 万美元，收购了英国和德国两家网上书籍销售公司，还并购了英国一家网上电影公司。

1998 年，亚马逊被《福布斯》杂志称为世界上最大的网上书店。然而，同其他多数互联网企业一样，亚马逊也遭遇了一个电子商务界的“普遍困境”，在亚马逊不断地把大量金钱投入公司扩张的同时，亚马逊也正在业务亏损中挣扎。2000 年 4 月，亚马逊公司公布了 2000 年第一季度的业绩报告，这家最大的美国网上零售企业继续处于亏损之中。六年累积亏损额增至 12 亿美元。经过电子商务业的寒冬后，亚马逊在 2002 年第四个季度开始盈利，这是亚马逊的首次盈利。亚马逊的扭亏为盈无疑是对电子商务公司的巨大鼓舞。2004 年亚马逊公司收购了中国的卓越网，希望借此来提高它国际业务的利润。

（资料来源：MBA 智库文档，http://doc.mbalib.com/）

## 1.3　电子商务的组成

### 1.3.1　电子商务的总体框架

经济活动发展离不开四流：信息流、资金流、物流和商流。电子商务的运作是围绕这四流展开的。

1．信息流

信息流既包括商品信息、技术支持信息、服务信息、促销营销信息等的传递过程，也包括询价单、报价单、付款通知单等商业贸易单证信息。

2．资金流

资金流是指资金的转移过程，包括付款、转账、结算等。

3．物流

物流是指因为人们的商品交易行为而形成的商品或服务的流动过程，具体指运输、存储、配送、装卸、保管等各种活动。

4．商流

商流是指商品在购、销之间进行交易和商品所有权的转移过程。

从四流的角度，可以得出电子商务的总体框架，如图 1-3 所示。

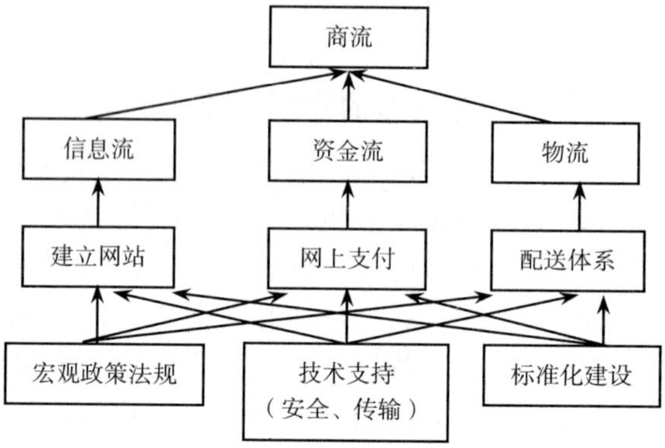


图 1-3 电子商务总体框架

### 1.3.2 电子商务的一般框架

电子商务的应用是建立在一定的技术支持和环境保障之上的。所有这些技术支持和环境保障构成了电子商务的一般框架，如图 1-4 所示。

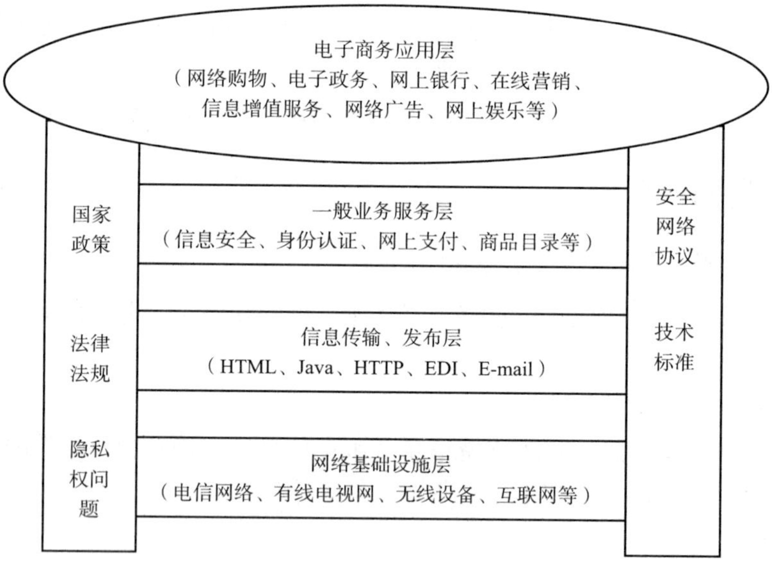


图 1-4 电子商务的一般框架

#### 1．网络基础设施层

网络基础设施层是实现电子商务底层的硬件基础设施，它可通过电信、有线电视、无线设备等工具提供电子商务的网络平台，包括互联网、内部网、增值网、远程通信网、有线电视网和无线通信网。目前，大部分电子商务应用都是建立在互联网之上的。

#### 2．信息传输、发布层

信息传输、发布层解决电子商务系统内部信息的传输和发布问题，它在网络基础设施层提供的传输线路基础上，根据一系列传输协议来传输和发布文本、声音、图像、数据。超文本标记语言（Hyper Text Markup Language，HTML）作为全球信息网中主要的信息内容出版与制作工具，可以容纳文字、图形、动画、音效等多媒体内容，并将其组织得易于检索和富有表现力。应用 Java（互联网上一种跨平台的程序设计语言）可更方便地使之适用于各种网络、各种设备、各种操作系统及各种界面等。万维网（World Wide Web，WWW）是最常用的信息发布应用，使用 HTML 或 Java 将多媒体内容发布在网站服务器（又称 WWW 服务器，一种储存 HTML 文件的计算机，其他计算机可以连入这种服务器并读取这些 HTML 文件）上，然后通过一些传输协议将发布的信息传送到接收者。

### 3．一般业务服务层

一般业务服务层是用于实现标准的网上商务活动服务，主要包括信息安全、身份认证、网上支付、商品目录等。

以上这三个层次构成了电子商务的基础设施环境。

### 4．国家政策、法律法规、隐私权问题

法律法规和国家政策是电子商务发展的社会人文环境，是电子商务活动的准则和顺利开展的保证。国家政策包括政府对电子商务的规划与采取的措施，与电子商务发展相关的产业政策、税收政策等。例如，对咨询信息、电子书籍、软件等无形产品是如何征税的。

电子商务的正常运作需要法律法规来保障，网络活动必须受到法律的制约，违法活动必须受到法律的制裁。由于电子商务采用许多传统商务活动所没有的方式和手段，因此需要法律在原有基础上针对电子商务的特点和要求进行补充和完善。例如，如何保证授权商品交易的顺利进行，如何保障网上消费者的权益等。保障隐私权是在电子商务交易过程中，对交易各方各种信息的有效保护。

互联网是一个国际化的网络，建立在其上的电子商务活动必须有跨国界的特点。如果各个国家按照自己的交易方式运作电子商务，势必会阻碍电子商务在本国乃至世界的发展，所以必须建立一个全球性的标准和规则，保证电子商务的顺利实施。

### 5．安全网络协议、技术标准

如何保障电子商务活动的安全，一直是电子商务能否正常开展的核心问题。作为一个安全的电子商务系统，首先必须具有一个安全、可靠的通信网络，保证交易信息安全、迅速地传递；其次必须保证数据库服务器的绝对安全，防止网络黑客闯入盗取信息。目前，电子签名、电子认证、防火墙等是网上比较成熟的安全手段。人们还制定了一些安全标准，如安全套接层（Secure Socket Layer，SSL）、安全 HTTP 协议（Secure-HTTP）等。

技术标准是在电子商务活动中各方共同遵守的技术规范，它定义了用户接口、传输协议、信息发布标准、安全协议等技术细节。标准与协议对于保证兼容性和通用性是十分重要的。我国电子商务的应用标准包含 EDI 标准、通信网络标准、商品编码标准等。

国家政策、法律法规、隐私权问题和安全网络协议、技术标准构成了电子商务必备的外部支撑条件。

### 6．电子商务应用层

三个层次的基础设施和两个支柱构成了电子商务运行的环境平台，在此基础上展开网络购物、网络营销等电子商务活动。

### 1.3.3 电子商务系统的组成

电子商务系统的组成至少应包括以下一些内容。

**1. 网络平台**

网络平台（包括计算机等基本软硬件系统）是电子商务系统得以运行的技术基础。电子商务必须在一定的网络平台上运行。作为电子商务网络平台，一般有互联网、企业内部网、企业外部网和商业增值网等。

电子商务系统赖以运行的网络，涉及电子商务活动的全过程和电子商务系统的各个角色、各个部件。因此，一个完善的电子商务系统的网络平台应该具备以下特点：

（1）连接性。包括企业内部互联和企业外部互联。

（2）协同性。不仅要求在物理上“互联”，更为重要的是，电子商务系统的各个角色之间的协同工作，实现真正的“互联”。

（3）安全可靠性。由于电子商务系统的网络一般较为复杂，因此要求易于管理、安全可靠。

（4）多选择性。电子商务系统的网络技术平台和网络产品具有多种选择性。

（5）适应性。随着电子商务系统对网络的需求不断变化、信息技术产品的发展与换代，需要制定电子商务系统的网络过渡策略，并提供相应的技术。

**2. 电子商务网站**

电子商务网站是电子商务系统的前台部分，作为电子商务人机交互平台和信息流的界面平台，其主要功能是发布商务信息，接受客户需求。

当客户进入电子商务网站时，看到的是前台铺面或网站、网上商店或网上商品目录。网上商店中摆放着商品及目录，向客户提供有关产品和服务的信息。客户将商品放入虚拟购物车中就形成订单。网站的商品信息可以按照客户的要求，通过交互方式准确地传送给客户。这种因人而异的定向广告和个性化的销售方式，是一种全新的、针对性强的个性化营销方式，有助于促销产品和服务。通过由多个网上商店组成的“网上商城”，客户便于从一个网站方便地进入更多的网上商店。

**3. 客户服务中心**

客户服务中心是电子商务系统的后台部分，它提供交易过程中的服务平台，其主要功能是处理和满足客户需求。

后台系统负责将通过网站得到的订单进行安全可靠的处理。如果支付手段可靠，后台系统就把来自网站的订单转到企业的订单录入和处理系统，并计算相关费用。此外，后台系统还应具有数据内容动态更新、跟踪记录、统计报表、数据仓库、按不同需求定价等功能。后台系统应该同已有的企业管理信息系统连接，便于订单处理、库存管理和更新财务信息等相关数据，并和外部贸易合作伙伴进行电子数据交换。

电子商务系统的后台和前台是相互联系、相互支持的两个部分，它们共同构成电子商务系统的有机整体。对于企业电子商务应用来说，不仅要重视开发前台的电子商务网站，也要重视提高后台系统的集成水平。

#### 4. 支付中心

支付中心提供资金流平台，其功能是为电子商务系统中的采购者、供应者等提供资金支付方面的服务。该功能一般由网上银行承担。支付中心要求做到：提供网上支付服务、自行查询和管理账户、全天候 24 小时服务、保证支付安全等。一旦客户发出了订单，安全的支付网关就要验证支付方法，确保客户、企业和银行之间实现网上安全支付，使客户可以通过使用安全的网上支付手段或者非在线方式来支付货款。

由于电子商务是在互联网上进行的，而负责支付的银行的服务器及银行专用网是不能与公用网络直接连接的，因此在银行和互联网之间必须有个专用的系统接收处理从网上商家传来的支付信息，并通过专线传回银行，反之如此。这个专用系统就称为支付网关。网关在两个不同网络之间起着翻译协议的作用。

#### 5. 认证中心

认证中心提供交易双方的信用保障，它是一些不直接从电子商务交易中获利的受法律承认的权威机构，负责发放和管理电子证书，使网上交易的各方能够相互确认身份。

## 1.4 中国电子商务的发展现状

### 1.4.1 中国电子商务发展的回顾

自从 20 世纪 90 年代电子商务概念引入我国之后，在我国政府及信息化主管部门的指引下，电子商务发展经历了三个阶段。

#### 1. 认识电子商务阶段（1990—1993 年）

我国 20 世纪 90 年代开始开展 EDI 的电子商务应用，从 1990 年开始，国家计委、科委将 EDI 列入“八五”国家科技攻关项目。1991 年 9 月由国务院电子信息系统推广应用办公室牵头，会同国家计委、科委、外经贸部等八个部委局，发起成立“中国促进 EDI 应用协调小组”，同年 10 月成立“中国 EDIFACT 委员会”并参加亚洲 EDIFACT 理事会。我国政府、商贸企业以及金融界认识到电子商务可以使商务交易过程更加快捷、高效，成本更低，肯定了电子商务是一种全新的商务模式。

#### 2. 广泛关注电子商务阶段（1993—1998 年）

在这一阶段电子商务在全球范围迅猛发展，引起了各界的广泛重视，我国也掀起了电子商务热潮。1993 年，国家成立了以国务院总理为主席的国民经济信息化联席会议及其办公室，并相继组织了金桥、金关、金卡等一系列“金字工程”。从 1994 年起，我国部分企业开始涉足电子商务。以现代信息网络为依托的中国商品交易中心（CCEC）、中国商品订货系统（CGOS）等电子商务系统也陆续投入运营；1995 年，中国互联网开始商业化；1996 年 6 月，中国公用计算机互联骨干网（CHINANET）工程建成开通；1997 年 6 月中国互联网络信息中心（CNNIC）完成组建，开始行使国家互联网络信息中心职能；1998 年 3 月，我国第一笔互联网网上交易成功；1998 年 10 月，国家经贸委与信息产业部联合宣布启动了以电子贸易为主要内容的“金贸工程”，这是一项推广网络化应用、开发电子商务在经贸流通领域的大型应用试点工程。因此，1998 年甚至被称为中国的“电子商务”年。政府、商家和消费者都意识到，电子商务的兴起既面临着机遇也面临着诸多挑战。如何探索一条适合中国国情的电子商务发展模式，是政府、商家和消费者共同考虑的问题。

**相关链接**

我国第一宗网络购物发生在 1996 年 11 月，购物人是加拿大驻中国大使贝祥（Howard Balloch），他通过实华开公司电子商务公司的网站，购进了一只景泰蓝“龙凤牡丹”。

### 3．电子商务应用发展阶段（1999 年至今）

在这个阶段中，国家信息主管部门开始研究制定中国电子商务发展的有关政策法规，启动政府上网工程，成立国家计算机网络与信息安全管理中心，开展多项电子商务示范工程，为实现政府与企业间的电子商务奠定了基础，为电子商务的发展提供了安全保证，为在法律法规、标准规范、支付、安全可靠和信息设施等方面总结经验，逐步推广应用。同时，企业的电子商务蓬勃发展，1999 年 3 月阿里巴巴网站诞生；同年 5 月 8848 网站推出并成为当年国内最具影响力的 B2C 网站；2000 年 6 月，中国金融认证中心（CFCA）成立，专为金融业务各种认证需求提供书证服务。2001 年，我国正式启动了国家“十五”科技攻关重大项目“国家信息安全应用示范工程”。2005 年，电子商务爆发出迅猛增长的活力。2005 年年初国务院 2 号文件的发布，为 2005 年中国电子商务市场的持续快速增长奠定了良好的基础；《电子签名法》的实施和《电子支付指引》的颁布，进一步从法律和政策层面为电子商务的发展保驾护航；第三方支付平台的兴起，带动了网上支付的普及，为电子商务应用提供了保障；B2B 市场持续快速发展，中小企业电子商务应用逐渐成为主要动力；B2C 市场尽管略显平淡，但互联网用户人数突破一亿大关为 B2C 业务的平稳增长奠定了坚实的用户基础；C2C 市场则由于淘宝网和易趣网的双雄对立，以及腾讯和当当的进入，进一步加剧了市场竞争。“十一五”期间，电子商务不断普及和深化。电子商务在我国工业、农业、商贸流通、交通运输、金融、旅游和城乡消费等各个领域的应用不断得到拓展，应用水平不断提高，正在形成与实体经济深入融合的发展态势。跨境电子商务活动日益频繁，移动电子商务成为发展亮点。大型企业网上采购和销售的比重逐年上升，部分企业的电子商务正在向与研发设计、生产制造和经营管理等业务集成协同的方向发展。电子商务在中小企业中的应用普及率迅速提高。

**相关链接**

**中国电子商务十二年五阶段与标志性事件**

中国 B2B 研究中心把中国电子商务从 1997 年开始分为五个阶段，列出了每年的标志性事件。

1．萌芽与起步期

- 1997 年 12 月，中国化工网上线，成为国内首家垂直 B2B 网站。
- 1998 年 2 月，中国制造网在南京上线；12 月阿里巴巴在开曼群岛注册。
- 1999 年 5 月，王俊涛创建 8848，首家 B2C 电子商务网站诞生；1999 年 8 月，国内首家 C2C 平台易趣网上线。

2．冰冻与调整期

- 2000 年 5 月，卓越网成立；同年 6 月中国电子商务协会正式成立。
- 2001 年 7 月，中国人民银行颁布《网上银行业务管理暂行办法》；同年 11 月，中国电子政务示范工程通过论证。
- 2002 年 3 月，ebaby 以 3 000 万美元收购易趣 33%股份。

3．复苏与回暖期

- 2003 年 5 月，阿里巴巴投资成立淘宝；同年 12 月慧聪网香港上市。
- 2004 年 6 月，第一届网商大会举办；同年 8 月，亚马逊以 7 500 万美元收购卓越网。
- 2005 年 4 月，《电子商务法正式》正式施行；同年 8 月，阿里巴巴并购雅虎中国，同时被雅虎控股。

4．崛起高速发展期

- 2006 年 5 月，环球资源入股慧聪国际，结成中国最大 B2B 战略联盟；同年 12 月，网盛科技上市，标志 A 股“中国互联网第一股”诞生。
- 2007 年 6 月，网盛科技并购中国服装网。

5．转型与升级期

- 2008 年 5 月，中国电子商务协会授予杭州为“中国电子商务之都”称号；同年 9 月，百度“有啊”宣布上线，正式进军 C2C。
- 2009 年 5 月，当当网率先宣布盈利；同年 7 月，淘宝网诚信自查系统上线，为 C2C 历史上规模最大的一次反涉嫌炒作自查举措。

（资料来源：中国电子商务研究中心，http://b2b.toocle.com/）

### 1.4.2 中国电子商务发展存在的问题

由于我国是在市场经济体制与运行机制还不完善的基础上推进信息化和电子商务的，其发展环境和条件尚未完全成熟，因此从总体上说，发展水平与发达国家相比仍有较大差距，还存在许多问题。就目前而言，面临的主要问题表现在以下几个方面。

#### 1．安全问题

目前，就全世界而言，阻碍电子商务广泛应用的首要也是最大的问题就是安全问题。电子商务是基于互联网的，互联网的开放性和共享性给对要借助它进行的电子商务活动带来了极大的安全隐患。现在几乎每位合法网民都忍耐着病毒和木马带来的破坏和信息被窃的烦恼，而且浏览器不断弹出恶意广告，网络诈骗等情况也时有发生。调查公司曾对电子商务的应用前景进行过在线调查，当问到为什么不愿意在线购物时，绝大多数人的回答是担心遭到黑客的侵袭而导致信用卡信息丢失。

**【课堂讨论题】**

你在进行网络交易时，遇到的网络安全问题有哪些？主要原因是什么？

#### 2．商业模式缺乏创新

目前，我国电子商务处于对国外经营模式的抄袭、模仿的水平上，很少有结合我国国情的创新模式。

### 3. 社会商业信用问题

在电子商务发展中，社会信用体系的建立健全是必不可少的条件之一。而我国因市场经济体系与市场机制还不规范、不完善，因此到目前为止，还没有建立完善的信用体系制度。电子商务发展的制度环境还不完善，相关法律法规建设滞后，公共服务和市场监管有待增强，信用体系发展急需加强，网上侵犯知识产权和制售假冒伪劣商品、恶意欺诈、违法犯罪等问题不断发生，网络交易纠纷处理难度较大，在一定程度上影响了人们对电子商务发展的信心。

### 4. 物流配送体系问题

我国是物流大国但不是物流强国，尚不能满足现代物流国际竞争的需要。物流整体市场环境较为严峻，企业经营仍然困难。重点物流企业收入利润率持续走低，地方保护、不正当竞争、诚信体系缺失等问题依然存在，资金短缺、人才短缺问题难以缓解，企业经营压力持续加大。与此同时，国家支持物流业发展的政策有待落实，物流企业审批多、收费高、行路难和税负重等问题还没有实质性改善。这些都对物流业转型升级、健康发展提出了严峻挑战。

### 5. 信息化问题

我国开展信息化建设时间相对较晚，而且在网络基础设施建设方面投入不足、规模不够、水平不足，难以适应电子商务的快速发展。另外，电子商务技术尚不完全成熟，网络安全、电子支付仍然存在一些问题，信用卡制度还有待完善。

## 相关案例

**网络购物，谁动了我的钱包**

“仅售 58 元！原价 180 元，2 张电影城通票+2 杯饮料+1 份中桶爆米花。”2011 年 1 月 3 日一早，家住鄞州的何女士浏览本地论坛时，看到一家名为“同城团”的团购网站发布的促销信息。同城团？以前没听过，是新的团购网站吗？抱着试试看的心理，何女士点开了链接。宁波某大型影院的团购活动，平时五六十元一张的电影票打了对折，而且还赠送小吃，看到“已购买人数”达到了 200 多人，何女士赶紧点击“抢购”按键，按网页提示的流程支付了钱。事后，何女士试图通过 QQ 与“同城网”客服取得联系，但奇怪的是，对方一直没有回应。隐约感到一丝不对劲儿的她，打电话到该影院确认。“对不起，我们影院并未参与过任何形式的电影票团购活动。”影院工作人员明确的答复令何女士明白：自己被骗了！上当的远不止何女士一人。1 月 4 日中午 12 时，本地颇有影响的团购导航网站——“宁波团购指南”发布了一则“同城团是个假网站”的提醒。下午 4 时 30 分，“同城团”被有关部门关闭。从警方了解到，1 月 3 日、4 日两天，宁波海曙、江东、鄞州等地共有 300 余人在“同城团”购物受骗，被骗金额累计达 1.2 万余元。

“这是我市也是我省第一桩涉众团购诈骗案件，案犯趁当下团购红火之际，以低价为诱饵，精心设计虚假购物网站骗钱。”鄞州公安分局专案组民警介绍，接到报警后，警方立即展开调查，迅速关闭该网站后，开始连续三个多月转战省内多地进行证据固定等工作。3

月 16 日，犯罪嫌疑人谢某在绍兴落网。

（资料来源：浙江在线，http://zjnews.zjol.com.cn/05zjnews/system/2011/05/23/017542434.shtml）

## 1.5　电子商务对当今社会的影响

电子商务是互联网爆炸式发展的直接产物，是网络技术应用的全新发展方向。电子商务所具有的全球性、低成本、高效率的特征，使得电子商务大大超越了作为一种新的贸易形式所具有的价值。随着电子商务魅力的日渐显露，虚拟企业、虚拟银行、网络营销、网上购物、网上支付、网络广告等一大批前所未闻的新词汇已经被人们所熟悉和认同，这些词汇同时也从另一个侧面反映了电子商务正在对社会和经济产生的影响。电子商务不仅改变企业本身的生产、经营、管理活动，而且将影响到整个社会的经济运行与结构。

### 1.5.1　电子商务对社会经济的影响

#### 1．电子商务改变传统商务活动的模式

传统商务活动最典型的情景是“推销员满天飞”、“采购员遍地跑”、“说破了嘴、跑断了腿”；消费者在商场中筋疲力尽地寻找自己所需要的商品。现在，通过互联网只要动动手就可以了，人们可以进入网上商城浏览、采购各类产品，而且能得到在线服务；商家们可以在网上与客户联系，利用网络进行货款结算服务。

#### 2．促进新兴行业的产生

电子商务的发展使许多业务过程由原来的集中管理变为分散管理，社会分工逐步变细，因而会产生许多新兴行业。随着电子商务在电子交易环节的突破，网上银行、银行卡支付网络以及网上技术服务等，将传统的金融业带入一个全新的领域。1995 年 10 月，全球第一家网上银行“安全第一网络银行”（Security First Network Bank）在美国诞生，这家银行没有建筑物，没有地址，营业厅就是首页画面，员工只有 10 人，与总资产超过 2 000 亿美元的美国花旗银行相比，“安全第一网络银行”简直微不足道，但与花旗银行不同的是，该银行所有交易都通过互联网进行。依托网络信息和通信技术，支付服务业务的创新也不断出现，分工也越来越细化，非金融机构提供支付服务，与银行业既合作又竞争，已经成为不可或缺的重要补充。

随着无线数据网络的发展，又产生了移动商务这个朝气蓬勃的产业。可移动性是移动商务最重要的特征，它使得服务可以随时随地，而且个性化特征明显。

**相关链接**

**中国电子商务市场交易规模发展状况**

中国电子商务市场交易规模不断增长。根据艾瑞统计数据显示，2013 年中国电子商务市场交易规模达 100 720.5 亿元，同比增长 22.6%，预计 2017 年交易规模达到 20 万亿元。电子商务的快速发展主要得益于以下原因：一方面，主要推动力来自电子商务在中小企业中渗透率增加，中小企业推行平台服务，B2B 企业加入交易环节促进行业发展，此外，网络购物等细分行业的快速增长也整体推动电子商务市场的快速发展；另一方面，政策环境更利于推动电子商务的发展，继工信部 2012 年 3 月发布《电子商务发展十二五规划》后，

商务部于2013年11月21日发布了《促进电子商务应用的实施意见》，推出十大措施促进电商发展。2011—2017年中国网络零售市场交易规模如图1-5所示。

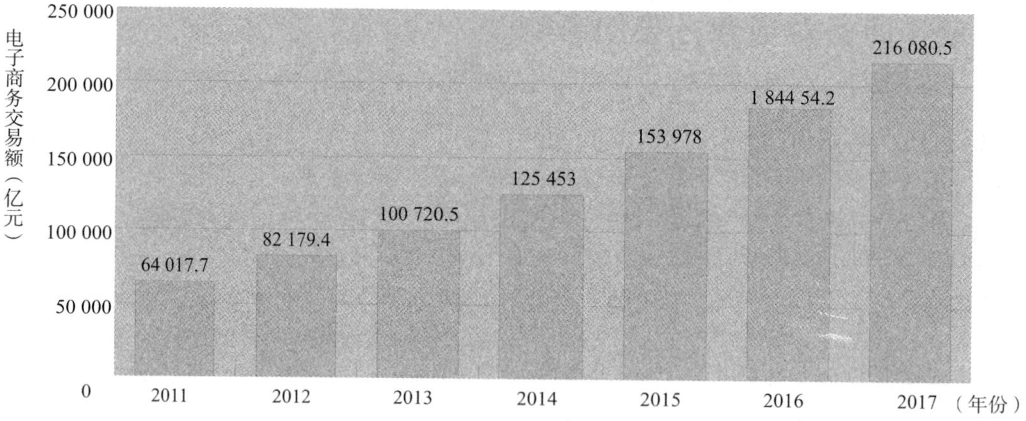


图1-5　2011—2017中国网络零售市场交易规模

（资料来源：2014年中国电子商务行业年度监测报告，艾瑞咨询）

### 3．互联网与零售业的结合促进了电子商务统一大市场的形成

在第十二届全国人民代表大会第三次会议上，李克强总理提出制定了“互联网+”行动计划。我国要通过互联网思维来改造传统产业，通过发展电商促进流通业、制造业、农业发展的新时期已经到来。

而互联网+零售业促进了电子商务统一大市场的形成，释放了庞大的内需消费潜力，并推动我国流通业在覆盖地理范围、覆盖人群上的跨越式发展。同时，得益于交易技术和商业模式的革命，流通业的效率和水平得到明显提升。

互联网天然具有跨地域、无边界特性，架构在互联网之上的电子商务也具有跨地域、分布式、在线协同的特点。当线下各省市、区域分割严重的局面无法短时间改变时，互联网通过其“距离无关”的天然属性，将全国不同区域间巨大的制度与政策落差瞬间抹平，形成了事实上的全国统一大市场。

## 1.5.2　电子商务对企业的影响

### 1．生产方式

传统经营模式下的生产方式是大批量、规格化、流程固定的流水线生产，是产品的全程生产，基于电子商务的生产方式是顾客需求拉动型的生产。在互联网上，消费者可以以互动的方式进行订购，并协助企业设计出一套解决方案，使企业最大可能地理解顾客，从而使产品几乎以零开发周期的速度进入市场。例如，美国戴尔公司为客户量身定做不同要求的PC取得巨大的成功就是一个很好的典范。该公司57%的产品在网上销售，即先收取顾客的钱，再组织生产，因此没有库存，实现了“零库存”。

### 2．管理模式

在电子商务模式下，企业的经营活动打破了时间和空间的限制，出现了一种类似于无边界的新型企业——虚拟企业。虚拟企业可以是企业内部几个要素的组合，也可以是不同企业间要素的组合，其管理由相互控制转向相互支持，由命令转向指导。

企业的管理由集权制向分权制转换。企业组织信息传递方式由单向的“一对多”到双向的“多对多”转换。

3. 经营方式

电子商务提高了企业的运营效率，可以支持企业完成一切经营活动中的信息服务。一切的商业文书和经济活动都可以通过上网来实现，产生了专门针对企业商务的系统，也使得新行业、新服务不断涌出，为社会提供了更多的就业机会。传统的零售业和批发业开创了“无店铺”、“网上营销”的新模式；各种线上服务为传统服务业提供了全新的服务方式。

**相关案例**

**电商巨头展开上市之旅**

2014 年 9 月 19 日晚，阿里巴巴登录纽交所，这项交易成为全球范围内规模最大的 IPO 交易之一。过去几年里，阿里巴巴一直在调整自身业务模式，包括 B2B 私有化，成立七大事业部以及组织架构调整后成立的 25 个事业部等，目的是打通集团内业务线，构建商业生态系统，为集团上市做准备。阿里巴巴目前主要业务包括以淘宝、天猫为代表的电子商务，互联网广告交易平台阿里妈妈、云计算及大数据业务，而包括阿里小贷在内的阿里小微金融并不在集团上市之列。其中，阿里巴巴营收主要来源于广告业务，但在资本市场，云计算服务将成为阿里巴巴高估值的一大推动力。

### 1.5.3　电子商务对政府的影响

电子商务将转变政府的行为。政府承担着大量的社会、经济、文化的管理和服务的功能。尤其作为“看得见的手”，政府在调节市场经济运行、防止市场失灵带来的不足方面有着很大的作用。在电子商务时代，当企业应用电子商务进行生产经营、银行实现金融电子化，以及消费者实现网上消费时，将同样对政府管理行为提出新的要求。电子政府或称网上政府，将随着电子商务发展而成为一个重要的社会角色。随着国家部署有关支持电子商务发展的政策，中国电商行业的监管将进一步“松绑”。

《2014 年联合国电子政务调查报告（中文版）》显示，中国电子政务发展指数（EGDI）排名第 70 位，比上次调查上升 8 位。未来中国政府将利用云计算技术整合改造现有电子政务信息系统，实现各领域政务信息系统整体部署和共建共用，加大政府采购云计算服务力度，大幅减少政府自建数据中心的数量。重点在公共安全、疾病防治、灾害预防、就业和社会保障、交通物流、教育科研等领域，开展基于云计算的大数据应用示范，支持政府机构和企业创新大数据服务模式。

总之，作为一种商务活动过程，电子商务将带来一场史无前例的革命。其对社会经济的影响会远远超过商务的本身，除了上述这些影响外，它还将对就业、法律制度以及文化教育等带来巨大的影响。电子商务会将人类真正带入信息社会。

**【课堂讨论题】**

电子商务的发展还将对人类社会生活产生哪些影响？

## 本章小结

电子商务是各种具有商业活动能力和需求的实体（生产企业、商贸企业、金融企业、政府机构、个人消费者等）采用计算机网络和各种数字化传媒技术所进行的商品服务贸易及与此相关的各种经营管理活动的总和。

电子商务虽然和传统商务有着同样的商务流程，但它将传统商业活动中的物流、资金流、信息流的传递方式利用网络科技整合，企业将重要的信息以全球信息网、企业内部网（或外联网）直接与分布各地的客户、员工、经销商及供应商连接，创造更具竞争力的经营优势。

商务电子化和电子商务是两个不同的概念。商务电子化是电子商务的前提，电子化只是提升商务能力的因素之一，而电子商务以商务为本，其本质不是电子技术，需要的是商务流程和管理模式的改变。

电子商务具有虚拟性、全球性、低成本性、高效性、交易透明性、协调性、安全性、平等性的特点。电子商务的功能主要包括内容管理、协同管理和交易服务。电子商务由最初基于电子通信工具、电子数据交换，发展到基于互联网，标志着真正意义上的电子商务已经形成。目前一个完整的电子商务系统至少应该由网络平台、电子商务网站、客户服务中心、认证中心、支付中心组成。

电子商务经历了从认识、广泛关注到应用发展的阶段，并取得了迅猛发展。但由于中国电子商务起步较晚，仍存在安全、社会商业信用、物流配送体系、信息化等方面的问题。但电子商务作为网络化的新兴经济活动对社会经济、企业和政府等各个方面都带来了巨大的影响。

## 复习思考题

### 一、选择题

1. 有关 EC 和 EB 的描述，不正确的是（　　）。

A. EB 是广义电子商务，EC 是狭义电子商务

B. EB 包括的内容多于 EC，即 EB 包含 EC

C. EB=IT+交易+其他商务活动= EC+其他商务活动

D. EB 为 EC 的前一个阶段

2.（　　）是电子商务框架中的基础。

A. 网络基础设施和计算机应用　　B. 网络基础设施和政策法规

C. 政策法规和技术标准　　D. 计算机应用和技术标准

3. 电子商务系统框架结构的组成是（　　）。

A. 两个层次和三个支柱　　B. 三个层次和三个支柱

C．四个层次和三个支柱　　D．三个层次和两个支柱

4．电子商务由于（　　），因此，小企业可以获得几乎与大企业同等的商业机会。

A．没有产品质量的比较　　B．没有售后服务的比较

C．没有进货渠道的比较　　D．没有地域门面的比较

## 二、判断题

1．电子商务就是企业“商务整合”。（　　）

2．网上的电子商城与传统意义上的商场已经有了本质上的不同，其经营规模不受场地限制。（　　）

3．开展电子商务必须保证信息技术基础设施一步到位。（　　）

4．EDI 能提高信息传输速率并能减少信息传输错误率。（　　）

## 三、多选题

1．电子商务以满足企业、商人和客户的需要为目的，增加（　　），改善服务质量，降低交易费用。

A．交易时间　　B．贸易机会　　C．市场范围　　D．服务传递速度

2．IBM 公司认为电子商务等于（　　）。

A．信息技术　　B．Web　　C．EDI　　D．业务

3．电子商务具有（　　）的特征。

A．普遍性　　B．方便性　　C．安全性

D．协调性　　E．整体性

4．中国电子商务发展存在（　　）等问题。

A．安全　　B．物流配送　　C．信息化　　D．商业信用

## 四、简答题

1．电子商务的功能有哪些？

2．一个完善的电子商务系统的网络平台应该具备什么特点？

# 第 2 章　电子商务模式

## 引导案例

**"饿了么"的崛起**

"饿了么"是中国最大的餐饮 O2O 平台之一。公司创立于 2009 年 4 月。截至 2014 年 9 月，公司员工超过 2 000 人，在线订餐服务已覆盖全国近 200 个城市，用户 1 000 万人，加盟餐厅近 18 万家，日均订单超过 100 万单。

"饿了么"整合了线下餐饮品牌和线上网络资源，用户可以方便地通过手机、电脑搜索周边餐厅，在线订餐、享受美食。与此同时，"饿了么"向用户传达一种健康、年轻化的饮食习惯和生活方式。除了为用户创造价值，"饿了么"率先提出 C2C 网上订餐的概念，为线下餐厅提供一体化运营的解决方案。

"饿了么"隶属于上海拉扎斯信息科技有限公司，"拉扎斯"来源于梵文"Rajax"，寓意着"激情和能量"。公司始终将自己定位成一家创业型公司，充满激情，充满能量。公司秉承"极致"、"激情"、"创新"的信仰，致力于推进餐饮行业数字化的发展进程。秉承"极致、激情、创新"的信仰，致力于推进整个餐饮行业的数字化发展进程，最终成为中国餐饮行业的"淘宝网"。

## 本章学习目标

- 了解电子商务的不同种类、B2B 电子商务流程、B2C 电子商务流程、C2C 电子商务流程、O2O 电子商务流程；
- 掌握 B2B、B2C、C2C、O2O 的概念、分类和优势。

## 2.1　电子商务的类型

### 2.1.1　按照交易对象分类

按照交易对象的不同，电子商务可分为企业对企业的电子商务、企业对消费者的电子商务、消费者对消费者的电子商务、政府对企业的电子商务、政府对公民的电子商务等。

#### 1．企业对企业的电子商务

企业对企业的电子商务（Business to Business，B2B）是指企业与企业之间依托互联网等现代技术手段进行的商务活动。B2B 的应用并不是与企业过去的商务关系和商务活动相脱节，而是这些商务关系和活动在网络平台上的延续和发展。企业间电子商务的功能主要包括：

（1）供应商管理。减少供应商或供应环节，减少订货成本及周转时间，减少人力成本。

（2）库存管理。降低存货，促进存货流通，消除存货不足或存货不当。

（3）销售管理。网上订货、客户档案管理。

（4）信息传递、交易档案管理。安全及时地传递订单、发票等商务文件信息。

（5）支付管理。网上电子货币支付。

典型的 B2B 网站有阿里巴巴、中国制造网等。

### 2. 企业对消费者的电子商务

企业对消费者的电子商务（Business to Customer，B2C）是指企业与消费者之间依托互联网等现代信息技术手段进行的商务或业务活动。这是消费者在互联网上直接参与经济活动的形式，是一种电子化销售。消费者通过网上商店买卖的商品可以是实体的，如图书、服装、食品、电器；也可以是数字化的，如软件、新闻、电影、数据等；还可以是各类服务，如远程教育、法律咨询等。典型的 B2C 网站有很多，如当当网、亚马逊等。

### 3. 消费者对消费者的电子商务

消费者对消费者的电子商务（Customer to Customer，C2C）是个人对个人的电子商务模式，它的买方和卖方都是个人而不是企业，主要通过互联网而实行的个人拍卖活动，简称网拍。网络拍卖为消费者提供了一个转让个人物品的便捷、有效方式。典型的 C2C 网站有淘宝网、拍拍网等。

### 4. 线上与线下相结合的电子商务

线上与线下相结合的电子商务（Online to Offline，O2O）通过网购导购机，把互联网与地面店完美对接，实现互联网落地。让消费者在享受线上优惠价格的同时，又可享受线下贴心的服务。中国较早转型 O2O 并成熟运营的企业代表为家具网购市场领先的美乐乐，其 O2O 模式具体表现为线上家具网与线下体验馆的双平台运营。

### 5. 供应方与采购方之间通过运营者达成产品或服务交易的电子商务

供应方与采购方之间通过运营者达成产品或服务交易的电子商务（Business-Operator-Business，BOB）是由品众网络科技推行的一种全新的电商模式，它打破过往电子商务固有模式，提倡将电子商务平台化向电子商务运营化转型。不同于以往的 C2C、B2B、B2C、BAB 等商业模式，其将电子商务以及实业运作中品牌运营、店铺运营、移动运营、数据运营、渠道运营五大运营功能版块升级和落地。核心目的是帮助那些有品牌意识的中小企业或者渠道商们能够有机会打造自己的品牌，实现自身的转型和升级。

### 6. 对等电子商务

对等电子商务（Peer-to-Peer，P2P）使用对等网络技术，互联网用户不需要通过中央 Web 服务器就可以直接共享文件和计算机资源。

### 7. 政府对企业的电子商务

政府对企业的电子商务（Government to Business，G2B）是指政府机构与企业之间依托互联网等现代信息技术手段进行的商务或业务活动。政府与企业之间的各项事务如税收、网上手续报批、政策条例发布等都可涵盖在其中。政府在电子商务中有双重角色：既是电子商务的宏观管理者，起引导、扶持和规范作用，又是电子商务的使用者，可以进行网上招标、采购等活动。

#### 8．政府对公民的电子政务

政府对公民的电子政务（Government to Citizen，G2C）是指政府与公民之间的电子政务，是政府通过电子网络系统为公民提供各种服务。这种服务包括教育培训、就业服务、社会保险、公民信息服务等在线服务。

### 相关案例

**阿里、腾讯在O2O领域的贴身肉搏**

2015年的“红包大战”多了几分电商博弈的色彩。支付宝、微信、QQ都引入了商家参与红包大战，商家冠名现金红包+商家优惠券，在阿里、腾讯两大派系累计发放的40多亿元红包中，有35亿元卡券红包来自商家。甚至目前，百度还在PC端通过抽红包赠送代金券的方式，为糯米、百度外卖、去哪儿等百度电商，获取新用户和移动导流。

商家将此前品牌硬广投放方式转变为用户红包回馈，从传播效果来说达到了病毒式“广而告之”。站在平台的角度，背后是一场O2O领域的贴身肉搏。在PC电商阶段，品牌商家大促时，曾面临过平台“二选一”的尴尬。但从此次红包大战可以看出，品牌商家不再有“站队”压力，对他们而言更在乎阿里、腾讯两大平台谁提供的“线下场景”覆盖和用户运营工具更为全面。红包大战巩固了腾讯、阿里两大派系的移动支付地位，但理财产品的地位并未巩固，相反将P2P理财平台推向具备支付基础功能的用户面前。出于收益与安全的正相关性，在P2P平台一轮洗牌后，散户投资者选择P2P理财的趋势会盖过“宝宝”类理财产品。

### 2.1.2 按交易涉及的商品内容分类

按照交易所涉及的商品内容，电子商务可分为间接电子商务与直接电子商务。

#### 1．间接电子商务

间接电子商务也称有形商品的电子商务。它所涉及的商品是鲜花、书籍、食品、电器等有形货物。买卖双方在互联网上签订合同后也可以在网上完成货款支付，但交易的商品需要通过传统的物流环节如邮政服务和商业快递来完成送货。因此，间接电子商务要依靠送货的传输系统等外部要素。

#### 2．直接电子商务

直接电子商务也称无形商品和服务的电子商务。无形商品如计算机软件、电影、音乐、电子读物、信息服务等可以数字化的商品。这类电子商务形式使买方在网上进行资金支付后就可以直接下载或浏览所需的无形商品或获得相应的服务。直接电子商务使买卖双方越过地理界线直接进行交易，充分挖掘了全球市场的潜力。

间接电子商务和直接电子商务的区别在于，直接电子商务可以通过网络将商品直接送到消费者手中。

### 2.1.3　按使用网络的类型分类

按照使用网络的类型，电子商务主要分为基于 EDI 网络的电子商务、基于互联网的电子商务，以及基于企业内部网的电子商务。

#### 1．基于 EDI 网络的电子商务

基于 EDI 网络的电子商务是利用 EDI 网络进行电子交易。EDI 主要应用于企业与企业、企业与批发商、批发商与零售商之间的业务。

#### 2．基于互联网的电子商务

互联网是一种采用 TCP/IP 协议组织起来的松散的、独立国际合作的国际互联网络。基于互联网的电子商务是利用互联网进行电子交易。它以计算机、通信、多媒体、数据库技术为基础，通过互联网在网上实现营销、购物服务。

#### 3．基于企业内部网的电子商务

基于企业内部网的电子商务是利用企业内部网进行电子交易。企业内部网是在互联网基础上发展起来的，是在原有局域网上附加一些特定的软件，将局域网与互联网连接起来，从而形成的企业内部的虚拟网络。

**相关链接**

**按电子商务解决方案的复杂性分类**

电子商务的飞速发展，促使国际上众多 IT 企业推出了大量的电子商务解决方案。有些方案可用于处理大中型企业较复杂的商务过程，有些方案可用来解决小型企业的业务，不同的企业通过采用相应的电子商务解决方案，就可以在网上销售产品和提供服务。企业的电子商务解决方案按其复杂程度不同可以分为以下三类。

1．网上黄页

网上黄页使用户可以在网上发布广告消息，如企业的介绍、服务时间、电话号码、地址、企业所在区域的地图和特殊服务项目等。这些信息都连接在企业的万维网站点上。这种方案对企业来讲开销相对较低，较适合中小企业在开展电子商务时采用，类似于黄页广告。目前，在互联网上的 Web 站点越来越多，要吸引用户访问本企业的站点并非易事，网上黄页能让客户通过网上搜索工具，快速、方便地找到相应企业的站点。网上黄页所提供的功能相当有限，但费用低廉且方便有效，是中小企业进入电子商务领域初期可采用的较好选择。

2．简单的电子商务解决方案

这类方案可以使企业能够在没有专业网络工程师和软件开发人员的情况下，拥有一个网上目录，并能接受网上订货。该方案主要针对那些专业人员力量薄弱，又需要提供电子商务服务的小型企业。按照该方案创建一个能接受网上订单的 Web 站点，并不需要专门的硬件和软件设备。

3．完整的电子商务解决方案

采用这种方案的企业能进行独立的网上营销活动，设计网上目录和接受网上订货，并能对网上订货做出相应的处理。与简单解决方案相比，完整方案不仅提供了前台服务特征，还提供了后台处理，这样就可以将企业的网上目录、订单处理与数据库的操作结合在一起，完成交易信息的结算、统计分析和综合处理的全过程。这种方案对于税收计算、目录管理等日常操作也都能自动处理。相对于前两种方案，完整方案功能更为强大，服务更为全面，也受到越来越多企业的重视。完整的电子商务解决方案是企业开展电子商务的最终方案。

**【课堂讨论题】**

1. 根据所学的不同分类方法举出两至三个电子商务的实例。
2. 你生活中接触过哪些电子商务，谈谈你的感受以及你对它们优缺点的看法。

## 2.2 B2B 电子商务模式

电子商务模式是指在网络环境中基于一定技术基础的商务运作方式和盈利方式。B2B 电子商务模式是企业通过内部信息系统平台和外部网站将面向上游的供应商和下游代理商的销售业务有机联系在一起，从而降低彼此之间的交易成本，提高满意度的一种商务模式。B2B 使采购商与供应商在互联网上完成了谈判、订货、签约、接受发票和付款以及索赔处理、商品发送管理和运输跟踪等所有活动。

### 2.2.1 B2B 电子商务模式分析

1．按主体形式划分

B2B 电子商务可分为两种，即特定企业间的电子商务和非特定企业间的电子商务。特定企业间的电子商务是指在过去一直有交易关系的或者在进行一定交易后要继续进行交易的企业，为了相同的经济利益，利用信息技术网络进行产品设计、市场开发、库存管理、销售管理和支付管理等。非特定企业间的电子商务是指在开放的网络中寻找每笔交易的最佳卖方和买方伙伴，并与伙伴进行全部的交易行为。B2B 电子商务所借助的网络平台可以是自建平台，也可以是第三方平台，后者是当前 B2B 电子商务的主要模式。

2．按业务范围划分

B2B 电子商务又可分为以下两种。

（1）面向中间交易市场的水平 B2B 电子商务。水平 B2B 又称区域 B2B，是将各行各业相近的交易过程集中到一个场所，为企业采购和供应方提供一个交易平台。此类网站有阿里巴巴、慧聪网、环球资源网等。水平 B2B 电子商务主要是实现交易双方供求信息的匹配，按照注册级别的不同，享受的信息服务也不同。水平 B2B 电子商务还为交易双方提供电子化的在线沟通工具等服务。但目前的水平 B2B 电子商务存在一些问题，主要有以下几点：

1）行业研究不够深入。一个 B2B 电子商务网站如果为某行业提供平台，一定要了解用户需求，熟悉行业内的种种资源。但由于水平电子商务平台是综合性的电子商务网站，涉及各行各业的信息与交易，不可能对每个行业都有较深入的研究。

2）定位相近或雷同。当前大部分的水平 B2B 交易平台，市场定位基本相同，缺乏个性化的内容与服务。目前，阿里巴巴等网站占据了中国 B2B 市场的大部分份额，其他对手如果想在这个市场上生存，必须与阿里巴巴等网站有所区别，有自己的特色。

3）资源整合能力不足。目前水平 B2B 电子商务网站与企业保持的松散关系不利于资源整合，必须寻找高增值与新需求的发展方向。通过整合各方资源提供包括集中物流服务、公共服务、支付服务、资讯服务等的一站式服务与供应链整个运作方案，从而对客户决策产生影响。

（2）面向实体企业的垂直 B2B 电子商务。垂直 B2B 即行业 B2B，面对的多是某一行业内的从业者，因此客户相对比较集中而且有限。垂直 B2B 可分为两个方向，即上层和下层。一方面，生产商或零售商可以与上层的供应商之间形成供货关系，作为产品服务的使用者从供应商建立的网上直销电子商务站点进行直接采购，如电脑公司与上层的主板和芯片商就是通过这种方式进行合作的。另一方面，生产商与下层的经销商之间可形成销货关系。垂直 B2B 面对的行业较专业，客户较集中，对专业技能的要求相对较高。类似网站有中国制造网、中国纺织网、金银岛等。

由于垂直 B2B 电子商务交易平台的专业性强，其面临的客户大多是本行业的，潜在购买力比较强，其广告的效用也会比较大。同时，垂直 B2B 电子商务交易平台能够根据会员的要求，提供更细致、更专业的服务或个性化服务。但垂直 B2B 电子商务交易平台也面临许多问题和挑战，主要有以下几点：

1）个人规模不大，较难抵御强大竞争对手的激烈竞争。在垂直 B2B 电子商务平台上的商家几乎都是相同行业的生产商，如何吸引买家，提高市场占有率，以及如何吸引厂商持久在网上开展业务，提高会员数，都是发展中需要考虑的问题。

2）与水平电子商务平台之间的竞争。除个别如中国钢铁网、中国制造网等在专业上更权威、更精深的网站外，大部分行业 B2B 电子商务平台都存在受众面过窄、难以形成规模效应的问题。而水平电子商务平台基本涵盖了各行各业，在知识度、用户数、技术水平等方面都比行业垂直电子商务平台有较大的优势，只是在用户精准度、行业服务深度等方面与行业垂直电子商务平台有差距。两者之间的竞争非常激烈。

3）在构建完整产业链的支付体系、信誉评估体系、物流体系等方面还有待进一步完善。

**相关链接**

**中国 2012—2014 年 B2B 电子商务市场收入规模**

中国电子商务研究中心监测数据显示，截至 2014 年第二季度，我国电子商务收入规模逐年上升。环比增长率到 2012 年第四季度有所上升，随后在 2013 年第一季度有所上升，而后到第四季度一直上升，然后回落，具体如图 2-1 所示。

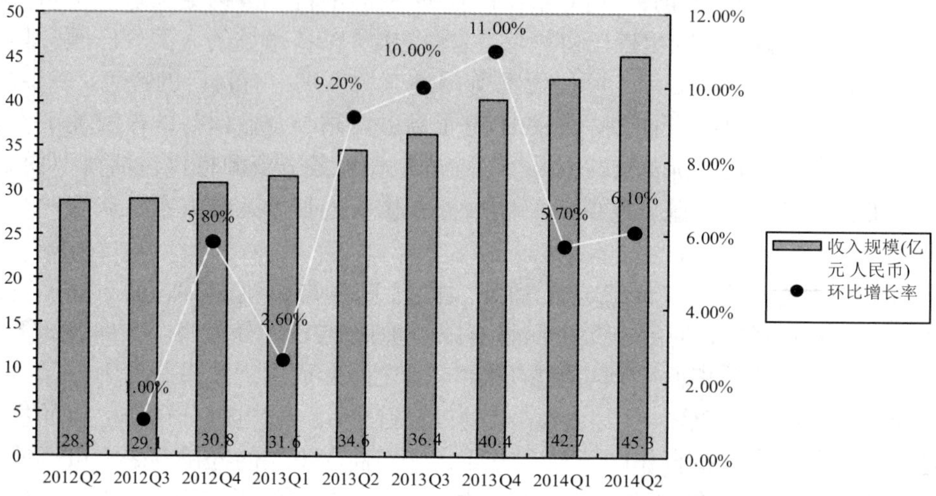


图 2-1 2012—2014 年中国电子商务 B2B 市场收入规模

（资料来源：http://www.100ec.cn/）

2014 年第二季度中国电子商务 B2B 市场收入份额，其中阿里巴巴收入份额最大，占整个市场的 44.82%；其次是慧聪网，占整个市场的 4.53%；第三为中国制造网，占整个市场的 3.21%；其他占到了 39.38%。

## 2.2.2 B2B 的交易流程

参加交易的买卖双方在做好交易前的准备之后，通常都是根据电子商务标准规定开展交易活动的。

### 1．参与主体

（1）商业客户：B2B 的企业之一，即电子交易的购买商家。

（2）销售商：B2B 的另一企业，即电子交易的销售商家。

（3）运输商：运送货物的商家，即物流配送必不可少的一环。

（4）供货商：生产产品的企业。

### 2．信息技术与设备及相关支持

（1）支付网关：连接银行网络与互联网的一组服务器。

（2）服务器：主要作用是完成两者之间的通信、协议转换和进行数据加密、解密，以保护银行内部的安全。

（3）银行：网上银行。

### 3．交易流程

（1）用户向销售商订货，首先要发出“用户订单”，该订单应包括产品名称、数量等一系列有关产品问题。

（2）销售商收到“用户订单”后，根据“用户订单”的要求向供货商查询产品情况，发出“订单查询”。

（3）供货商在收到并审核完“订单查询”后，给销售商返回“订单查询”的回答。基本上是有无货物等情况。

（4）销售商在确认供货商能够满足商业客户“用户订单”要求的情况下，向运输商发出有关货物运输情况的“运输查询”。

（5）运输商在收到“运输查询”后，给销售商返回运输查询的回答。例如，有无能力完成运输，及有关运输的日期、线路、方式等要求。

（6）在确认运输无问题后，销售商即刻给商业客户的“用户订单”一个满意的回答，同时要给供货商发出“发货通知”，并通知运输商运输。

（7））运输商接到“运输通知”后开始发货。接着商业客户向支付网关发出“付款通知”，支付网关和银行结算票据等。

（8）支付网关向销售商发出交易成功的“转账通知”。

### 2.2.3　B2B 电子商务的竞争优势

电子商务将传统的商务流程电子化、数字化，大量减少了人力、物力，降低了采购和库存成本，打破了时空的限制，使交易活动更加方便快捷，大大提高了效率，同时节省了资金周转的时间，并扩大了市场机会。B2B 电子商务平台的竞争优势可总结为以下五点。

#### 1．B2B 电子商务平台使买卖双方信息交流低廉、快捷

信息交流是买卖双方实现交易的基础。传统商务活动的信息交流是通过电话、电报或传真等工具，这与互联网信息是以 Web 超文本（包含图像、声音、文本信息）传输不可同日而语。现在的电子商务平台买卖双方通过互联网交流信息，为双方都提供了便利。

#### 2．B2B 电子商务平台降低了企业间的交易成本

首先对于卖方而言，电子商务可以降低企业的促销成本。即通过互联网发布企业相关信息（如企业产品价目表、新产品介绍、经营信息等）和宣传企业形象，与按传统的电视、报纸广告相比，可以更省钱、更有效。在网上提供企业的照片、产品档案等多媒体信息有时胜过传统媒体的“千言万语”。据 IDC 调查，在互联网上做广告促销，可以提高销售数量 10 倍，而费用只是传统广告的 1/10。其次对于买方而言，电子商务可以降低采购成本。传统的原材料采购是一个程序烦琐的过程。而利用互联网，企业可以加强与主要供应商之间的协作，将原材料采购和产品制造过程两者有机地结合起来，形成一体化的信息传递和处理系统。另外，借助互联网，企业还可以在全球市场上寻求最优价格的供应商，而不只局限于原有的几个商家。

#### 3．B2B 电子商务平台减少了企业的库存量

企业为应付变化莫测的市场需求，通常需要保持一定的库存量。但企业的高库存政策将增加资金占用成本，而且不一定能保证产品或材料是适销货品；而企业低库存政策，可能使企业的生产计划受阻，交货延期。因此寻求最优库存控制是企业管理的一个重要目标。以信息技术为基础的电子商务则可以改变企业决策中信息不确切和不及时的问题。通过互联网可以将市场需求信息传递给企业决策生产，同时也把需求信息及时传递给供应商而适时得到补充供给，从而实现“零库存管理”，大大降低了企业间的库存成本。

#### 4．B2B 电子商务平台缩短了企业的生产周期

一个产品的生产是许多企业相互协作而成的结果，因此产品的设计开发和生产销售可能涉及许多关联企业，通过电子商务可以改变过去由于信息封闭而无谓等待的现象，缩短企业的生产周期。

#### 5．B2B 电子商务平台每天 24 小时无间断运作，为企业增加了商机

传统的交易受到时间和空间的限制，而基于互联网的电子商务则是一周 7 天、一天 24 小时无间断运作，网上的业务可以开展到传统营销人员和广告促销所达不到的市场范围，从而扩大企业的市场机会。

**相关案例**

### 阿里巴巴成功上市

2014 年 9 月 19 日，阿里巴巴正式在纽交所挂牌上市，股票交易代码为“BABA”，发行价为每股 68 美元，开盘报价 92.7 美元，照此计算，阿里巴巴集团市值达 2 383.32 亿美元。

阿里巴巴上市，创造了多项纪录：美国历史上最大 IPO；首笔交易询价打破纽交所十年纪录；按上市开盘公司市值计算，一跃成为仅次于谷歌的世界第二大互联网公司。

借此，全球资本市场乃至全球财经界刮起了一场阿里巴巴旋风。“华尔街的中国奇迹”、“争锋全球电商”等标签被国际各大媒体炒至沸点。

作为如今炙手可热的互联网巨头，阿里巴巴在马云的带领下，从一家名不见经传的 18 人小公司，发展到年交易额近 3 000 亿美元，年活跃卖家 8.5 亿户，年活跃购物者 2.79 亿人，包括电子商务、互联网金融、网游和在线旅游等多领域在内的庞大商业帝国，给人们带来一个又一个惊叹号。

### 2.2.4 中国 B2B 市场发展现状分析

#### 1．中国 B2B 市场发展现状

B2B 电子商务以其较大的交易数额，较规范和成熟的交易条件代表着电子商务发展的主流方向。随着中国互联网环境的大幅改善，中小企业数量的持续增长和政府政策法规的制定在很大程度上促进了中国 B2B 电子商务市场的发展。2003 年中国 B2B 电子商务市场规模达到了 1.28 万亿元，2008 年达到了 2.8 万亿元。截至 2010 年 12 月，中国电子商务市场交易额达 4.5 万亿元，其中 B2B 电子商务交易额达到 3.8 万亿元，占总体交易额的 85%，同比增长 15.8%。而 2012 年，中国电子商务市场交易规模已经达到 7.85 万亿元，同比增长 30.83%。其中，B2B 交易额达 6 万亿多元。2007—2012 年中国 B2B 市场交易规模整体保持稳定的发展态势。2012 年，我国 B2B 电子商务服务企业达 11 350 家，同比增长 8%，B2B 服务商营收份额中，排名第一到七位的分别是阿里巴巴、环球资源、上海钢联“我的钢铁”网、慧聪网、焦点科技和中国制造网、环球市场集团、网盛生意宝。

#### 2．中国 B2B 电子商务模式存在的问题

（1）缺乏对大型企业市场的足够重视。目前，我国的 B2B 电子商务大多以提供商品发

布和交易平台的方式提供服务。这种方式对于中小型企业是合适的，因为它们需要借助 B2B 电子商务平台开拓市场。但大型企业对于 B2B 电子商务的需求与中小企业有很大不同，它们通常有固定的客户和销售渠道，但同时它们常常面临着战略调整的困扰。

在中国，由于整个市场环境实际上主要由诸多大型企业来主导，因此，如何使 B2B 电子商务模式适应大型企业的需求是目前存在的一个主要问题。

（2）重交易，轻信息，缺乏基于信息流的企业互动。经济的发展虽然为电子商务在中国的开展提供了有利条件，但是总体来说，现在企业间的电子商务在我国还不够普及。由于对电子商务缺乏全面系统的了解，许多企业在此过程中出现了许多误区。对 B2B 电子商务的认识过于简单，认为在网络上放上公司的主页和产品目录就万事大吉，就可以等着客户的订单了，交易量大就可以。而 B2B 电子商务作为传统贸易在互联网上的延伸，如果没有信息流的互动，仅仅是信息的发布（其中很多信息还是过时的），将逐渐会使大多数企业失去对 B2B 电子商务的兴趣。因此，如何利用各个企业发布的信息，建立主动或者辅助的企业交互机制，将是今后 B2B 电子商务的发展重点。

（3）重技术，轻时效，缺乏对管理模式的重视。许多公司在开展电子商务时只是片面强调技术，在技术要素上投入了很多人力和物力，但是忽略了在此过程中提升企业的管理水平和对企业业务流程进行重组以满足电子商务环境下新的管理和经营模式的要求。

（4）电子商务安全度仍比较低。尽管电子商务安全问题已经得到了很大改善，但目前由于病毒、木马等恶意攻击的不断出现，以及各类防护手段的缺乏，使得许多企业在实施 B2B 电子商务时缺乏足够的安全感。同时，不少企业因为网络基础设施建设比较落后或者没有较为完善的安全管理制度和专业的维护人员导致企业的网络存在很多安全漏洞，当遭受到攻击时可能会迅速崩溃。这些问题将极大地影响 B2B 电子商务的进一步发展。

### 3. 中国 B2B 市场的发展趋势

（1）B2B 行业将更加细分。行业 B2B 门户网站将进一步细分，但其细分标准仍然以行业的相关度为标准。这样细分可以让许多行业 B2B 网站的创新模式得以执行并发展。行业 B2B 网站的细分度、能否生存受行业企业数量、企业网络普及度的影响。传统行业对行业网站的认可会逐步增加，对行业商情杂志的需求将会逐步降低。只针对行业某一类产品的 B2B 网站将大量涌现，尤其是工业品 B2B 行业网站是未来一大发展趋势。该类行业网站的优势在于能够为供应商和采购商提供更加专业、更有针对性的服务。

（2）B2B 将由信息平台向交易平台转型。未来 B2B 电子商务平台运营商，将进一步从现有的信息平台为主向交易平台转型，帮助买卖双方安全、便利地完成整个交易流程。

（3）B2B 与 B2C 融合发展。两者结合将更加符合市场需求，将缩小商家与客户的距离，实现商品的直销，同时降低产品质量和服务的问题，让厂家直面消费者，缩短交易的中间环节，加快供需信息交流的速度和保证供需信息的准确性。

（4）行业 B2B 网站将在更多环节充当行业服务的角色。对供应商、采购商的信用、实力评估体系将进一步完善，并得到创新。随着行业 B2B 门户网站的逐步深入行业，行业企业的信用、实力将进一步透明化，让采购商有更多机会选择更多最合适的供应商，许多线下服务会深入企业内部。例如，一对一的培训服务、实地评估、工厂考察、市场调查、人才招聘、行业软件服务等将会获得更多的应用。

【课堂讨论题】

随着电子商务的不断发展，越来越多的电子商务新模式不断出现，会不会有一天B2B模式被新的模式所替代？如果有，请你畅想一下最有可能的新模式。

## 2.3 B2C 电子商务模式

### 2.3.1 B2C 电子商务模式分析

B2C 是企业与消费者间的电子商务，其内涵是企业通过电子化、信息化的手段，尤其是互联网技术，把本企业或其他企业提供的产品和服务直接传递给消费者。

B2C 电子商务模式可以从不同的角度分为不同的类别。根据交易客体的不同，可把 B2C 分为无形商品或服务的电子商务模式、有形商品的电子商务模式和综合模式。

**1．无形商品或服务的电子商务模式**

无形商品或服务如信息、计算机软件、视听娱乐产品等可以通过网络直接向消费者提供。无形商品或服务的电子商务模式主要有网上订阅模式、广告支持模式、付费浏览模式和网上赠与模式。

（1）网上订阅模式。网上订阅模式指的是企业通过网站向消费者提供网上直接订阅，消费者直接浏览信息的电子商务模式。网上订阅模式主要被商业在线机构用来销售报刊、有线电视节目等。网上订阅模式主要有以下几种。

① 在线服务。在线服务是指在线经营商通过每月向消费者收取固定的费用而提供各种形式的在线信息服务。目前，在线服务商主要以固定费用的方式提供无限制的网络接入和各种增值服务。在线服务商一般都有自己服务的客户群体。以美国的在线服务商为例，美国在线（AOL）的主要客户群体是家庭使用者；ComputServer 的主要客户群体是商业使用者；微软网络（MSDN）的主要客户群体是 Windows 的使用者。无论是哪种在线服务商，它们提供的服务都有共同特点。

- 基础信息的一步到位式服务。在线服务商一般都向订户提供基础的信息服务。客户通过浏览在线服务商所提供的信息，基本上就可以满足日常收集信息的要求。例如，在线服务商一般都提供剪报信息，订户不必再为信息花费很长的时间浏览大量的站点和网页，从而一步到位地取得基础信息。有的在线服务商还独家发布在线报纸、杂志和其他信息。例如，AOL 就独家发布消费者报告，为消费者提供了方便。
- 可靠的网络安全保障。由于在线服务都是在专有的网络上运行的，通过在线服务商连接的网络的安全保障比直接连接互联网要可靠。在美国，一些银行，如美洲银行和联合银行就是通过网络提供结算服务的。目前，在在线服务的环境下，订户可以更放心地通过提供并传输信用卡的号码进行网上在线购物。另外，在线服务商还提供额外的安全保障措施，如在线服务中可供下载的软件都经过反病毒查询，证明安全可靠后才向客户提供。
- 向新订户提供支持服务系统。在线服务商既通过电脑网络，又通过电话向新的订户提供支持服务。对于新的订户来讲，在线服务商能够为他们解释技术问题，在支持服务方面比网络经营商要强。强大的支持服务系统加上有竞争力的价格优势使在线服务商在网络内容日益丰富的情况下能继续生存下去。

但是，专业网络在线服务商也面临新的竞争。迅速崛起的互联网服务商成为在线服务商的主要竞争对手，许多企业转向当地网络服务商寻求更快捷的网络文件下载方式。但是在线服务一般是针对某个社会群体所提供的服务，至少在短期内不会消失。在美国，几乎所出售的每台电脑都预装了在线服务免费试用软件。在线服务商的强大营销攻势使他们的订户数量在稳步上升。

② 在线出版。在线出版指的是出版商通过互联网向消费者提供除传统纸面出版之外的电子刊物。在线出版一般仅在网上发布电子刊物。消费者可以通过订阅来下载刊物的信息。但是，以订阅方式向一般消费者销售电子刊物被证明存在一定的困难，因为一般消费者基本上可以从其他途径获取相同或类似的信息。因此，此项在线出版模式主要靠广告支持。

1995 年美国的一些出版商网站开始尝试向访问该网址的用户收取一定的订阅费，如《今日美国》和《在线杂志》等。但是，后来发现，对网址内容收费后，访问的次数急剧下降，于是不得不取消了订阅，又开始提供免费浏览。1996 年，大多数的类似网址开始尝试双轨制，即免费和订阅相结合。有些内容是免费的，有些内容是专门向订户提供的。这样，这些网址既能吸引一般的访问者，保持较高的访问率，同时又有一定的营业收入。

与大众化信息媒体相对的是，更趋于专业化的信息源的收费方式却比较成功。网上专业数据库一直就是付费订阅的。例如，Forrester Research 研究咨询公司的研究报告就在网上收费发布，一些大企业愿意支付不菲的订阅费。

③ 在线娱乐。在线娱乐是无形产品和劳务在线销售中令人瞩目的一个领域。一些网站向消费者提供在线游戏，并收取一定的订阅费。目前来看，这一领域还比较成功。当前，网络游戏已成为网络会战的焦点之一，微软、Excite、搜信等纷纷在网络游戏方面强势出击。

（2）广告支持模式。广告支持模式指的是在线服务商免费向消费者或用户提供信息在线服务，而营业活动全部用广告收入支持。此模式是目前最成功的电子商务模式之一。例如，像雅虎等在线搜索服务网站就是依靠广告收入来维持经营活动的。信息搜索对于上网人员在信息浩瀚的互联网上找寻相关信息是最基础的服务。企业也最愿意在信息搜索网站上设置广告，特别是通过付费方式在网上设置广告图标，使有兴趣的上网人员通过击点图标就可直接到达企业的网址。

由于广告支持模式需要上网企业的广告收入来维持，因此该企业网页能否吸引大量的广告就成为该模式能否成功的关键。而能否吸引网上广告又主要靠网站的知名度，知名度又要看该网站被访问的次数。网站广告必须对广告效果提供客观的评价和测度方法，以便公平地确定广告费用的计费方法和计费额。

（3）付费浏览模式。付费浏览模式指的是企业通过网页安排向消费者提供计次收费性网上信息浏览和信息下载的电子商务模式。付费浏览模式让消费者根据自己的需要，在网址上有选择地购买一篇文章、一本书的内容或者参考书的一页。数据库里的内容也可付费获取。另外，一次性付费游戏娱乐将会是很流行的付费浏览方式之一。例如，中国知网向海内外读者提供中国学术文献、外文文献、学位论文、报纸、会议、年鉴、工具书等各类资源统一检索、统一导航、在线阅读和下载服务，下载相应的文章和数据必须支付一定的费用。

付费浏览模式是目前电子商务中发展较快的模式之一。该模式的成功要具备如下条件：首先，消费者必须事先知道要购买的信息，并且该信息值得付费获取；其次，信息出售者必须有一套有效的交易方法，而且该方法可以处理较低的交易金额，例如，对于只是获取一页信息的小额交易。随着小额支付方式的出现，付费浏览模式将会进一步发展。

对于付费浏览模式的网上信息出售者最担心的是知识产权保护问题。因为他们的客户从网站有偿获取信息后，这些客户可以非常容易通过网络再次分发或出售，这势必侵犯了提供信息者的利益。为此，一些信息技术公司开发了网上信息知识产权保护的技术，防止客户获取信息后非法传播使用。另外，有的信息出售者把信息购买者作为代理人将信息再次出售，而且给予代售者一定的佣金，这样既鼓励了信息的合法传播，同时保护了信息出售者的利益。

（4）网上赠与模式。网上赠与模式是一种非传统的商业运作模式，是企业借助互联网用户遍及全球的优势，向互联网用户赠送产品，以扩大企业的知名度和市场份额。网上赠与模式实质是“先试用，后购买”。采用网上赠与模式的企业主要有两类：一类是软件公司，另一类是出版商。一些软件公司将测试版软件通过互联网向用户免费发送，用户自行下载试用，也可以将意见或建议反馈给软件公司。用户对测试软件试用一段时间后，如果满意，则有可能购买正式版本的软件或因为参与了测试版的试用可以享受到一定的折扣。由于所赠送的是无形的计算机软件产品，而用户是通过互联网自行下载的，因此企业所投入的分发成本很低。采用这种模式，软件公司不仅可以降低成本，还可以扩大测试群体，改善测试效果，提高市场占有率。在这方面做得很成功的如网景公司。网景公司较早地运用了这一电子商务模式，将其互联网浏览器在网上无偿赠与，以此推动该网络浏览器新版本的销售。有的出版商也采取网上赠与模式，先让用户试用，然后购买。例如，《华尔街日报》对绝大多数在线服务商以及其他出版社一般都提供免费试用期，大部分都成为后来的付费订户。

**2．有形商品的电子商务模式**

有形商品的电子商务模式是指有形商品的网络交易，这种电子商务模式也叫在线销售。采用这种模式，这类商品的交易过程中所包含的信息流和资金流可以完全实现网上传输。卖方通过网络发布商品广告、供货信息及咨询信息，买方通过网络选择欲购商品并向卖方发送订单，买卖双方在网上签订购货合同，在网上完成货款支付。但是，这种商品交付不通过电脑的信息载体而仍然通过传统方式来实现。

目前，企业实现在线销售主要有两种方式：一种是在网上开设独立的虚拟商店；另一种是参与并成为网上购物中心的一部分。有形商品和服务的在线销售使企业扩大了销售渠道，增加了市场机会。与传统的店铺销售相比，即使企业的规模很小，网上销售也可将业务伸展到世界的各个角落。网上商店不需要像一般的实物商店那样保持很多库存，如果是纯粹的虚拟商店，则可以直接向厂家或批发商订货，省去了商品存储的阶段，从而大大节省了库存成本。

在线销售目前也面临着一些障碍，主要来自两个方面：一是目前有的普通消费者对网络产品缺乏信任。因此，有很多消费者还是通过传统的实物市场购物。二是互联网非常庞大，对于中小企业来讲，要在B2C市场保持稳定的交易并非易事，而且开发在线成交系统相对投资较大，中小企业资金存在困难。

3. 综合模式

实际上，多数企业网上销售并不是仅仅采用一种电子商务模式，而往往采用综合模式，即将各种模式结合起来实施电子商务。GolfWeb就是一家有3 500页有关高尔夫球信息的网站。这家网站采用的就是综合模式。其中，40%的收入来自订阅费和服务费，35%的收入来自广告，还有25%的收入是该网址专业零售点的销售收入。该网址已经吸引了许多大公司的广告，如美洲银行、美国电报电话公司等。专业零售点开始两个月的收入就高达10万美元。

网上的一些虚拟商店之所以能吸引广告，就是因为虚拟商店本身的名气很大。而在类似的传统实体商店中，一般商店的广告都与经营的商品有关，网上虚拟商店上的这种交叉广告并不十分常见。

**相关案例**

**小米公司的网络营销**

小米公司正式成立于2010年4月，是一家专注于智能产品自主研发的移动互联网公司。“为发烧而生”是小米的产品理念。小米公司首创了用互联网模式开发手机操作系统、发烧友参与开发改进的模式。2014年“双十一”活动中，小米在天猫平台上销售手机116万台，销售额15.6亿元，约占天猫当天总额的3%，成功卫冕单店第一。

小米的营销模式是通过互联网进行预售的一种饥饿营销模式。在产品发布的初期，小米会在网络上进行一段时间的预热，简而言之就是运用网络宣传先吸引大批消费者，然后进行产品的限量发售引起消费者的疯狂抢购，造成供不应求的现象。从长远的角度来看，这样能使消费者始终保持对小米产品的热度，并利用消费者进行广泛的宣传，无形之中便为其节省了一大笔广告费用。

小米之所以能够盈利，与其创新的供应链管理模式是密不可分的。一方面，小米采取的是C2B的预售模式，实现了零库存管理。另一方面，则在于其精简的供应链。小米手机的供应链条相较简短，只涉及研发组、供应商、代工工厂、核心企业、顾客几个环节。在供应链条上，小米手机减少了中间代理商和中间流转环节，形成了顾客与生产商直接衔接的情况，也正是这个环节成为小米成功的最大因素。小米的供应链是快速响应的，能够规避高库存风险。小米在日常经营没有设置实体专卖店，而是通过电子商务的形式在网上进行预售。消费者要想购买手机，就必须上网先预订，然后小米根据用户的需求快速响应，通知生产厂商按需生产，最终及时配送到消费者手中。这种C2B的预售模式，精确了产品的生产数量，避免了高库存风险。同时由于是预售模式，小米公司可以在生产之前就收到货款，实现了资金的快速回笼，解决了前期需要融资的难题。

**相关链接**

**中国B2C市场行业格局**

中国电子商务研究中心监测数据显示，截至2014年6月，中国B2C网络购物市场上排名第一的依旧是天猫，占 57.4%。京东名列第二，占 21.1%。苏宁电器可谓传统企业进军电商领域的代表，苏宁易购在 2011 年发展较快，名列第三名，占 3.6%。其他排名依次为国美在线、唯品会、亚马逊中国、当当网、腾讯电商、聚美优品、一号店。2014 年中国 B2C 市场发展速度有所放缓，对众多 B2C 电子商务企业来说，营销成本和物流环节方面的压力成为制约其快速发展的最大“瓶颈”。

### 2.3.2 B2C 交易流程

#### 1. B2C 电子商务的流程

B2C 电子商务是指商家把有形或无形的商品通过互联网销售到顾客手中的过程，包括商家自建网站购物平台，以及去网上商城申请一个“铺位”开店两种方式。要完成一次网上购物交易，买卖双方必须经历以下过程。

（1）确定购买商品的内容。这一步主要是解决信息流的问题。互联网在传递与处理信息方面有着无可比拟的优势，购物站点的 Web 程序能与顾客在线交互，提供诸如购物车、比较购物、商品检索、在线议价等服务。这些服务是传统购物商场无法比拟的，是网络购物的优势所在。

在大家熟悉的网站购物车/订单模式下，选择商品，确认规格参数，确定订购数量，确定送货要求之后，订单即填写完成。

（2）确定商品配送的方式。有形商品的配送，也就是物流，它牵涉整个社会的物流基础。当购物网站上顾客敲定一笔订单之后，顾客与商家需要立即知道需要多少物流费用，以便进入交易的下一步去付款发货。但是物流费用的计算过程非常复杂。举个例子：顾客在网上订购了 10 套沙发，体积一共是 25 立方米，重量是 1.2 吨，厂家仓库在东莞厚街，送货地址是山西某个物流不发达的山区小镇，这张订单的物流费用是多少？何时能送到？购物网站能不能在站内预置一个公式程序来自动计算并回答这个问题？不能。

在当前的小件物流体系中，除了速递公司之外，还存在着大量专线物流公司与货运代理公司（简称货代）。一家专线物流公司的车队通常只在固定的一条路线上跑，有了价格优势，才吸引更多的货代把货盘交给他们。专线物流的费用是剧烈浮动的，油价变化、运量的变化、国家打击超载的松紧程度都会影响到专线物流的价格。直接面对大量货主的实际是货代公司，货代公司通常在靠近货主的地方设置收货/取货点。例如，在批发市场旁边设收货点，货代公司收下货盘后按照目的地进行分拣，然后分别交给相应路线的物流商以及铁路与航空公司等，由它们运往目的城市。也就是说，货物要从货主到货代公司，再到物流公司，甚至再经历中转城市与目的城市的货代公司转运，其价格构成非常复杂。

要解决这个问题，一个理想的假想模式是，全国物流公司与货代公司建立了物流数据标准，然后把电脑系统全部联网，当收到交易网站发出的货盘询价信息时，能马上给出价格与货期等结果，然后通过互联网反馈最优结果给买家选择，整个报价过程全自动实现。

由于受到上述物流问题的限制，在购物网站上几乎做不了大宗商品的贸易。能够在网上卖的基本上是零售的小件商品，如文件、箱包、CD、书籍、单件衣服等，这些小件商品的配送问题可以通过速递公司解决，由速递公司上门收货并送货上门。这类交易的特点是商品体积、重量较小，送货费相对固定。

（3）确定付款的方式。假定配送方式已经解决，物流费用已经确定，整张订单的总金额已确定下来，交易双方下一步需要确定付款方式。有三种付款方式可供选择。

① 款到发货方式。这种方式顾客要担当较高风险。要求款到发货是许多网络欺诈者的常用手法。由于是直接交易，欺诈者能立即收到货款，一旦收到款之后，欺诈者就销声匿迹。网络购物的诚信问题未得到解决。

② 货到付款方式。这种方式也存在风险，买家有可能毁约拒付。卖方不仅损失双程运输费用，还面临货物运输破损、变质、丢失的风险，以及生产资金被占用、要处理库存货品等压力。

③ 引入第三方监管的模式。这种方式也存在一定问题。首先，引入的第三方自身的公信力要打上问号。例如，由物流公司充任第三方，结果卷了货而去。其次，第三方用什么手段来保证双方的诚信？第三方能监督到物流公司的货运记录吗？第三方比较流行的做法是，只要买家不投诉，在一段时间之后，第三方就会认为交易已经成功，将向卖家支付货款。最后，引入第三方将增加交易的总体成本，因为多汇了一次款，买家首先汇款给第三方，然后由第三方再汇款给卖方。而且在监管期内，资金还被第三方占用了一段时间，增加了卖方的资金周转压力。

（4）执行付款。假定买方选定了付款方式，准备执行付款。支付与结算这一环节是电子商务整个流程中安全性最高的一个环节，因为出去的钱和进来的钱都要经过银行账户。当前的银行系统与增值服务商都能保证款项安全地抵达目的账户。

购物网站可选的支付方式主要有以下四种：

第一种是传统的支付，包括 ATM 转账，去银行柜台汇款、异地账号存/取款，邮局汇款等。

第二种是金融机构的支付网关，包括各家银行、银联提供的在线支付网关、银联 ePOS 等。获得这一种服务有一定的门槛。

第三种是第三方支付网关，特点是低门槛，支持的银行卡种类广泛。2005 年以来第三方支付业务发展迅猛，这一行业有待国家出台相应的政策。

第四种是通过虚拟账户方式支付，这类业务有个通俗的名称叫作“电子钱包”，通常是由经营第三方支付网关业务的公司提供的。买卖双方先到同一家服务商处申请一个电子钱包账户，然后买方汇款给服务商，给自己的钱包账户充值，然后买方转账到卖方的钱包。服务商在卖方在提出结算请求时，把现金汇入卖方指定的银行账户。这类支付方式比较适合小额支付。

在线支付是安全的，但是让交易双方顾虑的是，如何把安全支付与其他购物环节衔接进来，构成一个整体的安全交易过程。例如，在第二种支付方式下，顾客能按照支付号在线查询是否支付成功，但是支付以后的物流、是否交货则无从监督。

（5）商品配送。只要是有形商品，最终要通过物流配送到消费者手中。在物流发达的城市如北京、上海分别有几家运营得很好的购物站点，网站自建仓库与配送中心，甚至喊出了“1 小时送货上门”的口号。但是显然，这种模式下配送的高效率仅对中心城市有效。

### 2. B2C 电子商务的购物流程

B2C 电子商务的购物流程主要针对消费者的网上购买行为设计的，大致可以分为用户注册、选购商品、支付结算和物流配送四个过程。首先是新用户的注册，然后用户登录到电子商务网站，进行商品选购并选择送货方式和支付方式，最后由商家送货，消费者收货后验收，从而完成交易。

（1）用户注册。消费者在开始网络购物前，必须先进行新用户注册。新用户注册时一般要输入以下信息：

① 登录名。登录名是用户登录时使用，必须是字母和数字的组合，最好是简单易记的名字，但不能与其他已注册的登录名重复。

② 登录密码。登录密码也是登录时使用，可以是数字和字母的组合。但是要注意密码设置的安全性，最好不要将姓名、生日等容易被猜出的数字和字母作为密码。登录名和登录密码设置好后一定要记住，特别是不太常用的登录名和密码最好在一个安全的地方用笔记录下来，以免时间长了忘记用户名和密码，从而带来一些不必要的麻烦。

③ 验证密码。验证密码是为了防止输错密码用，验证密码要求与登录密码完全相同。在输入密码时要注意保护密码的安全。

④ 用户姓名。用户姓名要求输入用户的真实姓名，目的是约束用户的行为规范，并且在发生纠纷时使用。

⑤ 送货地址。送货地址是为了方便送货，地址应该准确，而且每次购物都应验证、确认送货地址。

⑥ 送货电话。送货电话是为了方便送货，也是为了确认用户身份。送货电话要填写白天能联系到的电话，最好是填写手机号码，特别是对于选择货到付款方式的用户，商家也只有在通过电话确认用户的真实性后，才会安排送货上门。

⑦ 电子邮箱。电子邮箱是商家与用户联系时使用的。例如，通过电子邮箱发送一些促销信息或者通过电子邮箱取回遗失的密码等。

每个电子商务网站的用户注册界面都大同小异，对于不同的网站，有些信息是用户注册时必须要填的，有些信息是可选的。一般来说，以上这七项信息是用户注册时必须输入的信息。另外，用户注册时还可以输入其他一些信息，如证件号、性别、文化、出生日期、收入、邮政编码等，这些信息一般允许用户有选择地输入。

（2）选购商品。用户注册好以后就可以开始选购商品，对于购买目标明确的用户，可以利用网站提供的查询功能来选购商品。例如，如果想通过网络购买某一具体商品，可以直接在网上商店的搜索框直接输入该商品的名称进行搜索。那么，该网上商店销售的所有此类商品的信息都会被显示出来。这些信息包括商品的产品号、价格、规格等。对这些搜索到的商品，根据个人的喜好，用户可以选中某样具体的商品直接放入购物车。如果有的用户觉得网上显示的这些信息还不够直观，那么，他还可以点击商品名称先查看该商品的图片，满意的话再点击购买图标，将该商品放入购物车，然后输入需要购买该种商品的数量，从而完成该种商品的选购。而对于那些购买目标不明确的用户，他们可以在网站上像平时逛商店一样边浏览边选购，选购完成后可以显示所有选购商品的清单，并且可以随时修改每种选购商品的数量，最后确认准确无误后，就完成了整个商品选购的过程。

（3）支付结算。当用户在网上完成商品选购以后，电子商务网站就会显示用户选购的所有商品的明细，包括商品的编号、名称、规格、单价、数量等，同时网页还会显示本次选购的商品的总价格，这时用户按支付结算就可以进入网上支付流程。

### 2.3.3　B2C 电子商务的优势及行业特征

#### 1．B2C 电子商务模式的优势

（1）B2C 企业与传统企业相比，由于采用电子商务技术，企业管理的精细度更高；同时由于在 B2C 模式下采取根据销售准确订货的策略，理论上可以达到零库存。B2C 企业管理流程是以信息系统的应用为核心规划和设计的，实现了业务流程的重组，提高了企业的效率。

（2）B2C 电子商务模式能为顾客提供全新的服务方式。B2C 能够一个不漏地掌握商品的销售情况，商品卖给哪些客户、客户提出什么样的要求、客户买了什么商品，从而根据客户的实际需求和购买习惯提供主动化、个性化服务。只有充分掌握消费者的需求差异性信息，才能设计和提供满足消费者个性的服务。

（3）短渠道优势。B2C 越过了销售渠道的重要环节——传统的代理商，这使得一些厂商或超大型的商城利用传统的商品价格及物流仓储优势，通过网络实现销售给最终用户，这样的边际利润率相对较高。

（4）资金的安全优势。B2C 在支付环节上通常不会有很大矛盾。个人购物通常都习惯以现金或信用卡在完成购买流程后即时支付，这对于网络公司的资金周转是非常有利的。

#### 2．中国 B2C 市场行业特征

（1）电子商务企业与社会化媒体的合作加强。例如，京东商城与腾讯合作，消费者可以通过 QQ 的宣传链接直接在京东购买商品，腾讯将向京东提供微信和手机 QQ 客户端的一级入口位置及其他主要平台的支持；双方还将在在线支付服务方面进行合作。此外，腾讯入股京东 15%，成为其一个重要股东。

（2）传统零售企业“触网”加强。随着网络购物的流行，传统零售企业纷纷将传统渠道的触角向线上延伸，自建或收购网购平台，争食电商大蛋糕，欲进一步拓展自己的品牌。从目前情况来看，还有更多的传统零售企业将加入这一行业。

（3）电商一体化趋势加强。2011 年淘宝商城（现天猫商城）宣布 38 家 B2C 网站入驻，这些网站具有较高知名度并且涵盖产品种类丰富。在未来，供货商、品牌商、电商企业、物流公司之间的合作将越来越紧密、融洽，能够给用户提供价廉物美的产品与贴心的服务，让用户真正“满意而归”。

**【课堂讨论题】**

1. 比较天猫和京东在 B2C 业务的区别。
2. 在中国几大 B2C 电商中你最喜欢哪一家？它有什么独特优势？

# 2.4 C2C 电子商务模式

## 2.4.1 C2C 电子商务模式分析

### 1. C2C 电子商务模式简介

C2C 是消费者对消费者的交易模式，其特点类似于现实商务世界中的跳蚤市场。其构成要素，除了包括买卖双方外，还包括电子交易平台供应商，即类似于现实中的跳蚤市场场地提供者和管理员。

在 C2C 模式中，电子交易平台供应商扮演着举足轻重的角色。首先，网络的范围如此广阔，如果没有一个知名的、受买卖双方信任的供应商提供平台，将买卖双方聚集在一起，那么双方单靠在网络上漫无目的地搜索是很难发现彼此的，并且会失去很多机会。其次，电子交易平台供应商往往还扮演监督和管理的职责，负责对买卖双方的诚信进行监督和管理，负责对交易行为进行监控，最大限度地避免欺诈等行为的发生，保障买卖双方的权益。再次，电子交易平台供应商还能够为买卖双方提供技术支持服务，包括帮助卖方建立个人店铺、发布产品信息、制定定价策略等，帮助买方比较和选择产品以及电子支付等。正是由于有了这样的技术支持，C2C 模式才能短时间内迅速为广大普通用户所接受。最后，随着 C2C 模式的不断成熟发展，电子交易平台供应商还能够为买卖双方提供保险、借贷等金融类服务，更好地为买卖双方服务。可以说，在 C2C 模式中它直接影响这个商务模式存在的前提和基础。

### 2. C2C 电子商务模式的运作方式

目前，C2C 电子商务主要有拍卖平台和店铺平台两种运作方式。

（1）拍卖平台运作方式。这种拍卖方式是 C2C 电子商务企业通过为买卖双方搭建拍卖平台，按比例收取交易费用。网上拍卖一方面遵循传统拍卖方式的基本规则，另一方面与传统拍卖方式有很大不同，是网络服务商利用互联网通信传输技术，向商品所有者或者某些权益所有人提供有偿或无偿使用的互联网技术平台，让商品所有者或者某些权益所有人在其平台上独立开展以竞价、议价方式为主的在线交易模式。网上拍卖扩大了拍卖的时空范围，将贵族式的拍卖变成平民化的交易方式，品种繁多，时间精确性更高。

（2）店铺平台运作方式。这种方式是电子商务企业提供平台方便个人在上面开店铺，以会员制方式，也可以通过广告或提供其他服务收取费用。这种平台也称网上商城。入驻网上商城开设网上商店不仅依托网上商城的基本功能和服务，而且顾客也主要来自该网上商城的访问者。因此，平台的选择也非常重要。

## 2.4.2 C2C 电子商务的交易流程及优势

### 1. C2C 电子商务的交易流程

目前，C2C 电子商务主要采用的是以第三方支付平台为信用中介的交易流程。下面以目前占有最大 C2C 市场份额的淘宝网为例，来介绍 C2C 商务运作及流程。其交易流程如图 2-2 所示。

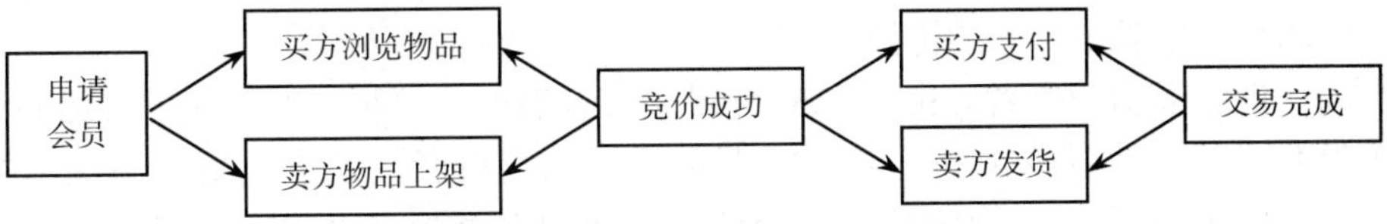


图 2-2　淘宝网的电子商务交易流程

淘宝网上交易采用的是“会员注册”和“拍前联系”的方式，即买卖双方注册成为 C2C 平台会员，卖方物品上架、买方浏览和选择物品之后，买卖双方通过淘宝旺旺或 QQ 等即时通信工具就商品的特性、价格等进行沟通，最后支付货款。以第三方支付平台为交易中介，为买卖双方暂时保管货款，买方先将货款支付给第三方支付平台，待买方收货后在第三方支付平台确认，第三方支付平台才将货款划给卖方。若遇到买方收到货物后不确认收货，一段时间后，支付宝将自动把货款汇至卖方账户。C2C 采用第三方支付平台为中介的支付方式，与传统的货到付款和款到发货交易方式相比，平衡了买卖双方的利益。交易成功后，买卖双方进行信用评价。图 2-3 显示了以第三方支付平台“支付宝”为例的交易流程。

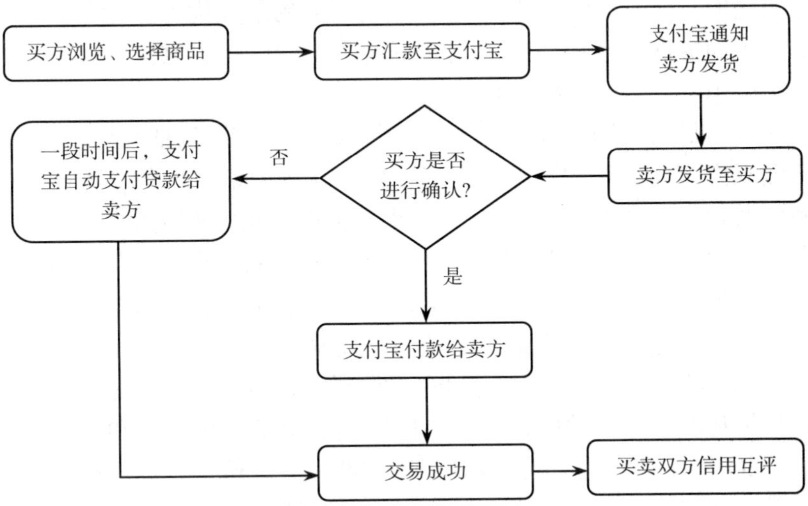


图 2-3　支付宝交易流程

以淘宝网为代表的 C2C 企业的成功之处在于，找到了一个很好的市场切入点，充分利用互联网的广泛性、不受地域和时空限制的特点，在非常广阔的地域和开放的平台上不仅为个人经营的商品开拓了全新销售渠道，还为旧物品寻找潜在用户，从而使物品增值，同时又考虑到买主和卖主的需要，为他们提供了诸多方便和一定的交易安全保障，因此得到了人们的青睐。

### 2．C2C 电子商务模式的优势

同传统的二手市场相比，C2C 电子商务模式不再受时间和空间的限制，节约了大量的市场沟通成本。从实际操作来说，C2C 具有以下优势。

（1）C2C 能够为消费者带来真正的实惠。C2C 不同于传统的消费交易方式，拍卖网站的出现，使得消费者有决定产品价格的权利，并且可通过消费者之间的竞价，使价格更具有弹性，从而也使消费者获得相应的实惠。

（2）C2C 能够吸引消费者。由于 C2C 网站上经常有商品打折，对于注重实惠的消费者，这种网站能够引起消费者的关注。对于有明确目标的消费者，他们会受价格优惠的利益驱动频繁光顾 C2C 网站，没有明确目标的消费者，他们也会为享受购物过程的乐趣或寻找优惠商品的目的光顾 C2C 网站。

### 2.4.3 中国 C2C 电子商务模式发展现状

#### 1. 中国 C2C 网站的盈利模式

C2C 模式得以存在和发展的前提是必须保证电子交易平台上的供应商实现盈利，因此，我们分析 C2C 模式，应当更加关注电子交易平台供应商的盈利模式和能力，这才是 C2C 模式的重点，也是 C2C 模式区别于其他模式的重要特点。我国 C2C 网站的盈利模式主要包括以下几个方面。

（1）广告收入。C2C 网站在网络中的地位就像大型超市在生活中的地位，它是网民经常光顾的地方，拥有超强的人气、频繁的点击率和数量庞大的会员。其中蕴藏的商机是所有企业都不想错过的。C2C 网站超强的人气是其广告的最大优势，随着用户使用习惯的成熟，以及 C2C 电子商务网站在广告模式上的不断创新，在具有如此多的用户数量的基础上，广告收入已成为中国 C2C 电子商务的主要来源。

（2）信用认证。目前我国 C2C 电子商务平台都提供信用认证系统，但由于 C2C 电子商务平台的买卖双方交易额小的特点，对提供信用认证收取费用的尝试还比较少。随着用户规模的不断壮大和交易需求的扩大，C2C 网站也可以通过这种模式获取收益。

（3）搜索引擎竞价排名。基于 C2C 电子商务网站上品种繁多、款式纷杂的特点，随着网站的不断发展，搜索引擎的作用逐步凸显出来。借鉴类似百度搜索等的盈利模式，C2C 电子商务平台也可以通过搜索引擎竞价排名的模式盈利。

（4）“首页黄金铺位”推荐费。根据 Alexa 网站统计分析，除了目的性较强的上网者外，大多数上网者只是观看一个网站的首页，所以网站首页的广告铺位和展位都具有很深的商业价值。对于 C2C 网站首页的“黄金铺位”，网站可以定价销售也可以进行拍卖，购买者或者中标者可以在规定时间内在铺位上展示自己的商品。

（5）平台交易费用。平台交易费用主要包括登录费、交易费、店铺费等。登录费包括商品登录费和底价设置费，是发布一件商品所需支付的费用。交易费包括商品成交费、交易服务费。店铺费即开设店铺需要缴纳的基本费用。

除上述盈利模式外，C2C 网站还有一些潜在的收入来源，如发挥金融手段。目前，中国 C2C 电子商务平台都拥有第三方支付平台，基于 C2C 电子商务平台的交易规模而产生大量的停滞在第三方支付系统上无法移动的资金流。随着国家相关政策的不断放开，C2C 网站可让这些资金发挥较好的金融作用以获利。

#### 2. 中国 C2C 电子商务模式发展中存在的问题

虽然中国 C2C 模式有着可观的前景，并且发展迅速，但它仍然存在许多问题，特别是我国还处在电子商务的起步阶段，技术、信用体系、制度等方面都存在很多不完善的地方。

如果不妥善解决这些问题，将会影响和制约中国 C2C 电子商务的发展。

（1）交易失败后的追讨和责任确定困难。互联网的虚拟性决定了 C2C 交易风险更加难以控制。线上交易存在的最大问题是交易纠纷时取证困难，无法判定交易责任所在，从而导致买卖双方之间甚至和物流公司之间发生争执、扯皮等现象。针对这一问题，第三方支付应当加大对交易纠纷行业制定相应规范的管理办法，国家不断完善相关的法律法规。

（2）C2C 物流服务行业的整体服务水平有待提升。目前，我国物流企业普遍存在专业化程度低、社会服务意识欠缺、内部管理混乱、设备落后等问题。因此经常出现货物不能按时到达、货物运输途中损坏、货物配送成本过高、货物签收程序违规等问题。

（3）技术实力有待提高。由于互联网的特点，对 C2C 电子商务平台供应商而言，技术是至关重要的。只有拥有先进的技术，才能保证网络服务的不间断，保证用户资料的信息安全，为用户提供安全理想的交易环境。

**【课堂讨论题】**

1. 针对 C2C 追讨责任确定困难的问题提出一到两个解决方案。

2. 根据中国市场发展现状，如果你想开个电子商务公司，你会选择哪种模式？理由是什么？

## 2.5　O2O 电子商务模式

### 2.5.1　O2O 电子商务模式分析

O2O 是将线下商务的机会与互联网结合在一起，让互联网成为线下交易的前台。这样线下服务就可以用线上来揽客，消费者可以用线上来筛选服务，成交可以在线结算，很快达到规模。该模式最重要的特点是：推广效果可查，每笔交易可跟踪。

O2O 模式要求消费者网站预订、支付，预订、支付信息会成为商家了解消费者购物信息的渠道，方便商家对消费者购买数据的收集，进而达成区域化精准营销的目的，更好地维护并拓展区域性客户。通过线上资源增加的客户并不会给商家带来太多的成本，反而带来更多利润。此外，O2O 模式在一定程度上降低了商家对店铺地理位置的依赖，减少了租金方面的支出。对消费者而言，O2O 提供丰富、全面、及时的本地商家的产品与服务信息，能够快捷筛选并订购适宜的商品或服务，且价格实惠。

O2O 模式由 Trialpay 的创始人亚历克斯·兰佩尔于 2011 年 8 月提出。这种模式是以线上营销、线上购买支付来带动线下经营和线下消费，将线下商务机会与互联网技术结合在一起，让互联网成为线上和线下交易的前台，实时统计消费数据提供给商家，再把商家的商品和评价信息准确推送给消费者。这种线下与线上的融合，实现了实体经济与虚拟经济的对接，由消费者、线上平台、线下实体店共同组成了图 2-4 所示的生态圈。

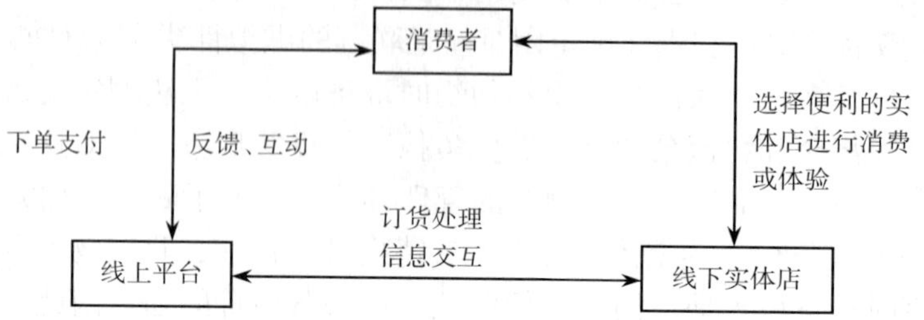


图 2-4　O2O 生态圈

### 2.5.2　O2O 交易流程

#### 1．O2O 闭环流程

O2O 采用“电子市场+到店消费”模式，而不是传统的 B2C、C2C“电子市场+物流配送”模式。其基本交易流程是引流、转化、消费、存留和反馈，这五个阶段共同构成了一个闭环消费流程，如图 2-5 所示。

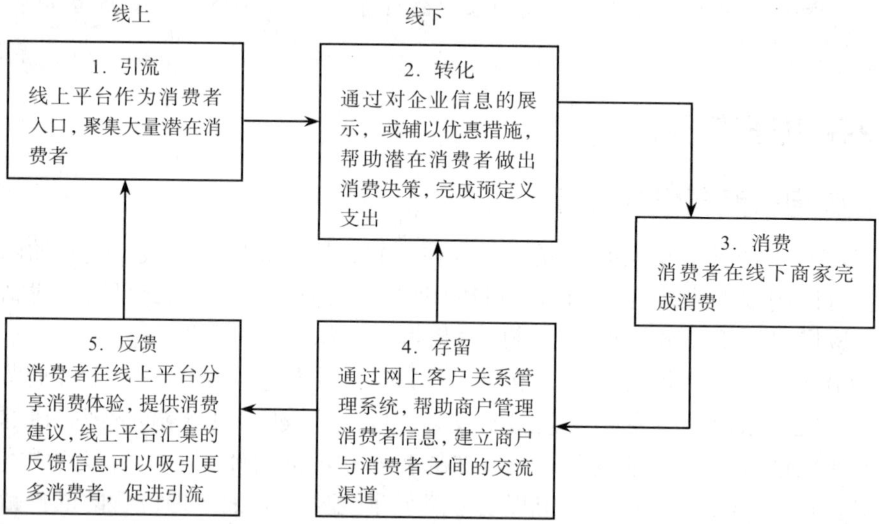


图 2-5　O2O 交易流程

#### 2．O2O 交易流程构筑了三方共赢的格局

消费者利用互联网既获取了足够的信息，又可以足不出户了解商家及其服务、预先咨询和预订所需商品及服务、优先参与商家提供的打折或优惠活动，随后在线下商家中对产品进行实质性体验并完成购买，购买行为最终可以在线下完成，也可以在线上完成。提货的过程，可以在线下直接提走，也可以选择在家收货。在这个过程中，消费者可以非常有针对性地选择产品，大幅提高效率。

对于线上平台，O2O 可以吸引众多的高黏性消费者，并可以依靠对商家的强大曝光率成为一个超值的广告平台，吸引大量商家。

而对于线下企业，O2O 可以通过线上宣传，展示以吸引更多新客户到店消费；通过网络推广，带来品牌效应，提高知名度；通过整合客户数据，维护老顾客，拓展新顾客，增加销售量；通过互动式沟通，了解顾客的消费心理；通过预订等手段，实现高效营销；打破实体店对选址的过分依赖，减少固定成本投入。对于品牌繁多、地域化强、非标准化特性明显、商品质量需要通过实物进行体验、需要有专业的售后配送安装服务、经销体系复杂、传统渠道定价虚高的行业，O2O 模式具有更强烈的吸引力。

### 2.5.3 O2O 衍生模式

目前，O2O 模式已不仅是亚历克斯·兰佩尔最初提出的“线上—线下”模式（线上营销、线上交易，线下体验、线下消费，如大众点评网支撑餐饮服务等），在实践中已经衍生出“线下—线上”模式（线下营销、线上交易，先构筑实体店铺网络，后搭建网上商城，如苏宁云商所构建的 O2O 平台）、“线下—线上—线下”模式（通过线下网络进行推广，导流进入第三方网上平台进行线上交易，然后用户在线下享受消费体验。例如，世界杯期间麦当劳通过官方微信推出游戏“麦乐主场”，将微信游戏与线下商业进行相互联动，黏住中国球迷）、“线上—线下—线上”模式（先以线上平台为基础进行营销推广，导流到线下让用户享受服务体验，然后用户通过线上进行交易或分享消费体验，如京东商城、美团网等）等多种新的实践路径。

O2O 本质上是一种模式，即通过 PC 互联网、移动互联网与传统行业结合，衍生出更多新的商业模式和消费模式，这种整合有效弥补了单一线上或线下服务力的不足。这是 O2O 的生命力所在，也是今天 O2O 热潮的根本成因。但万变不离其宗，O2O 的核心还是线上虚拟经济与线下实体经济的有效结合。O2O 成败与否的关键在于对线上线下能力整合，把握不好这种线上线下的能力整合，线上平台可能会沦为线下厂商的廉价销售员，最终被线下企业自身的互联网平台所取代；线下的品牌商也可能被推入价值链“微笑曲线”的底部，成为劳苦的代工企业；线下的零售商、渠道商更可能因为品牌商借助线上平台和消费者直接对话，被迫成为线上渠道的体验店和提货点，最终被彻底淘汰出局。

总而言之，真正的 O2O=精准互动的社会化营销（碎片化渠道+个性化内容）+线上线下虚实互动。如果能够借助 O2O 的模式创新，将线上线下完美融合，不论是线上平台，还是线下品牌商、零售商，每个企业都可以规避各自业态中固有的劣势，把原来自己在产品链上占据的点连成线构成面，打造一套自己的生态链条，做自己的生态系统的造物主。随着 O2O 模式的发展壮大，O2O 与 LBS 相结合、O2O 与 CRM 相结合、“连锁经营、电子商务、移动互联”三位一体将会愈演愈烈，未来可能出现互联网企业实体化和传统企业互联网化两大浪潮。最终，随着移动互联网及移动终端（如智能手机）的普及，线上与线下的界限逐渐模糊，消费者实际上将处于一种永远线上的状态，线上线下相互融合，你中有我，我中有你，相互交融，O2O 也将变为 O&O（Online and Offline），这才是线上虚拟世界和线下现实世界最完美的融合和互动。

### 2.5.4 O2O 的优势与劣势

#### 1. O2O 的三大优势

（1）O2O 结合本地特色发展的生存探索创新。有限的生存空间需要新的模式探索和实践。近几年来，我国地方互联网行业摸爬滚打，亲历了团购的狂热、房产网的火爆、社区论坛的蜂拥、地方电商的崛起和分类信息的渗入扩张。狭小的地方互联网生存空间，拥挤的状况，也让互联网行业“风云变幻”。如今，团购的狂热不在，房地产的冬天或许已至，大型分类信息的强势进入了瓜分最后的“信息平台”这一领地，种种形势不容乐观。那么，要想脱颖而出，要求地方互联网必须牢记两个字：创新——结合自身优势的创新。O2O 自身最大的优势是对本地市场的了解和熟悉，线上交易+线下体验方式提供了全新的用户体验模式。对本地的人熟悉，对本地的商家熟悉，对本地的网站运营模式也了解，三者的完美结合模式非“O2O”莫属。

（2）O2O 带给消费者最真实的消费体验。真实的消费体验是 O2O 模式适合地方互联网发展的最大特征。虽然团购的在线订购、线下体验忙得不亦乐乎，但是，团购目前在衰退，原因有多种，如盲目扩张，运营成本加大，客户线下体验感差等。但绝非模式本身的问题，O2O 要解决好诚信记录问题，让每份线下体验真实地在网络上记录下来，加强管理，将线上和线下两个终端服务好，将消费者的体验感发挥到最大化，消费者体验感提高才会增加更多兴趣。

此外，地方网站 O2O 的得天独厚的优势。B2C 等模式电商再怎么发展，地方性的一些产品和服务也不可能挂淘宝等商城上销售，如结婚请司仪、装修公司、理发、家政服务、餐饮和娱乐等。这些都是地方网站 O2O 的宝藏。而这些，在团购浪潮的洗礼下，消费者对于线上消费线下体验的模式已经不再陌生，也无形中为地方网站 O2O 发展铺平了，思想道路。

（3）真实的互动式营销可与地方商家深度融合。时代的信息不对称造就了机会。需求有多大，市场和事业就有多大。既然当地商家都在相互寻找，就需要搭建一个平台，提供这种服务。地方网站 O2O 模式可以充分利用这种互动式营销和地方商家深入融合，在诚信和质量的大旗下，共同发展大家的事业。此外，O2O 可以充分利用线上平台，结合线下体验，全力打造商家口碑。

**2．O2O 的三大劣势**

（1）诚信机制缺乏。O2O 可以为服务供应商带来立即可见的现金流，也提供了进行暗箱操作的空间。这些现金流并不一定是安全的。例如，O2O 网站可能面临被黑客攻击的风险；即使对于服务供应商本身，面对现金流的诱惑，也不可避免地存在违法违规的行为、付款后卷款走人的现象；网上商品描述与实际不符等诚信问题的暴露。从整个 O2O 产业发展的角度看，应该建立完善的诚信机制。

（2）商家资质存疑。拥有大量优质商家资源是 O2O 经营者的巨大优势，线下商家资源非常丰富，谁拥有得多，谁就更有优势。但如果是为了获得更多的商家资源，而对商家的资质审核度降低，那么肯定会损害消费者利益，最终的不良后果将会变成恶性循环。

（3）创新能力不足。O2O 的盈利模式相对清晰，但是也容易造成发展模式的千篇一律。团购网站就是典型案例。国内团购的发展是一哄而上，小本经营，用相同的模式圈钱，最后造成所谓“千团大战”，同质化竞争太过严重，以至于团购行业的冬天提前到来。经营模式上多元化，考虑挖掘更具潜力、更具竞争力的业务模式。面对不同的细分市场，O2O 平台需要开发差异化的功能模块。根据具体的情况因地制宜地确定经营策略，才能共生共存、互利共赢。

## 相关案例

### 万达联手腾讯、百度做 O2O

万达、腾讯和百度在深圳联合召开发布会，正式宣布在香港注册成立电子商务公司，一期总投资额高达 50 亿元人民币，其中万达持股 70%，腾讯和百度各持股 15%。地产巨头联手 BAT 中的两强，共同打造电商航母，一时成为轰动性的新闻。之前万达老总王健林之子，著名富二代王思聪同学曾发微博抱怨在京东买电脑桌送货慢，因此有人戏称为一张电脑桌引发的投资。

万达为什么要如此发力地做电商呢？原因很简单：一是万达广场商业业态面临电子商务大潮的冲击；二是目前房地产业受到巨大的下行压力所致。

根据《2013 年中国电子商务市场数据监测报告》的统计，截至 2013 年年底，中国网络零售市场交易规模 18 851 亿元，较 2012 年的 13 205 亿元同比增长 42.8%。网络零售市场规模占社会消费品零售总额比例：截至 2013 年年底，中国网络零售市场交易规模占社会消费品零售总额的 8.04%，而 2012 年仅为 6.3%，2011 年这个数字则是 4.4%。

如果按此趋势发展下去，未来 10 年内有望网络零售交易规模至少达到 20 万亿元以上，占社会零售总额的 40%甚至更高。网络销售的前景相当喜人。不过正所谓几家欢乐几家愁，网络销售的强势，必然挤占传统商超的市场份额。

三个在电商领域的失败者，在 O2O 领域能否逆袭还是未知数，最关键的是主导此次合作的并已在电商领域夭折一次的万达究竟有没有想好该怎么做。在发布会上，王健林特别强调“万达电商卖服务，不卖商品”，定位是“全球最大的 O2O 电商”。这句话基本出现在所有的新闻稿里，似乎业界对王健林的这句话反响很强烈，觉得万达终于找对了方向。

其实，万达过去做的商业地产模式是不卖商品，卖服务，万达电商与万达商业的主要思路大致相同，但是万达不是一家主要玩供应链的企业，而是“卖流量”的商业地产公司，只是这个“流量”与网络流量有差别。过去有人将淘宝天猫模式类比为商业地产模式，其实万达才是商业地产的老玩家。万达电商所说不卖商品卖服务，根本不是什么新鲜事，而是商业模式的延伸。万达与阿里的“矛盾”冲突点也是这里，都是卖“流量”的公司，竞争关系更明显，合作或合资也难以解决利益分配的问题，所以，万达更愿意拉拢两个强有力的合作伙伴来制衡阿里对线下的侵蚀。

**【课堂讨论题】**

讲一讲在你生活所经历过的 O2O 的体验，针对 O2O 模式产生的缺陷你有何对策。

## 本章小结

B2B 是企业对企业的电子商务，指企业与企业之间依托互联网等现代技术手段进行的商务活动。B2B 电子商务模式的内涵是企业通过内部信息系统平台和外部网站，将面向上游的供应商和下游代理商的销售业务有机联系在一起，从而降低彼此之间的交易成本，提高满意度。按照业务范围的覆盖，B2B 电子商务又可分为水平市场和垂直市场。中国 B2B 电子商务模式存在缺乏对大型企业市场的足够重视，重技术、轻时效，缺乏对管理模式的重视，电子商务安全度仍比较低等问题。未来中国 B2B 市场将向 B2B 与 B2C 融合发展、由信息平台向交易平台转型等方向发展。

B2C 是企业对消费者的电子商务，是指企业与消费者之间依托互联网等现代信息技术手段进行的商务或业务活动，是消费者在互联网上直接参与经济活动的形式。B2C 电子商务模式可以从不同的角度分为不同的类别。根据交易客体的不同，可把 B2C 分成无形商品或服务的电子商务模式、有形商品的电子商务模式和综合模式。B2C 电子商务模式能为顾客提供全新的服务方式，具有短渠道优势、资金的安全优势。中国 B2C 市场目前向电子商务企业与社会化媒体的合作加强、电商一体化趋势加强等行业特征发展。

C2C 是消费者对消费者的电子商务模式，是个人对个人的电子商务模式，它的买方和卖方都是个人而不是企业，主要通过互联网而实行的个人拍卖活动。目前 C2C 电子商务主要有拍卖平台和店铺平台两种运作方式。C2C 具有能够为用户带来真正的实惠、能够吸引用户等优势。C2C 电子商务模式以低成本、高效率、开放性的特点，近年来在中国市场迅速发展壮大，但仍存在技术实力有待提高、物流服务行业的整体服务水平有待提升、交易失败后的追讨和责任确定困难等问题。

O2O 将线下商务的机会与互联网结合在一起，让互联网成为线下交易的前台。该模式最重要的特点是：推广效果可查，每笔交易可跟踪。交易流程构筑了三方共赢的格局。O2O 的三大优势：结合本地特色发展的生存探索创新、可带给消费者最真实的消费体验、真实的互动式营销可与地方商家深度融合。三大劣势：诚信机制缺乏、商家资质存疑、创新能力不足。

## 复习思考题

### 一、选择题

1. 与水平 B2B 电子商务网站相比，垂直 B2B 电子商务网站的主要特点是（　　）。

A. 行业全　　B. 服务全　　C. 专业性强　　D. 内容丰富

2. 下列属于无形产品和服务的电子商务 B2C 模式的有（　　）。

A. 网上商城模式、企业网站模式、网上拍卖模式、广告支持模式

B. 差异化配送、合并配送、提供个性服务、提供更有效的售后服务

C. 付费浏览模式、广告支持模式、网上试用模式、在线娱乐模式

D. 进行分布处理，实现企业与社会政府、市场及其他企业之间信息交换或共享关系

3. 电子商务的网上交易以（　　）为最后一个环节。

A. 物流　　B. 信息流　　C. 商流　　D. 资金流

4. 某公司在其网站上帮助个人将产品出售给其他人，并对每一笔交易收取一小笔佣金，这属于（　　）电子商务。

A. B2C　　B. C2C　　C. B2B　　D. B2G

## 二、判断题

1．两个企业通过网络进行的交易肯定是 B2B 模式。（　）

2．中小企业电子商务应该主要依靠像阿里巴巴这样的平台。（　）

3．旅游业是电子商务应用最普遍的行业之一。（　）

4．网络诚信支付问题还没有得到解决。（　）

## 三、多选题

1．戴尔网上商店的优点是（　）。

A．降低了成本　B．提高了产品质量

C．提高了人员素质　D．进一步扩展了直销渠道

2．从技术上分析，一个 B2C 购物系统需要具备的基本要素是（　）。

A．安全机制　B．支付系统　C．购物引擎　D．娱乐系统

3．在网络环境下，顾客的购买行为具有（　）的特征。

A．个性消费的回归　B．主动性增强

C．对于品牌仍有较强的忠诚度　D．可以对网上商品进行广泛的比较

E．要求商品的质量和精细程度高

## 四、简答题

1．简述 B2B 的概念和交易流程。

2．简述 O2O 交易流程。

# 第3章 电子商务技术基础

## 引导案例

### 淘宝建设数据仓库支持战略决策

淘宝网由阿里巴巴集团投资创办，公司成立于2003年5月10日，是亚洲第一大网络零售服务平台，其目标是创造全球首选网络零售服务电商平台。

淘宝网通过结合社区、淘江湖、哇哦、顽兔等社交型产品来增加网购人群的黏性，并且采用团购、C2B模式。淘宝网主要业务跨越C2C、B2C两大部分。淘宝网经过了10多年的发展，累积了大量数据，而这些数据有着不可估量的价值，以阿里巴巴集团创始人马云自己的话来评价淘宝网，“淘宝不是一家互联网公司，而是一家数据公司”。淘宝网现在无处不有着数据的存在，对内数据化运营，为公司战略和决策提供强有力的一局，对外为卖家提供更精准的营销服务做支撑，为买家提供更好的购物体验以及买家推荐自己想购买的商品。近几年在“数据化运营、客服量减半”的发展战略背景下，淘宝网规划并完成了数据大集中平台以及商业智能领域等多个项目的建设，逐步筹划、构架起大淘宝数据体系，初步实现了将线上交易业务数据转化为管理信息，为公司运营、决策分析提供了重要的数据支撑。

淘宝网的数据仓库建设的总体目标在于通过企业级数据仓库的建立对电子商务跨业务领域的数据进行整合，并在此基础上建立一套基于共享数据的、具备商业智能发展能力和管理决策支持能力的综合信息平台，为最终实现现代化管理体系提供技术、数据及管理能力上的支持。随着计算机技术的快速发展，关系型数据库管理数据被广泛应用，企业信息管理系统产生了各类业务上的大量数据，利用数据挖掘技术从这些数据中提取出有价值的信息，利用商业智能技术将有用的信息作为企业战略决策上的支持。

（资料来源：陈新明，淘宝网数据平台数据仓库建设，2013年6月3日）

## 本章学习目标

- 了解互联网的基本概念，计算机网络的分类、体系结构、软硬件，数据挖掘的工具、方法与应用，云计算的概念及应用；
- 掌握计算机网络的层次结构，数据库、数据仓库、数据挖掘及大数据的概念，大数据与云计算的关系。

## 3.1 互联网的基本概念

计算机普及到今天，互联网已经不是一个新鲜的概念了。我们今天所说的互联网实际上是指由多个网络通过集线器、交换机或路由器等设备连接互通构成的计算机网络。互联网是现如今使用最为广泛的、全球最大的、用户最多、资源最丰富的网络。互联网的前身是1969年美国国防部创建的分组交换网APRANET。互联网的本质是计算机网络。

计算机网络是指用通信线路通过信息传递和信息交换网把分布在不同地点的多台计算机、大容量存储器、数据库、各种输入输出设备等互相连接构成的计算机系统。

为了保证在计算机网络中有序的交换数据，需要事先建立好一些规则、标准或约定，我们称之为网络协议，简称协议。协议主要由语法、语义和时序三个要素组成。其中，语法定义了数据和控制信息的结构或格式；语义规定了需要发出何种控制信息，以及完成的动作与做出什么样的响应；时序（也称同步）说明了时间实现的顺序。

### 3.1.1 计算机网络的分类

计算机网络的分类方式多种多样，常见的分类方式如下。

#### 1. 作用范围不同的计算机网络

（1）广域网。广域网也称远程网，是互联网的核心部分，作用范围通常为几十到几千公里。广域网一般用来运送相隔距离很长的主机所发送的数据，可以为不同城市、地区和国家提供通信。

（2）城域网。城域网的作用范围一般是一个城市，作用距离为5～50km。城域网可以为地理位置跨越整个城市的主机提供通信。

（3）局域网。局域网的作用范围通常较小，一般在1km左右。局域网一般为某一特定的单位所拥有，如学校、医院、企业等，处在同一局域网上的主机可以共享连接在局域网上的各种硬件和软件资源。因其数据率高、时延低、误码率小，局域网被广泛应用到各行业中。一个学校或企业拥有多个互连的局域网，这样的网络常称为校园网或企业网。

（4）个人区域网。个人区域网也称无线个人区域网（Wireless PAN，WPAN），是在个人工作的地方把属于个人使用的电子设备用无线技术连接起来的网络，作用范围在10m左右。

#### 2. 使用者不同的计算机网络

（1）公用网。电信公司出资建造的大型网络，所有用户按照电信公司的规定缴纳费用就可以使用这种网络。

（2）专用网。某部门为本单位的特殊业务工作需要而建造的网络。这种网络不向本单位以外的用户提供服务，如军队、铁路和电力系统等均有内部专用网。

此外，按照网络的交换方式不同，计算机网络还可以分为电路交换网、报文交换网和分组交换网；按照拓扑结构不同，可以分为星形网、总线网、环形网、树形网和网形网；按照传输介质不同，还可以分为有线网和无线网，有线网根据传输介质不同又可以分为双绞线网、同轴电缆网、光纤网；按照信道的带宽不同还分为窄带网和宽带网；按照用途不同还可以分为科研网、教育网、商业网、企业网等。

### 3.1.2 计算机网络体系结构

计算机网络是由一系列计算机、终端、节点及连接节点的线路组成的。其结构虽然复杂，但简单来说，计算机网络是由硬件及软件组成的。在计算机网络上的两台计算机连接需要经过多台网络互连设备，采用存储转发的方式进行信息传输，从逻辑上可以将计算机网络看作由资源子网和通信子网构成的。

资源子网由主机、终端、连网外设、软件和信息资源组成，其作用是完成数据处理、提供资源共享、网络服务等任务。通信子网由通信线路、通信设备和网络通信协议等组成，其作用是完成网络数据传输等任务。

设想一种最为简单的情况，处在同一计算机网络中的两台计算机需要相互传送文件。显然，这两台计算机之间必须有一条用于传送数据的通路，这条通路可以是有形的，也可以是无形的。但这并不够，还有很多问题并没有得到解决。例如，传送文件与接收文件的两台计算机如何识别对方，传送方如何确定接收方已经连接到网络，接收方能否识别该文件格式，数据传输故障如何解决等。

为了保证计算机网络能够有效解决这些问题，使不同网络体系结构的用户能够互连，APRANET 在设计时采用了分层的方式，即使计算机网络的不同层使用不同的协议分别解决不同的问题。国际标准化组织（ISO）借鉴了 APRANET 的分层体系结构，于 1983 年提出了开放系统互连基本参考模型（Open Systems Interconnection Reference Model，OSI/RM）的正式文件，也就是著名的 ISO7498 国际标准，即所谓的七层协议的体系结构。但由于 OSI 协议实现起来很复杂，运行效率低，层次划分不合理等多种原因，并没有得到全球广泛的推广，因此，OSI 虽然是法律上的国际标准，但事实上的国际标准是现今应用最为广泛的 TCP/IP。

基于 TCP/IP 协议的体系结构允许不同的软硬件结构计算机进行通信，互联网就是建立在 TCP/IP 协议之上的，查看计算机网络连接属性，可以看到该网络连接使用了 TCP/IP 协议。如果未安装 TCP/IP 协议，则这台计算机将无法访问互联网。注意，互联网协议版本有两个，一个是互联网协议版本 4（TCP/IPv4），另一个是互联网协议版本 6（TCP/IPv6），它们都属于 TCP/IP 协议族，具体的区别将在本章后续的内容里提到。

基于 OSI/RM 协议的体系结构共有七层，自上而下分别是应用层、表示层、会话层、运输层、网络层、数据链路层、物理层。相比于 OSI/RM，基于 TCP/IP 协议的体系结构很简单，只有四层，自上而下分别是应用层、运输层、网络层和数据链路层。

（1）应用层。应用层是体系结构中的最高层，直接为用户的应用进程（正在运行的程序）提供服务。应用层使用的许多协议都需要使用域名系统（Domain Name System，DNS）。域名系统是互联网使用的命名系统，用来把计算机网络中设备的名字转换为 IP 地址，这是因为域名比 IP 地址更容易记忆。例如，百度的域名为 http://www.baidu.com/，但是百度的主机地址是 http://119.75.218.77/，也就是说，在浏览器地址栏中输入这两者中的任何一个都能够访问百度主页面。

早期计算机网络中的设备数量较少，因此 IP 地址最初在设置时是 32 位二进制地址，但随着计算机网络和电子信息技术的飞速发展，原有的 32 位二进制地址空间已经不够用，因此未来 IP 地址空间将扩充为 128 位，所用到的协议即为互联网协议版本 6（TCP/IPv6）。

应用层用到的协议很多，常用的协议有：

① 超文本传输协议（Hypertext Transfer Protocol，HTTP）。提到超文本传输协议，就不得不先介绍一下万维网（World Wide Web，WWW）。万维网并非某种计算机网络，而是一个大规模的、联机式的信息储藏所，简称 Web。万维网是一个分布式的超媒体系统，它是超文本系统的扩充。万维网以客户服务器的方式工作，客户程序向服务器程序发出请求，服务器程序向客户程序送回客户所要的万维网文档，在一个客户程序主窗口上显示出的万维网文档称为页面。

超文本传输协议定义了浏览器（万维网客户进程）怎样向万维网服务器请求万维网文档，以及服务器怎样把文档传送给浏览器。从层次的角度看，HTTP 是面向事务的应用层协议，它是万维网上能够可靠地交换文件（包括文本、声音、图像等各种多媒体文件）的重要基础。

② 文件传送协议（File Transfer Protocol，FTP）。FTP 是互联网上使用最为广泛的文件传送协议。FTP 提供交互式访问，允许客户指明文件类型与文件格式，并允许文件具有存取权限。FTP 是在互联网上最早使用的协议之一。

③ 简单邮件传送协议（Simple Mail Transfer Protocol，SMTP）。SMTP 是一组用于由源地址到目的地址传送邮件的规则，由它来控制信件的中转方式。SMTP 帮助每台计算机在发送或中转信件时找到下一个目的地。通过 SMTP 协议所指定的服务器，就可以把电子邮件寄到收信人的服务器上，整个过程只要几分钟。SMTP 服务器则是遵循 SMTP 协议的发送邮件服务器，用来发送或中转发出的电子邮件。

（2）运输层。运输层是整个计算机网络体系结构中的关键层次之一。从通信和信息处理的角度看，运输层向它上面的应用层提供通信服务，运输层与源主机和目的主机之间的进程通信提供数据流。运输层的两个主要协议都是互联网的正式标准，即：

① 用户数据报协议（User Datagram Protocol，UDP）。在 OSI 的术语中，两个对等运输实体在通信时传送的数据单位叫作运输协议数据单元。在 TCP/IP 体系中，根据所使用的协议 TCP 或 UDP，分别称为 TCP 报文段或 UDP 用户数据报。

UDP 在传送数据之前不需要先建立连接。目的主机的运输层在收到 UDP 报文后，不需要给出任何确认，这是 UDP 的一大特点，即不保证可靠交付，只提供尽最大努力交付。

② 传输控制协议（Transmission Control Protocol，TCP）。TCP 提供面向连接的服务。在传送数据之前必须先建立连接，数据传送结束后释放连接。TCP 提供的是可靠的、面向连接的运输服务，每条 TCP 连接都是点对点的连接。TCP 负责把大量的用户数据按一定的长度组成多个数据包进行发送，并在接收到数据包之后按分解顺序重组和恢复用户数据。为了完成可靠的数据传输任务，TCP 具有数据包的顺序控制、差错检测、检验和再发送控制等功能。

（3）网络层。网络层负责计算机网络中的数据包传送，并定义了通用数据包格式和 IP 协议。网络层向上提供简单灵活的、无连接的、尽最大努力交付的数据包服务，不提供服务质量的承诺。在发送分组时不需要先建立连接，每个分组独立发送。网络层中应用的是网际协议 IP，网际协议 IP 是 TCP/IP 体系中最主要的协议之一，也是最重要的互联网标准协议之一。与 IP 协议配套使用的还有四个协议，分别是地址解析协议（Address Resolution

Protocol，ARP）、逆地址解析协议（Reverse Address Resolution Protocol，RARP）、网际控制报文协（Internet Control Message Protocol，ICMP）、网际组管理协议（Internet Group Management Protocol，IGMP）。其中，地址解析协议将计算机网络中的设备的 IP 地址转换为物理地址，逆地址解析协议将物理地址转换为 IP 地址，网际控制报文协议用于传输出错报告控制信息，网际组管理协议是互联网组管理协议，IP 主机和相邻的路由器利用 IGMP 来建立多播组的组成员。

（4）数据链路层。TCP/IP 协议的数据链路层与 OSI/RM 协议的物理层、数据链路层和网络层的一部分相对应，该层中所使用的协议为各通信子网本身固有的协议。该层主要为 IP 模块发送和接收数据报，为 ARP 模块发送 ARP 请求和接收 ARP 应答，为 RARP 发送 RARP 请求和接收 RARP 应答。

### 3.1.3 计算机网络的硬件

计算机网络的硬件系统是由计算机、通信控制处理机、通信线路、信息变换设备等构成。

（1）计算机。

① 主计算机。主计算机也称服务器，是为客户提供各种服务的计算机，因此，计算机网络对主机有着较高的技术指标要求，尤其是存储容量和处理速度。根据服务器在网络中所提供的服务不同，可以将其划分为文件服务器、打印服务器、通信服务器、域名服务器、数据库服务器等。

② 工作站。相对于主计算机而言，计算机网络上的其余计算机主要是通过执行应用程序来完成工作任务的，这样的计算机称为网络工作站或网络客户机。工作站主要是面向专业应用领域如动画制作、工程设计、科学研究、模拟仿真等而设计开发的高性能计算机。

（2）通信控制处理机。通信控制处理机是在计算机网络中用于通信控制的处理机，简称通信处理机。它也是主计算机和终端设备接入计算机网络的接口设备，因此又称通信接口处理机。不同功能的通信控制处理机能够把多台主计算机、通信线路和众多终端连接成计算机通信网，使得这些用户可以同时共享计算机通信网中的资源。

① 中继器。中继器是应用于物理层的连接设备，适用于完全相同的两类网络的互连，主要功能是对数据信号进行再生和还原，重新发送或者转发，扩大网络传输的距离。由于存在损耗，在线路上传输的信号功率会逐渐衰减，衰减到一定程度时将造成信号失真，因此会导致接收错误。中继器可以通过连接物理线路从而将衰减的信号进行放大，保持与原数据相同，再传输到各设备。

集线器是中继器的一种，其作用同样是对接收到的信号进行再生整形放大，扩大网络的传输距离，同时把所有节点集中在以它为中心的节点上。集线器可以提供更多的端口服务，因此，集线器又叫多口中继器。集线器不需要任何软件支持就可以独立地实现自身功能，通常应用于局域网中，如图 3-1 所示。

图 3-1　集线器

② 交换机。交换机是工作于数据链路层的设备，其作用是转发信号。与集线器广播的方式不同，它按照 MAC 地址表转发数据，可以为接入交换机的任意两个网络节点提供独享的电信号通路，达到隔离端口间冲突的目的，如图 3-2 所示。

图 3-2　交换机

③ 路由器。路由器能够根据一定的路由选择算法，结合数据包中的目的 IP 地址，确定传输数据的最佳路径。路由选择算法比较复杂，路由器的数据转发速度比网桥和交换机慢，主要用于广域网之间或广域网与局域网的互连。路由器具有判断网络地址和选择 IP 路径的功能，能够在多网络互连的环境中建立连接，灵活性强。起初路由器只能通过网线连接到计算机设备上，现在随着计算机网络软硬技术发展，路由器已具备无线功能，如图 3-3 所示。

图 3-3　路由器

**【课堂讨论题】**

为什么要制定这么多协议？是否可以减少协议？另外，是否可以将集线器、交换机、路由器制作成一个设备？

（3）通信线路。网络传输介质是网络中发送方与接收方之间的物理通路。它对网络的数据通信具有一定的影响。常用的传输介质有双绞线、同轴电缆、光纤等。

① 双绞线。俗称“网线”。双绞线是将一对以上的导线组合封装在一个绝缘外套中，为了降低信号的干扰程度，电缆中的每一对双绞线一般是由两根绝缘铜导线相互扭绕而成的，因此把它称为双绞线（见图 3-4）。双绞线分为非屏蔽双绞线和屏蔽双绞线。非屏蔽双绞线价格便宜，传输速度偏低，抗干扰能力较差，一般应用于普通局域网；屏蔽双绞线抗干扰能力较好，具有更高的传输速度，但价格相对较贵。

图 3-4 双绞线

② 同轴电缆。由一根空心的外圆柱导体和一根位于中心轴线的内导线组成，内导线和圆柱导体及外界之间用绝缘材料隔开（见图 3-5）。因存在绝缘层，同轴电缆的屏蔽性较好，抗干扰能力强。按用途不同可以分为基带同轴电缆和宽带同轴电缆。宽带同轴电缆传输速率较高，但价格更加昂贵。按直径不同，可分为粗缆和细缆两种。粗缆传输距离长，性能好，但成本高，网络安装维护困难，一般用于大型局域网的干线；细缆安装较容易，造价较低，但传输距离短，日常维护不方便，一旦一个用户出故障，其他用户的正常工作都会受到影响。

图 3-5 同轴电缆

③ 光纤。光纤又称光缆或光导纤维，由光导纤维纤芯、玻璃网层和外壳组成。应用光学原理，由光发送机产生光束，将电信号变为光信号，再把光信号导入光纤，在另一端由光电转换设备将光信号转换为电信号。与其他传输介质比较，光纤的电磁绝缘性能好、信号衰小、频带宽、传输速度快、传输距离远，但价格昂贵，而且主要用于要求传输距离较长、布线条件特殊的主干网连接。

（4）信息变换设备。

① 调制解调器。调制解调器，是调制器与解调器的简称，它的作用是在模拟信号和数字信号中做转换。我们使用的电话线路传输的是模拟信号，而计算机传输的是数字信号，当通过电话线把电脑连入互联网时，就必须使用调制解调器来转换两种不同的信号。将数字信号转换为模拟信号的过程称为调制，将模拟信号转换为数字信号的过程称为解调。调制解调器兼具调制和解调两种功能，是我们俗称的“猫”。调制解调器分为外置调试解调器和内置调制解调器，外置调制解调器安装方便，可视性强；内置调制解调器价格更便宜，

不需要独立的电源和电线，但安装较为烦琐。

② 光电转换器。光电转换器类似于调制解调器。调制解调器是将数字信号与模拟信号相互转换，光电转换器是将光信号与电信号相互转换。光电转换器一般应用在以太网电缆无法覆盖、必须使用光纤来延长传输距离的实际网络环境中，且通常定位于宽带城域网的接入层应用。

### 3.1.4 计算机网络的软件

软件是指与计算机系统操作有关的计算机程序、规程、规则，以及可能有的文件、文档及数据。按照在计算机网络中的应用范围，软件可以分为系统软件和网络应用软件。

（1）系统软件。系统软件是支持计算机网络正常运行并协调各硬件设备更好工作的计算机软件。安装了系统软件的计算机可以使用户更方便地操作和使用。常见的系统软件如下：

① UNIX 系统。UNIX 操作系统是一种多用户的计算机操作系统，可用于工作站、小型计算机和微型计算机。互联网的成长离不开 UNIX 操作系统。在互联网早期，几乎网上所有的计算机都使用 UNIX 操作系统，目前也仍有不少互联网服务提供者（ISP）使用。UNIX 操作系统属于分时操作系统，其系统结构紧凑，系统调用丰富，提供多种通信机制，具有良好的安全性、保密性和可维护性。直到今天，UNIX 仍然应用在对稳定性要求很高的设备上。UNIX 并不是免费的，许多公司在获得 UNIX 的授权后开发了自己公司的产品，如惠普公司的 HP-UX、太阳微系统的 Solaris 和硅谷图形公司的 IRIX 等。未得到 UNIX 授权的操作系统只能称为类 UNIX（UNIX-like）。现今广泛使用的 Linux 操作系统就是一套免费使用、源码开放的类 UNIX 操作系统。

② Windows 系统。Windows 操作系统是由微软公司开发的窗口化操作系统，也是目前世界上最为广泛的操作系统。Windows 操作系统用户界面直观，支持多任务多进程同时工作，具有丰富的配套软件开发工具，并且随着版本的更新，其可靠性和稳定性得到了明显的改善。从 1985 年诞生的 Windows 1.0 发展至今，Windows 的最新版本已经发展到了 Windows 10，并且平台的可移植性也在提高。

当然，系统软件并不仅仅指操作系统，编译程序也是系统软件。操作系统负责管理系统的各种资源、控制程序的执行，而编译程序则将高级程序语言解读成机器可读懂可执行的语言，在任何计算机网络的设计中，系统软件都要优先考虑和安装。

**【课堂讨论题】**

上面介绍的一些操作系统，你认为哪种操作系统更好？

（2）网络应用软件。网络应用软件是指能够为处于计算机网络中的用户提供各种服务的软件，用户通过网络应用软件可以获取网络上的共享资源。常见的网络应用软件有很多，如浏览器、杀毒软件、在线聊天软件、下载软件、在线视频播放软件等。

## 3.2 数据库与数据仓库技术

电子商务利用互联网开展商务活动，对于参与电子商务的企业来说，数据的来源不仅仅是企业内部管理信息系统，还包括大量的外部数据。对这些数据的收集、整理、分析是必不可少的，其整理分析的结果是企业做决策的重要依据，也是进行各类生产经营活动的基础和结果。一方面，参与电子商务的企业通过对自身各层次的数据进行分析整合，能够有效了解客户的基本信息、需求、经济、消费倾向及交易记录等各方面信息，更好地为客户服务；另一方面，通过对竞争者的数据进行分析，能够分析竞争者的优势，改进自身营销策略，为客户提供更好更适合的服务。电子商务的发展离不开数据库与数据仓库技术。数据库与数据仓库技术对电子商务的支持是全面的，传统的数据库技术可以完成对数据的收集、存储和组织，而数据仓库技术可以支持经营决策。

### 3.2.1 数据库的相关概念

数据是描述客观世界事物运动状态及运动方式的符号记录，是对客观事物特征的抽象化和符号化表示。数据的形式多种多样，不局限于文本，还包括图形、声音、图像、视频等多媒体数据。无论何种形式的数据都可以被数字化后变成可以被计算机处理的格式，一部分数据能够为人们提供信息。信息是对事物特征及运动和变化状态的描述，对人们决策有影响的数据的集合。信息的本质是数据，数据通过加工处理后会转化为信息。数据处理是将数据转化为信息的过程。常见的数据处理有数据收集、转换、筛选、排序、分组、运算、存储、检索和输出等。数据管理是数据处理的核心，是解决如何进行数据收集、转换、筛选、排序、分组、运算、存储等问题的。

数据在计算机中的存储结构和处理方式决定了数据处理的效率。数据管理经历了三个阶段：人工管理阶段（20 世纪 50 年代中期前）、文件管理阶段（20 世纪 50 年代后期到 20 世纪 60 年代中期）和数据库管理阶段（20 世纪 60 年代后期至今）。人工管理阶段计算机主要用于科学计算，数据并不保存，也不具有独立性，数据不能共享，存在大量冗余。文件管理阶段数据可以长期保存，独立性有了一定的提高，文件组织形式也丰富起来，但数据共享性依然较差，数据冗余度大，文件与文件间的独立性过强。数据库管理阶段采用复杂的数据模型表示数据结构，数据独立性达到最高，提供了方便的用户接口，提供完善的数据控制功能，还可以以数据项为单位进行操作，数据管理自此进入了一个全新的时代。

#### 1. 数据库管理系统

数据库是按照一定的组织方式在计算机系统中组织、存储和使用的互相联系的数据集合。目前，应用最为广泛的数据库是关系型数据库。关系模型是数据库系统支持的主要数据模型之一，除此之外，还有网状模型和层次模型。关系型数据库将数据组织成一张二维关系表格形式，表中每一行是一个记录。关系型数据库简洁明了，数据独立性强，冗余度低，共享性高，存取修改数据方便。在关系型数据库管理系统中，美国国家标准协会采用结构化查询语言（Structure Query Language，SQL）作为关系数据库管理系统的标准语言，后为国际标准化组织采纳为国际标准。目前市场上的一些大型关系数据库系统基本都支持 SQL，它可以方便地完成对数据库的各种操作。结构化查询语言包括数据查询语言、数据操作语言、事务处理语言、数据控制语言、数据定义语言和指针控制语言。

数据通过数据库管理系统（Database Management System，DBMS）得到了统一的管理和控制。数据库管理系统通常由三部分组成：语言编译处理程序、系统运行控制程序及服务性程序。数据库管理系统的主要功能有：建立数据库；管理数据库，包括控制整个系统的运行，对数据库操作的并发控制，实现对数据库数据的检查和更新操作，并进行完全性和完整性检查；维护数据库，包括对初始数据的录入，记录数据库运行日志，监测系统性能，更新数据库、再组织以及恢复数据库。

当前软件公司开发了众多数据库管理系统软件。较为流行、应用较为广泛的数据库管理系统有：

（1）MySQL。MySQL是一个关系型数据库管理系统，由瑞典MySQL AB公司开发，现归属于Oracle公司。MySQL使用标准SQL语言访问数据库，支持多种操作系统，为多种编程语言提供接口，支持多种存储引擎。而且在Web应用方面，MySQL是应用性最强的关系型数据库管理系统。由于MySQL是开放源码软件，体积小，功能丰富，这极大降低了使用成本。MySQL对于个人及中小型企业来说功能已经足够。

（2）Oracle。Oracle是甲骨文公司开发的关系型数据管理系统，也是世界上第一个支持SQL语言、面向高端工作站及服务器的商业数据库。Oracle处理速度快，安全级别高，稳定性强，平台移植性良好，提供分布式数据库，但它对硬件的要求很高，价格昂贵，管理维护和操作复杂。

（3）Microsoft Office Access。Access是由微软发布的关系型数据管理系统，是微软把数据库引擎的图形用户界面和软件开发工具结合在一起开发出的一个数据库管理系统，属于Microsoft Office系列软件中的一员。Access界面简洁，交互性好，但Access的性能一般，当数据库过大时消耗服务器资源过多，安全性较低。

（4）Visual FoxPro。Visual FoxPro简称VFP，源于美国Fox Software公司推出的数据库产品FoxBase。FoxPro是FoxBase的加强版，后被微软公司收购并加以发展。VFP提供可视化编程，增加面向对象程序设计，是目前流行的小型数据库管理系统中性能最好、功能最强大的软件之一。

**2. 数据库系统**

数据库系统（Database System）是用于组织和存取大宗数据的管理系统，是由计算机系统、数据库、数据库管理系统、用户及其应用程序以及数据库管理员的总和，是由这几方面组成的具有高度组织的总体。采用数据库系统进行数据管理，与过去的计算机文件系统管理方式相比，具有以下特点：

（1）数据具有共享性，数据的冗余性被极大降低。

（2）数据具有独立性。数据库系统将数据的存储结构、存取方法与各种应用程序分开，独立地建立数据的稳定的存储结构与存取方法，为各种应用程序提供通用的数据引用方式。

（3）数据具有一致性与完整性。这是数据库中的数据正确性的保证。数据库系统中对数据的定义有完整的语义描述和若干一致性约束，使得在各种不同应用程序对数据的存取中能保证数据的正确性。

（4）数据使用的灵活性。数据库系统提供了方便、简洁的数据查询语言，用户可以使用查询语言提出各种各样复杂灵活的查询问题，为其多种应用程序服务。

（5）数据使用的安全性和保密性。数据库管理系统具有一组数据控制语言，可以对用户的存取权限、操作范围、权限级别、用户密码等进行设置与管理控制，所以能实施对数据的保密与安全管理。这种能力对于一般文件系统是难以做到的。

### 3.2.2 数据库系统的体系结构

数据库系统的体系结构是数据库组织数据和管理数据的整体框架。现在公认的数据库系统结构是由美国ANSI/SPARC DBMS研究组织提出的。通常数据库的体系结构由用户层、概念层和物理层三个级别组成。物理层是数据库的最内层，是物理存储设备上实际存储的数据的集合，由内部模式描述的指令操作处理的位串、字符和字组成；概念层是数据库的中间层，指明数据库所有对象的逻辑关系，是数据库管理员概念下的数据库；用户层是用户所看到和使用的数据库，是逻辑记录的集合。用户层、概念层和物理层对应的数据库系统的三级模式分别为外模式、概念模式和内模式。典型的数据库系统结构可用图3-6表示。

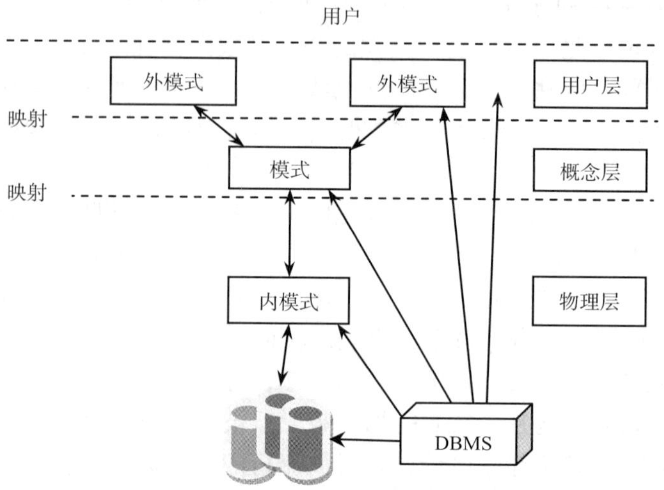


图3-6 典型的数据库系统结构

（1）外模式。又称子模式或用户模式，对应于用户层，是用户与数据库系统的接口。用户通过外模式描述语言来描述和定义对应于用户的数据记录，也可以利用数据操纵语言对这些数据进行操作。数据库的外模式是面向应用程序的。外模式反映了不同数据库用户的不同需求，因此，不同用户的外模式描述是不同的。

（2）模式。又称概念模式或逻辑模式，对应于概念层，是由数据库设计者综合所有用户数据按照统一观点构造的全局逻辑结构，是对数据库中全部数据的逻辑结构和特征的总体描述，是所有用户的公共数据视图。概念模式属于数据库系统三级模式的中间层，用以描述现实世界中的实体及其性质与联系，定义记录、数据项、数据的完整性约束条件及记录之间的联系。概念模式通常还包含带有访问控制、保密性和完整性检查等方面的内容。一个数据库只有一个概念模式。

（3）内模式。又称存储模式，对应于物理层，是数据物理结构和存储结构的描述，对应着实际存储在外部存储介质上的数据库。内模式用于定义数据库的所有内部记录类型、索引和文件的组织方式及数据控制方面的细节。一个数据库只有一个内模式。

为了能够实现数据库三个抽象层次的联系和转换，数据库管理系统在三级模式之间提供了两级映象：外模式/模式映象、模式/内模式映象。

（1）外模式/模式映象。外模式/模式映象定义了外模式与模式之间的对应关系。由于数据库体系结构中可以有多个外模式，但却只能有一个模式，对于数据库系统中的每个外模式，都有一个外模式/模式映象。当模式发生改变时，如增加新的关系或属性等，由数据库管理员对每个外模式/模式映象做出相应改变，从而保持外模式不发生改变。

（2）模式/内模式映象。模式/内模式映象定义了数据库的全局逻辑结构和存储结构之间的对应关系，这种映象主要是在内模式中加以定义和说明。由于两级模式之间的数据结构存在很大差异，所以模式/内模式映象就是针对概念记录和内部记录之间的对应关系。

数据库系统采用三级模式和两层映象结构使得数据库系统中应用程序和数据库的数据结构之间相互独立，而不受到彼此的影响，称为数据独立性。数据独立性分为两种：

（1）逻辑数据独立性。逻辑数据独立性指的是外模式不受模式影响。当模式需要改变时，如添加或删除实体、属性等，只需要对外模式/模式映象进行相应的修改即可，而不需要重写或修改应用程序，从而达到数据与程序的逻辑独立性。

（2）物理数据独立性。物理数据独立性指的是模式不受内模式变化的影响。当内模式需要改变时，如变换存储结构及存储设备等，只需要对模式/内模式映象进行相应的修改即可，保持模式不变，从而保证数据与程序的物理独立性。

### 3.2.3　数据仓库

作为一种新的数据处理体系结构，数据仓库是以关系数据库、并行处理和分布式等技术的飞速发展为基础提出的。数据仓库在存放大量数据的同时又能像仓库一样将大量数据有效地管理起来。数据仓库是面向主题的、集成的、相对稳定的、随时间变化的数据集合，用以支持管理决策。数据仓库中的数据模型有星形、雪花形、星形雪花形三种。

#### 1. 数据仓库的特点

（1）面向主题的。主题是指宏观分析领域涉及的分析对象。面向主题的数据组织是指在较高抽象层次上对分析对象的数据给予完整、一致的描述。

（2）数据高度集成的。数据仓库中的数据是从原有的多个分散的数据源中抽取出来的。数据源中的数据进入数据仓库之前，要经过必要的转换和集成以达到数据的一致性，具体包括格式转换、消除冲突与冗余、运算、综合、设置时间属性、设置默认值等。为了保证数据质量，这种格式转换是必需的。数据仓库的每个主题对应的源数据在原分散数据库中有许多重复或不一致的地方，必须将这些数据转换成全局统一的格式，否则，基于错误源数据的数据仓库做出的决策分析也会是错误的。在数据仓库的所有特点中，集成是最重要的。

（3）数据不可更新的。数据仓库中的数据在某个时间段内保持不变，数据定期加载，加载后以快照的形式存在于数据仓库中，一般不再进行修改。也就是说，对于最终用户而言是只读的。由于数据仓库存储的是企业当前的和历史的数据，在一定时间间隔后，当前数据需要按照一定方法转换成历史数据，从数据仓库中移除。

（4）数据随时间变化的。数据仓库的数据随时间不断追加、积累，能够反映出较长一段时间内数据的变化情况，所有加载到数据仓库中的数据均包含时间属性。数据仓库中数据存储的环境和关系等存储在元数据中，元数据分为管理员数据和用户元数据两种。管理元数据是对源数据、数据仓库的主题、数据转换及各种操作的描述。用户元数据帮助用户查询信息、理解结果及了解数据仓库中的数据和组织等。

（5）使用数据仓库。建立数据仓库的目的并非要取代原有正常运作的数据库系统，而是要将历史数据按照统一的格式存储分析，从而得出有关企业经营好坏、客户需求、发展趋势等信息，为企业获得更大的利益。

### 2. 数据仓库的体系结构

数据仓库的体系结构如图 3-7 所示。

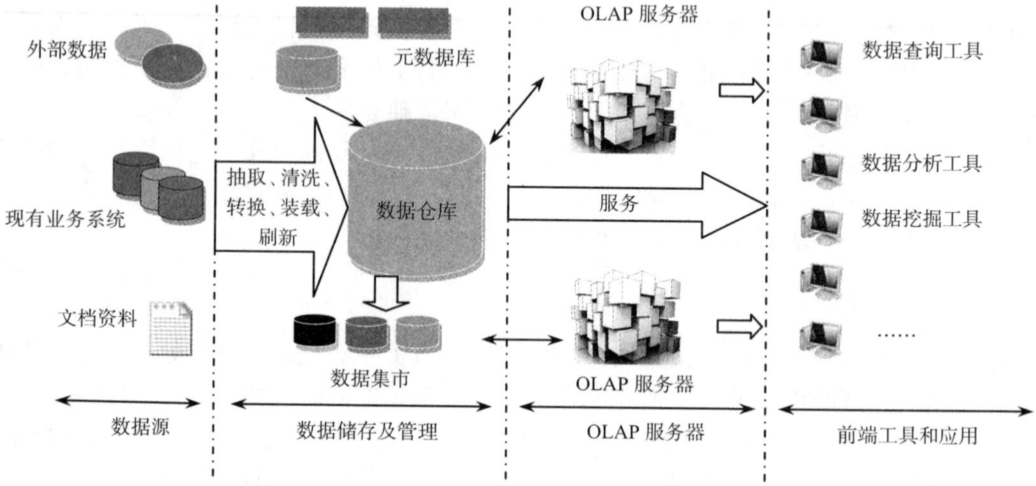


图 3-7 数据仓库的体系结构

（1）数据源。数据源是数据仓库系统的基础，是整个系统的基础。数据源通常包括企业内部信息和外部信息。内部信息包括存放于关系型数据库管理系统中的各种业务处理数据和各类文档数据。外部信息包括各类法律法规、市场信息和竞争对手的信息等。

（2）数据存储及管理。数据的存储与管理是整个数据仓库系统的核心。数据仓库的组织管理方式决定了它必然有别于传统数据库，同时决定了其对外部数据的表现形式。针对现有各业务系统的数据进行有效集成，按照主题进行组织。数据仓库按照数据的覆盖范围可以分为企业级数据仓库和部门级数据仓库，通常称为数据集市。数据集市被认为一类特殊的数据仓库，其特殊性主要体现在它比数据仓库更小，数据更集中。数据仓库是由诸多单个数据集市组成的。

（3）OLAP 服务器。OLAP（Online Analytical Processing，联机分析处理）服务器对分析需要的数据在有效集成后，按多维模型予以重组，以便进行多角度多层次的数据分析。具体实现可以分为 ROLAP（基于关系数据库的 OLAP 实现）、MOLAP（基于多维数据组织的 OLAP 实现）和 HOLAP（基于混合数据组织的 OLAP 实现）。

（4）前端工具和应用。前端工具主要包括各种报表工具、查询工具、数据分析工具、数据挖掘工具以及各种基于数据仓库或数据集市的应用开发工具。

### 3.2.4　数据库与数据仓库的区别

数据库技术经过 20 余年的发展已经趋于成熟，随着当前信息管理系统的广泛应用和数据量的急剧增加，人们对数据分析功能的要求更高，数据仓库是数据库技术的最新发展。数据库与数据仓库技术的区别主要表现在两方面。

#### 1. 数据源不同

传统数据库的数据源以单一的数据资源为中心，面向操作进行信息数据的采集。数据仓库中的数据来源于运作的数据库系统或外部数据，包括当前基本数据、历史基本数据、轻度综合数据、高度综合数据、元数据，而数据仓库还支持多媒体、结构化和非结构化数据，具有面向对象的能力。

#### 2. 数据应用类型不同

传统数据库用于事务处理，也称操作型处理，是指对数据库进行联机操作。数据仓库用于决策支持，也称分析型处理，是建立决策支持系统的基础。操作型数据面向应用，单次操作数据量小，支持日常操作，可以更新，而分析型数据面向分析，单次操作数据量大，针对于决策需求，并且不可更新。

**G【课堂讨论题】**

现在要建立一个图像数据仓库，用来存储高速公路上的各种违章图像。你认为需要存储哪些图像，如何存储，才可以使得计算机能够自动识别出违章车辆。

## 3.3　数据挖掘技术

电子商务这种高效率、低成本及不受时空限制的企业商务活动发展迅速，迅速发展带来的突出问题是，尽管电子商务系统收集了大量数据，但相比之下，从这些数据中能够得到真正有价值的信息却非常少。数据挖掘技术的出现为电子商务系统提供了强大的技术支持。在 1989 年 8 月的第 11 届国际联合人工智能学术会议上第一次提出了知识发现（Knowledge Discovery from Database）这一词，随后数据挖掘技术得到了广泛的重视。

数据挖掘（Data Mining，DM）是一个从大量数据中抽取挖掘出未知的、有价值的模式或规律等知识的复杂过程。数据挖掘方法分为描述性和预测性两类。描述性数据挖掘提供数据的一般规律，预测性数据挖掘产生关于数据的预测。基于不同数据仓库的数据挖掘系统架构是不同的。大体上来说，一个数据挖掘系统应当具有以下几部分。

#### 1. 数据库、数据仓库或其他信息库

数据挖掘对象是由一个或一组数据库、数据仓库、数据表单或其他信息数据库组成的，通常需要对这些数据对象进行初步处理。用于数据挖掘的数据类型多种多样，除一般的数

据库、数据仓库外，还有普通文件、Web 数据及面向对象数据库、空间数据库、多媒体数据库等。

**2．数据库或数据仓库管理系统**

负责对数据库或数据仓库进行管理，根据用户的数据挖掘请求读取相关数据，最大限度地减少各种异构数据源对数据挖掘会产生的影响。

**3．知识库管理系统**

管理和控制数据挖掘涉及的领域知识，用于指导数据挖掘的搜索过程及评估数据挖掘的结果，包括增加、删除、修改和查询等操作。知识库管理系统的作用体现在两个方面：一方面为数据挖掘模块提供知识查询结果，另一方面接受通过知识评价的知识模式并存入知识库。

**4．数据挖掘模块**

该模块包括数据挖掘工具管理系统和数据挖掘预处理等相关功能模块。这是数据挖掘系统的最基本组成部分，通常用以完成定性归纳、关联分析、分类归纳、进化计算和偏差分析等挖掘功能，生成符合用户查询需要的数据。

**5．模式评估模块**

该模块用以评估通过数据挖掘得到的知识模式，协助数据挖掘模块，着重于挖掘更有意义的内容，提高数据挖掘的效率。这对于多策略数据挖掘系统而言是尤为重要的。

**6．结论模块**

用户通过可视化界面可以与数据挖掘系统本身进行沟通交流，用户既可以将自己的数据挖掘要求提交给系统，又可以通过该模块了解和认知数据挖掘得到的模式。此外，用户通过可视化用户界面可以浏览数据对象内容与数据定义模式，评估已挖掘出的知识模式。

### 3.3.1 数据挖掘的方法

由于数据挖掘的数据源种类繁多，数据挖掘也有多种方法，并且不同的方法有着不同的作用范围，仅凭单一的方法并不能得到需要的知识。数据挖掘方法繁多，在这里仅介绍几种应用较为广泛的数据挖掘方法。

**1．统计分析方法**

统计分析方法是数据挖掘的传统方法，是利用统计学和概率论的原理对关系中各属性进行统计分析，得到属性之间的关系和规律。常用的统计分析方法有判别分析、因子分析、回归分析等。

**2．决策树方法**

决策树是规则归纳方法的一种，是广泛使用的知识表示形式。决策树描述简单，分类速度快，很直观，适合大规模的数据处理。决策树的主要思想是把数据源划分为许多子集，这些子集构成了决策树的分支，随后在每个分支下递归调用刚才的分支过程，分别建立下层分支，直到所有子集包含同一类型的数据，最终生成决策树。得到的决策树可以对新的例子进行分类。决策树方法可以反映出类别的重要特征，因此，决策树方法也主要应用于分类挖掘。

### 3．遗传算法

遗传算法是基于自然群体遗传演化机制的高效探索算法，由美国学者荷兰于 1975 年首先提出。遗传算法的基本思想是将问题中的每个个体看作染色体，进行编码，模拟遗传选择和生物进化过程，对问题域内的全体个体进行遗传、交叉和变异操作，通过“适者生存，优胜劣汰”的进化规则不断优化群体，同时采用全局并行搜索方式来搜索群体中的最优个体。遗传算法计算简单，优化效果好，多用于聚类分析和最优决策。

### 4．神经网络方法

神经网络是大量的简单神经元按照一定规则连接构成的能够模拟人脑的结构和功能的网络系统。神经网络方法的原理是模拟人脑神经元结构，以 MP 模型和 HEBB 学习规则建立的神经网络模型。模型分为三大类，分别是前馈式网络、反馈式网络和自组织网络，每个类别下又分为多种类型。基于神经网络的数据挖掘基本思想是先将数据聚类后分类计算权值。目前，较为常用的神经网络是 BP 神经网络。BP 神经网络是按误差逆传播算法训练的多层前馈网络，它的学习规则是使用最速下降法，通过反向传播来不断调整网络的权值和阈值，使得神经网络的误差平方和最小。神经网络尚属于新兴科学，许多问题还没有得到彻底解决。就 BP 神经网络而言，其学习速度慢，网络参数难以确定，经常陷入局部最小而无法取得全局最小值。

除上述方法之外，还有许多数据挖掘方法，如云模型和证据理论等，还经常会将多种方法结合起来使用，这也是数据挖掘技术的一个发展方向。

## 3.3.2　数据挖掘工具

数据挖掘工具根据其适用的范围可以分为专用数据挖掘工具和通用数据挖掘工具。专用数据挖掘工具是针对某个特定领域的问题提供解决方案。事实上，对任何特定的领域都可以开发专用的数据挖掘工具。这样的数据挖掘工具的针对性强，得到的知识模式可靠性高，但只能用于某一种特定的应用，通用性差。例如，IBM 公司的 AdvancedScout 系统就是专用数据挖掘工具，以 NBA 数据为数据源，挖掘出能够帮助教练优化战术组合的知识模式。通用数据挖掘工具采用通用的挖掘算法，处理常见的数据类型。通用数据挖掘工具很多，如 SGI 公司开发的 MineSet 系统，加拿大 SimonFraser 大学开发的 DBMiner 系统等。通用数据挖掘工具可以做多种模式的挖掘，用户根据自己的应用来选择挖掘什么及用什么来挖掘。在这里介绍几种较为常用的数据挖掘工具。

### 1．SAS Enterprise Miner

它是国际上进行统计分析的标准软件，功能强大，提供了几乎所有最新分析方法，分析技术先进可靠，从基本统计数的计算到方差分析、回归分析、变数分析等多种统计分析过程。SAS 的使用简便，操作灵活，编程语句简短，输出结果简明，并且能够自动修正语句中的错误，在注释中给出解释说明。SAS Enterprise Miner 是支持 SAS 统计模块并通过大量数据挖掘算法将其增强的数据挖掘工具，支持多种模型，允许用户评估不同模型后进行选择。

### 2．SPSS Clementine

SPSS Clementine 并不是 SPSS。SPSS 是统计分析工具，而 SPSS Clementine 则是开放

式数据挖掘工具，它支持从获取数据到最终部署的全部数据挖掘流程。SPSS Clementine 提供了多种图形化技术，结合商业技术，可以快速建立预测性模型，指导用户理解数据间的关键性联系，帮助用户改进决策进程。SPSS Clementine 以其强大的数据挖掘功能和算法，可以有效缩短投资回报周期，提高投资回报率。

3．Intelligent Miner

Intelligent Miner 采用多种统计方法与挖掘算法，能够处理结构化、半结构化及非结构化数据类型。Intelligent Miner 具有许多独有的技术，如自动生成典型数据集、发现序列规律、概念性分类，能够自动实现数据选择、数据转换、数据挖掘和结果呈现的全部数据挖掘操作流程。Intelligent Miner 的不足之处是，连接 DB2 以外的数据库时需要安装 DataJoiner 作为中间软件。

4．GDM

GDM（Geni-Sage Data Mining Analysis System，博通数据挖掘分析系统）是天才博通科技有限公司自主研发的一款分布式数据挖掘系统，提供了易用的图形化用户界面和强大的图形可视化技术，方便其他企业级应用系统中快速调用，具有较高的预测准确率和强大的数据承载能力。

【课堂讨论题】

现要建立一个商品销售数据库（或者数据仓库），然后编写程序，制作一个软件用来研究如何运营能够促进销售。你觉得这个数据库或者数据仓库都需要哪些字段？如何从这些大量的数据中找到销售量与各种因素之间的联系？

### 3.3.3 数据挖掘的应用

数据挖掘是面向应用的，所能解决的典型商业问题包括数据库营销、客户群体划分、背景分析、交叉销售等市场分析行为，以及客户流失性分析、客户信用积分、欺诈发现等。成功运用数据挖掘进行市场营销的案例不胜枚举。AutoTrader.com 是世界上最大的汽车销售站点，网站收集每日用户访问信息，运用 SAS 软件进行数据挖掘，分析每日数据，找出用户访问模式，用户对产品的喜欢程度进行判断，为此设定特定服务。企业基于数据挖掘进行的营销可以向消费者发出与其消费行为相关的产品推荐。淘宝网收集用户访问信息创建用户访问分类信息，收集用户访问偏好，为用户推荐与其访问商品类型相符的产品。

## 3.4 大数据与云计算

### 3.4.1 大数据

大数据（Big Data）是指无法在一定时间内用常规软件工具对其内容进行抓取、管理和处理的数据集合。换言之，在单一数据集里，数据规模超过目前常用软件工具在合理的可容忍时间里可以访问、管理、处理能力的数据集就是大数据。

随着计算机技术的发展，软件能力也是与日俱增的，大数据的规模大小指标也是不断演化的。目前，大数据的衡量范围是指一个单一数据集从数十 TB 到十几 PB 级的数据规模，但也不能这样简单地来界定大数据，而要考虑满足用户需求的数据处理与数据分析的复杂程度。如果用户需求较为简单，如搜索关键字，则数据量为 TB 至 PB 级时可称大数据；如果用户需求较为复杂，如数据挖掘，则数据量为 GB 至 TB 级时可称大数据。

大数据特点为四个 V，分别是 Volume（大量化）、Variety（多样化）、Velocity（快速化）及 Value（价值）。

#### 1．大量化

大量化是指用于进行数据分析的数据量是非常庞大的。互联网搜索记录、电信服务商、生物学、军事科技、视频照片档案、电子商务等都是大数据的来源。

#### 2．多样化

多样化是指大数据的数据类型复杂多样，不同于纯文本数据和数字数据，如新闻业、制造业等会产生多媒体数据。由用户创造的数据及物联网中的物理感知数据都是非结构化数据。

#### 3．快速化

快速化是指对于大数据的数据处理速度必须满足实时性的要求，否则处理结果可能因为过时而失去商业价值，如股市波动、实时路况导航等。

#### 4．价值

大数据具有数据量大、价值密度低的特点，尽管如此，大数据潜在的价值是不可小觑的，价值也是大数据的一大基本特征。

合理的对大数据进行挖掘可以从多个方面提高企业生产效率和竞争力。企业可以利用大数据关联分析，更准确地了解消费者的需求心理和消费行为，从中挖掘出新的商业模式。通过对大量数据的比较，可以优化商品价格及劳动力投入，提高运营效率，准确合理地配置人员要求，控制预算收支，提高企业服务水平。

招商银行通过数据分析识别出招行信用卡价值客户经常出现在星巴克、DQ、麦当劳等场所后，通过“多倍积分累计”“积分店面兑换”等活动吸引优质客户；通过构建客户流失预警模型，对流失率等级前 20%的客户发售高收益理财产品予以挽留，使得金卡和金葵花卡客户流失率分别降低了 15 个百分点和 7 个百分点。通过对客户交易记录进行分析，有效识别出潜在的小微企业客户，并利用远程银行和云转介平台实施交叉销售，取得了良好成效。大数据最典型的应用还是在电子商务领域，以淘宝为例进行说明。每天在淘宝上有着数以万计的交易进行，相应地，这些交易的时间、商品价格、购买数量都会被记录。更重要的是，这些信息都可以与买家和卖家的年龄、性别、地址甚至喜爱偏好等个人信息相匹配。淘宝数据魔方是淘宝平台上的大数据应用方案，淘宝卖家通过这一服务，可以宏观了解淘宝平台上的行业宏观情况、自己品牌的市场状况、消费者行为情况等，并可以据此进行生产、库存决策。而与此同时，更多消费者也能以更优惠的价格买到更心仪的商品。而阿里的信用贷款则是阿里巴巴通过掌握的企业交易数据，借助大数据技术自动分析判定是否给予企业贷款，全程不会出现人工干预。目前，阿里巴巴已经放贷 300 多亿元，坏账率仅约为 0.3%，远低于商业银行。[①]

【课堂讨论题】

大数据与数据库挖掘有着本质的联系，数据挖掘是在众多数据中寻找规律。那么，如果要从众多数据中预测将会发生什么是更有意义的一件事情。例如，在已有的彩票信息中，推断给出新的号码，如果推断准确，是非常有价值的。那么，如何根据大量的股票信息（包括政治人文方面的信息），判断哪些股票近期会涨？哪些股票会跌？

### 3.4.2 云计算

大数据和云计算是近些年来的热点问题，也是伴随着互联网流量爆炸式增长应运而生的两个概念。云计算是由谷歌 CEO 埃里克·施密特在 2006 年首次公开提出的，随后这一概念迅速风靡互联网，并掀起了全球性的商业研发热潮。

按照美国国家标准与技术研究院（National Institute of Standards and Technology，NIST）的定义，云计算（Cloud Computing）是一种按使用量付费的模式，这种模式提供可用的、便捷的、按需的网络访问，进入可配置的计算资源共享池（资源包括网络、服务器、存储、应用软件、服务），这些资源能够被快速提供，只需投入很少的管理工作，或与服务供应商进行很少的交互。关于云计算的定义还有很多其他说法，每种定义都从特定的角度对云计算进行诠释。云计算是基于互联网的计算模式，是在资源高度集中的环境下使各种应用系统能够根据需要获取各种服务。云计算是并行计算、分布式计算和网格计算的发展，也是这些计算科学的商业实现。总的来说，云计算具有如下特点。

#### 1. 可扩展性

云的规模可以根据用户和应用的规模增长而扩展，具体来说，云的可扩展性分为水平可扩展性和垂直可扩展性。水平可扩展性是指将多片云连接起来整合为一整片云来提高工作能力。垂直可扩展性是指通过提高云中某个或某些节点的性能来提高整个云的性能。

#### 2. 规模庞大

云因其自身庞大的规模能够赋予用户前所未有的计算能力。就谷歌云计算而言，已经拥有上百万台服务器，亚马逊、IBM、微软、雅虎等的“云”也拥有几十万台服务器。企业私有云一般也会拥有数百甚至上千台服务器。

#### 3. 按需服务

云中有着大量的资源可供用户进行选取和购买，云可以流量计费，用户根据自己的需要向云服务商购买特定的服务。云的服务器群采用自动化集中式管理，云的通用性有效提高了资源的利用率，用户利用云减少软硬件开发维护费用，与此同时，还可以享受云的低成本优势和超强运算能力。

---

① 案例来自文献大数据应用的现状与展望，张引。

#### 4．可靠性

用户储存在自己的计算机及其他存储设备上的数据一旦因为不可抗力遭到损坏时，极有可能无法恢复造成数据丢失，但存储在类云端的网络服务设备上，数据则不易丢失和损坏。云计算提供了数据存储中心，聘用专业团队管理，保证用户数据的隐私和安全。

云计算平台服务多种多样，电子商务企业应当根据自身企业特点及投资回报选择适合企业自身的云计算服务。仅作为使用者的电子商务企业可以使用谷歌或微软提供的服务。谷歌以应用引擎的形式提供云计算，并免费提供谷歌的基础设施来进行托管，应用引擎提供了完全集成的应用环境。利用谷歌的 API 和 Python 编程语言可以开发适合企业自身的应用上传，构建适合自己企业的 Web 应用，这种开发方式易于应用，维护和扩展[①]。类似的在线办公系统还有微软推出的 Live Service 和 WPS 的轻办公，主要服务对象是中小型企业。电子商务企业如果想要进行自主开发，可以采用平台即服务（Platform as a Service，PaaS）或基础设施即服务（Infrastructure as a Service，IaaS）。PaaS 利用云计算厂商开发环境中的结构单元来创建自己的客户应用，可以实现界面配置、功能配置、安全机制等各项应用服务，这种模式的典型代表是 Salesforce 提供的 Force.com 平台。该平台还为企业提供 API 开发工具包及 App Exchange 应用交互平台，允许企业开发时利用 App Exchange 中第三方上传的应用进而改造成为适宜自己企业的应用程序。基础设施即服务 IaaS，则需要企业租用或者购买基础设施，通过存储服务器、带宽、CPU 资源及月租费等向租户收取费用。对于希望得到整合服务平台的电子商务企业可以选择电子商务云平台的基于软件即服务（Software as a Service，SaaS）的云模式。该模式的典型代表即阿里巴巴电子商务云平台。阿里巴巴已将商品信息、信誉体系、支付工具、用户资源等整合到阿里云中，阿里云的用户可以享受这些增值服务[②]。

**【课堂讨论题】**

事实上，人们已经习惯于顺序思维模式、循环思维模式、分支循环模式，习惯于这三种模式的嵌套复合。但是，是否存在一种不同于这些的思维模式呢？回答是肯定的，如直觉思维模式。除了直觉思维模式外，云计算模式也许会成为一种新的思维模式。现在，请你根据云计算模式，设计一种跳跃式思维方法。

### 3.4.3　大数据与云计算的区别与联系

大数据与云计算都是为数据存储和处理服务，都需要占用大量的存储和计算资源，两者使用的许多技术也是相同的。云计算的目的是通过互联网更好地调用、扩展和管理计算及存储资源和能力，处理对象是 IT 资源、处理能力及各种应用。大数据的目的是充分挖掘数据中蕴藏的信息，发现数据中的价值，处理对象是数据。云计算为大数据处理提供了平台、工具和途径，也是唯一可行的大数据处理方式。云计算强调计算，大数据强调计算的对象。云计算可以为大数据提供更为强大的数据存储和计算能力，使得大数据的业务需求

① 案例来自文献云计算平台下的电子商务，王倩。
② 案例来自文献基于云计算平台的商业服务模式研究，孔楠。

得以满足。

## 相关案例

**大会员+大数据=电子商务**

电子商务作为一种全新的商业模式，以“双十一”为标志正式登上中国主流经济之中。不仅如此，阿里研究中心最近发布的一份研究报告还提出电子商务的“义乌现象”，指的是电子商务作为新的生产力，不断融入义乌的传统商贸经济，从而推动义乌专业市场实现升级，进而成为国内传统交易市场和县域经济转型的典范。

万达集团也决意加入电子商务的大潮中。但王健林在《华夏日报》撰文阐述的万达电子商务模式中说道：“万达电子商务绝对不会是淘宝，也不会是腾讯，也不会是百度，也不会是京东，我们是完全结合自己特点的一种线上线下融为一体的电子商务模式。”

王健林还指出，这种模式主要是指大会员系统和大数据系统。由于有足够的线下资源和人流，所以万达从 2014 年推出大会员系统，到 2020 年可能有两三亿会员，这么大的会员体系一定会有价值。而通过大数据系统，完全可以知道社会上零售商品在销售服务类是什么特点，销售数是多少，完全是终端销售数据，还不同于阿里和腾讯的数据。这种大的数据系统将来不仅仅是支撑万达自己的需要，将来也会为国家的统计或者其他企业如促销、新商品的实验、开发企业自己的会员系统提供支持。这些会员数据系统起来以后，盈利模式是相当可观的。首先这种电子商务成本投入很低，不会像腾讯、阿里、京东投入几百亿才能支撑出现这个局面。因为投入比较少，盈利前景十分可观。

（资料来源：王健林.大会员+大数据=电子商务，领导决策信息，2013 年 12 月第 49 期）

## 本章小结

互联网是指由多个网络通过集线器、交换机或路由器等设备连接互通构成的计算机网络。互联网是全球最大、用户最多、资源最丰富的网络。计算机网络按照不同的分类标准可以进行不同的分类，其结构通常采用 TCP/IP 体系结构。

电子商务利用互联网开展商务活动，对于参与电子商务的企业来说，数据的来源不仅仅是企业内部管理信息系统，还包括大量的外部数据。数据库是按照一定的组织方式在计算机系统中组织、存储和使用的互相联系的数据集合。数据仓库是面向主题的、集成的、相对稳定的、随时间变化的数据集合，用以支持管理决策。数据库系统的体系结构采用三级模式二级映像。数据仓库与数据库的区别主要在于数据源及数据应用类型的不同。

数据挖掘对于电子商务活动的指导意义就在于，利用数据挖掘技术可以从大量的数据中挖掘出对指导电子商务活动有意义的信息。当下流行的数据挖掘方法有统计学方法、遗传算法、神经网络方法及决策树方法等。数据挖掘工具如 SAS Enterprise Miner、SPSS Clementine、Intelligent Miner 和 Geni-Sage Data Mining Analysis System 等。

数据挖掘的对象一般都是大数据。大数据是指无法在一定时间内用常规软件工具对其内容进行抓取、管理和处理的数据集合。大数据具有大量化、多样化、快速化及价值的特点。云计算也是互联网近年来的热点内容，大数据与云计算都是为数据存储和处理服务，都具有较好的发展前景。

## 复习思考题

### 一、选择题

1．协议主要由语法、语义和（　　）三个要素组成。

A．语序　　B．时序　　C．实体　　D．网络

2．基于TCP/IP协议的体系结构的四层分别是（　　）。

A．应用层、运输层、网际层、数据链路层

B．物理层、应用层、网际层、数据链路层

C．物理层、运输层、应用层、数据链路层

D．应用层、运输层、网际层、会话层

3．传输控制协议TCP（　　）。

A．不提供可靠服务　　B．提供可靠服务

C．不需要建立连接就可以传输　　D．在传输结束后不需要释放连接

4．关系数据库管理系统的标准语言是（　　）。

A．结构化分析语言　　B．数据库语言

C．编程语言　　D．结构化查询语言

### 二、判断题

1．数据库系统的三级模式分别为概念模式、模式、用户模式。（　　）

2．数据处理是将数据转化为信息的过程。（　　）

3．数据库管理阶段的数据独立性最低。（　　）

4．数据量为GB至TB级时才可以称作大数据。（　　）

### 三、多选题

1．协议主要由（　　）要素组成。

A．规则　　B．语义　　C．语法

D．标准　　E．时序

2．数据仓库是（　　）数据集合，用以支持管理决策。

A．标准的　　B．面向主题的　　C．相对稳定的

D．集成的　　E．随时间变化的

3．云计算具有（　　）的特点。

A．可扩展性　　B．标准性　　C．规模庞大

D．按需服务　　E．可靠性

### 四、简答题

1. 计算机网络体系结构如何划分层次？法律上的国际标准和事实上的国际标准有什么区别？

2．简述数据库与数据仓库的区别。

# 第4章　网络商店的规划与运营

## 引导案例

**美丽说：美丽女生的美丽选择**

美丽说是国内最大的女性快时尚电子商务平台，致力于为年轻时尚爱美的女性用户提供最流行的时尚购物体验，拥有超过1亿的女性注册用户，用户年龄集中在18～35岁。作为定位于年轻女性为主的网络商店，其用户页面的设计和用户体验方面要符合用户的习惯，迎合用户的口吻，让用户爱上你的网站。在这一点上美丽说有其值得借鉴的地方。

第一是设计主次分明的导航。导航对于一个网站的重要性不言而喻，用户第一次访问网站的时候，需要根据标志找到想去的地方。对于一个网站来说，首页是最重要的页面。首页上有很多个链接，对于那些被用户大量点击的位置，最好通过技术手段让用户更容易发现，如链接文本加粗或变色。美丽说的主导航上的链接文本加粗，字体变大，主次分明的导航栏目让用户更容易找到重点内容。

第二是热门标签的正确使用。标签在网页中经常看到，首先可以方便用户找到相关信息，类似于导航。其次从SEO的层面上说，标签也是一种内链形式。美丽说的首页在主导航下面就显示了许多热门的标签链接，这些标签就是栏目页面下的小分类，如衣服的分类下面有长裙、短裤等。美丽说的首页主导航没有二级菜单，而产品种类有比较多，所以使用了标签，至于布局的位置，最好是紧靠主导航的下面，可以在左侧，也可以在右侧。

美丽说整个页面风格给人一种简洁、清新的感觉，主色调为粉红色，这完全符合女性网站的特点。用户界面是网络商店与用户接触的第一层级，因此随着互联网时代的到来，用户界面的设计将越来越受到重视。

## 本章学习目标

- 了解网络商店的前期规划、购物与订单处理流程；
- 掌握网络商店的类型、用户界面设计、会员服务的方法。

## 4.1　网络商店前期规划

网络商店是指企业在网络上开设的虚拟商店或者卖场，以此宣传和展示所经营的产品与服务，进而提供网上交易的功能。

在电子商务发展的早期，一些网上零售网站也称网上商店，如当当网上书店、亚马逊网上书店等。随着电子商务与互联网的快速发展，其经营商品品种越来越多，规模也越来越大，同时也对其他企业提供入驻，收取租金，既具备自营品牌与兼具开放性的平台性质。同时由于近些年来电子商务的快速发展，越来越多的传统企业都开始接触互联网，建立企业自己的门户网站，发布企业的信息、推广与产品服务，这些都可以统称为网络商店的业态。由于是在网络上的虚拟店铺，较实体店铺经营而言，前期资金投入较少，而且受时间、场地等因素的影响较小，因此近年来得到迅速发展，在中国通过网络商店成交的比例占整体的零售份额越来越大。然而，网络商店的建设同时也是一项复杂工程，网站规划、主机位置的选择、数据库及网站建设都是其重要的组成部分。

### 4.1.1 网络商店的规划

**1．网络商店的市场调研分析**

首先要分析同类商品市场的前景。网络商店要想在市场中脱颖而出，首先要了解市场的需求量，并且获知该类商品中竞争者的特点，根据这些结果分析出自己的商品在市场中的分类和地位。其次要分析不同地区的销售商机与潜在市场。由于市场的复杂性，不同地域有各自的特点。因此需要了解在特定销售地域中可能扩展的程度，研究各个地域相关市场的有理性，以利于在市场上更具有竞争力。其次要分析特定市场的特征。只有充分了解市场的特征，才能根据特征有针对性的投放市场。最后要分析不同商品市场的规模与发展方向，了解掌握消费者的爱好与习惯。只有掌握了消费者的需求才能有效地提供需求，赢得市场。

**2．市场调研的方向**

（1）竞争者分析。竞争者分析能够帮助企业更加系统深入地了解竞争对手，辨析企业所处的地位，分析消费者对商家提供的商品或服务所能接受的程度，结合企业自身情况调整营销战略。

（2）品质分析。根据预先设定的标准对目标市场及客户进行衡量和评测。通过对既有商品和网站不断进行改良，可以使企业获得竞争上的优势。

（3）新产品市场开拓的分析。根据需求创造新的产品与服务，并以最快的速度普及与启蒙市场。通过市场调研，可以对建立网络商店进行可行性分析，掌握相关行业的市场状况、是否可以在互联网上开展业务；同时，可以了解竞争对手的情况及其产品的功能与特点；最后结合自身条件分析，如何利用网络商店提升自我的竞争力。

### 4.1.2 网络商店的定位

**1．主题的定位**

网络商店属于以商业为目的的电子商务网站，其主题也应该围绕商务交易进行。只有明确了网站的主题，才能准确地了解消费者需求，从而满足需求，实现网站的繁荣发展。例如，淘宝网作为开放的 C2C 平台，商品品类齐全、数量众多，号称具有 10 亿件商品，被称作万能的淘宝。京东商城作为正品无假货的 B2C 网站，通过自建物流与精细化管理，用户体验不断上升。

### 2．功能的定位

网络商店不仅代表企业的网上品牌形象，同时是开展网络营销实现销售的重要渠道，网站建设的水平对网络营销的效果有着直接影响。网络商店具有以下几个主要功能。

（1）品牌形象的展示。网站的形象代表企业的网上品牌形象，网站建设的专业化与否直接影响企业的网络形象，也对网站的其他功能产生直接影响。

（2）产品与服务的展示。网络商店的建立与存在可以灵活地向访问网站的用户展示产品与服务，通过产品说明或者图片、视频内容等向用户传达企业的产品与服务信息，实现跨越地域、时空的效果。

（3）信息发布。网络商店也是一个信息传播与发布的载体，可以公布一切有利于企业形象、顾客服务以及促进销售的信息。因此拥有网络商店相当于拥有了跨越地域时空的推广工具与平台。

（4）网络销售。建立网络商店以及开展网络营销活动的主要目的之一是增加销售。一个功能完善的网站本身就可以完成订单确认、网上支付等功能。网站本身是越来越重要的销售渠道。

## 4.1.3 网络商店的基本内容

### 1．网络商店的信息

网络商店的表现形式多种多样，规模也各自不同，但是从经营的实质来说主要的功能是产品销售与信息发布，因此网络商店应该具备以下信息。

（1）公司概况。包括公司背景、发展历史及组织结构等。专注于品牌推广的网络商店，可以着重介绍品牌的故事与发展的轨迹，这是网络商店重要的组成部分。

（2）产品目录。提供产品或服务的目录，方便用户查看，同时可以丰富文本、图片以及视频、音频等内容，提高用户的购买转化率。

（3）产品搜索与价格表。在平台类的网络商店或网络商城中，搜索已经成为该类网络商店主要的盈利模式，而对于规模较小的买卖型网络商店来说，除了详细的分级目录以外，搜索功能也是很有效的功能。同时产品的价格标示也应该便捷，有利于查询。

（4）售后服务。互联网时代电子商务的买卖关系与传统销售最大的区别在于，传统零售的时代，买卖关系发生后，买卖双方的关系基本结束，一旦出现售后问题，处理起来非常复杂，消费者的体验不是很好。然而互联网时代，网络上交易达成之后买卖双方的关系才真正开始。互联网使得销售渠道变得扁平化，信息更加透明，因此售后服务也得到了飞速发展。售后服务的好坏决定了用户的反复购买与口碑传播的持续性效应，因此售后服务在如今更应该受到商家的高度重视。

### 2．网络商店的内容设计

（1）信息结构。网络商店的网站一般都包括：首页，用来欢迎访问者和介绍网站；帮助页面，帮助访问者使用网站；企业页面，提供有关企业相关的信息；交易页面，引导消费者购买商品或服务；内容页面，在全面销售过程中提供从消息搜索到售后服务和评估等所有有关产品与服务的信息。

（2）导航结构。导航的目的是帮助访问者快速、轻松地找到所需信息的辅助系统。在导航中要考虑的问题：访问者如何进入网站；如何使用、如何获取信息、如何帮助访问者快速便捷地找到信息。因此导航要将网络商店的页面变得简洁易懂，一目了然，提升用户体验。

（3）一致性。网络商店的网站设计的一致性体现在信息结构和网站导航之间的紧密联系上。首先最重要的是，一致性要求页面拥有统一的页面设计。视觉上决定区分的元素，如页面的布局、字体、颜色、图像和导航等。如果页面的设计不一致，会给用户带来不便，不利于吸引和留住用户。

（4）反应速度。页面的反应速度是影响用户体验的重要因素之一，一旦页面打开的时间过长，访问者便会失去继续访问的兴趣。影响页面响应速度的因素很多，如用户的网络宽带，以及某些程度上网络托管服务商可用的带宽等，然而这些都是网站设计者不能控制的因素。设计者要考虑的因素是页面的内容，既不影响用户的使用效果，又可以快速响应。

在网络商店设计的方法中有一个 4 秒原则，即在 4 秒内必须显示内容给用户。所以在网络商店页面设计时，可以将图片分解成数个小型图片，可以快速反响，提升用户体验。

（5）色彩与图形。在网络商店的内容设计中，正确地使用颜色、照片、图片和音像等是对网站有益的补充。页面必须有一种或两种主题色才不至于让用户迷失方向，所以确定页面的主题色是一个重点内容。同时，要辅以简单相配的图表来进行内容的表达与补充，这些都是有利于提升用户体验的因素。

## 4.2　网络商店的类型

如上一节所述，网络商店是指企业在网络上开设的虚拟商店或者卖场，以此宣传和展示所经营的产品与服务，进而提供网上交易的功能。虽然有很多平台类型的电子商务企业由于近些年的快速发展，规模已经逐渐壮大，用商店形容已经不够确切，更像商城、商场的形态。出于有利于初学者理解的原因，以下将大型平台类、买卖类型的电子商务企业，统称为网络商店。

### 4.2.1　平台型网络商店

平台型网络商店是指对于交易的实质性内容不直接介入，通过提供网络配套支持，制定交易流程和规则的经营模式。

在中国电子商务的发展过程中，平台型网络商店发展迅速，主要依靠的是中国的市场红利与人口红利。平台模式其实是一种初级的商业形态，靠的是聚集人群，然而本身无法追求商品买卖的规模效益，也很难提供稳定的用户购物体验与服务。由于平台型网络商店不亲自采购与销售商品，因此对于商品品质与服务无法掌控。同时，平台型网络商店的盈利模式也很直接，通过挣取流量、收取广告费用、收取交易佣金或者铺位租金的方式实现盈利。

从实际运营来看，采用平台型网络商店强于前端，弱于后端。所谓前端，是指商品丰富性、页面展示、与用户的分享、交互、促销活动的组织、推广等，在这些领域，平台运作的优势较为明显。后端是指商品选品、采购、定价、库存管理、配送发货等这些环节，平台型网络商店相对薄弱。

### 4.2.2 买卖型网络商店

买卖型网络商店是指从商品采购、定价、销售，到库存、服务等全都由自己运营掌控的经营模式。

由于是网络商店自行介入到商品端，因此买卖型网络商店无法实现平台型网络商店同量级的多种商品，但是买卖型网络商店更重视热销和畅销商品，尤其是货源组织和库存周转。同时买卖型网络商店的核心能力在于成本控制，可以在市场价格竞争激烈的环境下通过低成本运作寻找获利点。与平台型网络商店不同的是，买卖型网络商店的后端运营更有优势。

**【课堂讨论题】**

目前在中国电子商务市场中，最典型、最具规模的买卖型网络商店（商城）有哪几家？它们的优势分别是什么？

### 4.2.3 买卖+平台型网络商店

买卖+平台型网络商店指的是通过买卖型网络商店的经营聚集了大量的人气与用户，开放自有终端吸引其他企业租用的运营模式。

此种类型的网络商店相当于利用已有的流量进行二次销售。根据前述内容，买卖型网络商店的优势在于后端，属于闭环交易生态体系，然而平台型网络商店更注重前端的建设，因此该类型的网络商店在实际运营当中更应该协调好前后端的平衡问题，避免出现左右手互搏的局面。

**【课堂讨论题】**

京东商城是一家典型的买卖+平台型网络商城，通过吸引其他商家入驻确实为京东带来了佣金收入，但同时影响了京东引以为荣的用户体验。请你从前端后端的角度分析一下原因。

### 4.2.4 渠道型网络商店

渠道型网络商店主要指依托于平台、依靠低买高卖生存的中小型卖家。此类型网络商店一般来说是按照需求导向批发采购特有风格的商品，依靠大型的平台类电子商务企业或网络商店作为出口实现销售。由于没有研发生产能力，同时向供应商讨价还价的能力也相对较低，因此只能通过压缩成本、降低价格实现规模效应。随着互联网时代渠道扁平化与信息透明化的发展趋势，渠道型网络商店在市场中逐渐失去竞争优势，而自主品牌型网络商店将会有更好的发展前景。

### 4.2.5 自主品牌型网络商店

自主品牌型网络商店是指拥有自主研发、设计、生产与品牌运营能力的经营模式。自主品牌型网络商店由于具有生产与零售两方面的利润来源，因此相比渠道型网络商店更有优势。同时由于可以根据消费者需求引导设计生产，可以避免产能浪费，增加用户黏性，有效提高用户转化率与留存率。因此自主品牌型网络商店将在市场中逐渐获得优势。

**相关案例**

**韩都衣舍：从代购到品牌孵化器的进化**

韩都衣舍的发展，赶上了互联网的好时候。2009年，淘宝网推出淘宝商城，打造B2C业务板块，需要大批品牌入驻。但当时线下品牌对线上渠道有诸多顾虑，淘宝只好主要在淘宝集市上寻找卖家入驻商城。当时韩都还是一家韩国服饰代购淘宝店，销售额常年盘踞代购卖家前三名。但是经营者感受到一些弊端：顾客等待时间过长，无法退换货；货品经常断货缺色缺码，性价比不高……谋求转型的韩都衣舍与淘宝商城一拍即合：做品牌，把产品、客服、定价的权利握在手里。2009年韩都入驻淘宝商城，也就意味着转型做品牌。

现阶段，韩都的子品牌已经诞生了19个，涵盖少女装、淑女装、中老年女装、童装、男装等全年龄段产品，风格也越发多样，从最初的韩风系到欧美系、东方系都有，销售额更是呈几何数级增长。从2003年淘宝成立，电商发展进入第二个十年。纵观韩都的发展，从代购，到做自有品牌，再到多品牌运营，到未来的品牌孵化平台，实际上是互联网电子商务和互联网品牌发展的一个缩影。像韩都衣舍这样的互联网品牌参与其中，改变着自己，也深刻影响着市场格局。

（资料来源：王玟兮. 商界，2014，12：74—77）

## 4.3 网络商店的用户界面设计

用户界面在网络商店中扮演着十分重要的角色。用户界面作为网络商店直接与用户接触的重要部分，受到越来越多网络商店经营者的重视。用户进入网络商店的网站、网页，特别是首页，第一感觉特别重要。网页作为信息提供的媒介，目的在于通过与用户沟通，提高用户对产品或服务的体验兴趣，创造互动有效的客户界面，从而区别其他品牌，促进消费者购买。用户界面作为用户体验的重要环节之一，如何优化用户界面，是全体工作人员应该共同重视与探讨的问题。

### 4.3.1 用户界面的设计

界面作为和用户接触的第一个环节应该简单并且使人乐于使用，能够引导用户自己完成相应的动作，起到向导的作用，能给用户带来轻松愉悦的感受和成功的感觉。用户界面的实施过程中包括以下三个方面。

（1）预估用户界面的目标用户。预判与分析目标用户，这是设计用户界面的第一步，也是极其重要的一步。区分出目标用户，有针对性地制定策略，通过对目标用户的研究与了解，可以初步确定目标用户的特点、偏好与需求。根据目标用户的属性为他们设计认可或喜爱的界面，这是用户能否继续使用该网络商店的重要原因之一。例如，针对年轻女性的美丽说的界面活泼清新，而老年人则更喜欢简洁清晰的界面设计。

（2）与用户展开沟通。如果企业并不清楚或需要进一步确认用户对于界面的需求，企业可以考虑与用户开展线上或线下的沟通，通过与用户的沟通，采纳用户的意见和建议。企业可以更深入地了解和挖掘用户的真实想法。通过双方沟通，企业可以询问有关用户界面的相关问题，让用户积极参与到网络商店的创造与设计中。

（3）邀请用户对用户界面进行评价。当企业完成用户界面的初步设计后，需要邀请部分潜在用户对于界面设计的雏形进行评价，评价可以采用定性与定量相结合的方式，根据评价的结果对用户界面进行优化与修订。

### 4.3.2 用户界面设计要素

用户界面设计综合了技术、艺术、心理学、管理学等多学科多领域的知识与技能。用户界面设计在制造过程中考虑多种要素，对不同要素进行编排与组织，是指成为一个连贯的整体。

#### 1. 场景

场景为用户对界面的观感，这个观感可以按照功能或美学准则进行分类。

（1）面向美学的站点。面向美学的站点关注站点的艺术特点，将重点集中体现在视觉特征上，如颜色、图形、照片、字体选择，以及其他面向视觉的特征。例如，专爱花店 roseonly 的主页以爱和美为主题，首页包装精美的玫瑰礼盒图片，配以“一生只送一人”的箴言，深深吸引女性的目光，以充满感官的美满足了女性对爱情与浪漫的幻想，如图 4-1 所示。

图 4-1　roseonly 官方网页

（2）面向功能的站点。面向功能的站点关注站点的实际确切的信息。例如，房产中介的房多多，在“新房楼盘”这一模块中会提供新楼盘的售价、房型、面积等信息，方便访问者了解房产的一切情况，如图 4-2 所示。

图 4-2　房多多

（3）面向美学与功能的站点。面相美学与功能的站点则力求注重美学与功能的平衡。例如，极致蛋糕把产品做到极致，每一处原材料都注明产地与来源，同时能把产品的美观表现得淋漓尽致，如图 4-3 所示。

图 4-3　极致蛋糕

### 2．分类或频道

大多数站点包含太多的信息，在一个计算机屏幕上无法呈现出来，这些庞大的信息必须有条理地呈现给用户。网页特别是首页，扮演者“导游”的导航功能，为使用网站上的人绘制了该网站的大致脉络，使得产品分类和各项服务一目了然，方便用户正确选择需要的功能。其中，核心的导航功能体现在网站的分类或频道中。因此，设计清晰、规范的分类或频道能够使用户轻而易举地了解和使用网站。

### 3．颜色

用户界面需要结合企业和产品确定色调。颜色心理学是设计心理学中最为复杂的主题，在这里只对色彩进行概括性的分类。界面设计人员必须意识到，网站上使用的颜色对网站的访客具有重要影响，务必明确色彩的代表含义，首先确保界面所使用的颜色与访客的接收与偏好的颜色相吻合。

不同颜色具有不同的含义，如表 4-1 所示。同时，颜色的组合搭配以及正确地使用阴影、色调或色阶也会强化它们的意义。

表 4-1　色彩的含义

| 色　彩 | 含　义 |
|---|---|
| 粉色 | 温柔　可爱　浪漫　恋爱　年轻　甜蜜 |
| 红色 | 爱　力量　激情　温暖 |
| 橙色 | 温暖　积极　活泼　晚霞　快乐 |
| 绿色 | 自然　健康　乐观　安全　新鲜　理想　休息 |
| 蓝色 | 平静　和平　遥远　商务　简单 |
| 紫色 | 高贵　神秘　智慧　忠诚　奢华　优雅 |
| 白色 | 纯洁　朴实　神圣 |
| 黑色 | 恐怖　邪恶　夜　严肃　庄重 |

红色的色感温暖，性格刚烈而外向，是一种对人刺激性很强的颜色。红色容易引起人的注意，也容易使人兴奋、激动、紧张、冲动，还是一种容易造成人视觉疲劳的颜色。在红色中加入少量的黄，会使其热力强盛，趋于躁动、不安。在红色中加入少量的蓝，会使其热性减弱，趋于文雅、柔和。在红色中加入少量的黑，会使其性格变得沉稳，趋于厚重、朴实。在红中加入少量的白，会使其性格变得温柔，趋于含蓄、羞涩、娇嫩。

黄色的性格冷漠、高傲、敏感，具有扩张和不安宁的视觉印象。黄色是各种色彩中最为娇气的一种色。只要在纯黄色中混入少量的其他色，其带来的感觉和影响均会发生较大程度的变化。在黄色中加入少量的蓝，会使其转化为一种鲜嫩的绿色。其高傲的性格也随之消失，趋于一种平和、潮润的感觉。加入少量的红，则具有明显的橙色感觉，其性格也会从冷漠、高傲转化为一种有分寸感的热情、温暖。加入少量的黑，其色感和色性变化最大，成为一种具有明显橄榄绿的复色印象。其色性也变得成熟、随和。加入少量的白，其色感变得柔和，其性格中的冷漠、高傲被淡化，趋于含蓄，易于接近。

蓝色的色感冷嘲热讽，性格朴实而内向，是一种有助于人头脑冷静的色。蓝色的朴实、内向性格，常为那些性格活跃、具有较强扩张力的色彩，提供一个深远、广袤、平静的空间，成为衬托活跃色彩的友善而谦虚的朋友。蓝色还是一种在淡化后仍然似能保持较强个性的色。如果在蓝色中分别加入少量的红、黄、黑、橙、白等色，均不会对蓝色的性格构成较明显的影响力。

绿色是具有黄色和蓝色两种成分的色。在绿色中，将黄色的扩张感和蓝色的收缩感相中和，将黄色的温暖感与蓝色的寒冷感相抵消。这样使得绿色的性格最为平和、安稳，是一种柔顺、恬静、满足、优美的色。在绿色中黄的成分较多时，其性格就趋于活泼、友善，具有幼稚性。加入少量的黑，其性格就趋于庄重、老练、成熟。加入少量的白，其性格就趋于洁净、清爽、鲜嫩。

紫色的明度在有彩色的色料中是最低的。紫色的低明度给人一种沉闷、神秘的感觉。在紫色中红的成分较多时，其知觉具有压抑感、威胁感。加入少量的黑，其感觉就趋于沉闷、伤感、恐怖。加入白，可使紫色沉闷的性格消失，变得优雅、娇气，并充满女性的魅力。

白色的色感光明，性格朴实、纯洁、快乐。白色具有圣洁的不容侵犯性。如果在白色中加入其他任何色，都会影响其纯洁性，使其性格变得含蓄。在白色中混入少量的红，就成为淡淡的粉色，鲜嫩而充满诱惑。加入少量的黄，则成为一种乳黄色，给人一种香腻的印象。混入少量的蓝，给人感觉清冷、洁净。混入少量的橙，有一种干燥的气氛。加入少量的绿，给人一种稚嫩、柔和的感觉。混入少量的紫，可诱导人联想到淡淡的芳香。

此外，还需要根据建站目的和产品类型来作为页面色彩的补充。例如，根据产品类型确定颜色。购买频率高、低单价的商品，特卖商品的推介推广应以暖色调为主；而家电家具、钻石珠宝等需要充分时间浏览和挑选考虑的商品需要以冷色调为宜。如果以信息传递为主的目的，则使用简单的色彩，避免造成用户阅读信息时的干扰；以娱乐为主的目的，则大胆采用与产品或服务相匹配的色彩；已销售为主的目的，采用明亮的色彩，吸引用户关注。

4．内容

内容关注于用户界面呈现材料的类型，可以划分为三个维度来加以认识。

（1）提供物组合。站点内容包括产品、信息和服务。例如，本地生活服务类公司“58同城”的首页包括用户所在地的房产、工作、生活等各个领域的信息，如图4-4所示。

图4-4 58同城

（2）吸引力组合。吸引力组合指公司预想的促销和传播信息。吸引力组合包括认知吸引力与情感吸引力。认知吸引力的焦点在提供物的功能方面，包括价格低廉、可靠性、可用性、客户支持以及个人化的程度。例如，阿里巴巴的吸引力组合主要是认知性的或功能性的，这是一个产品齐全、操作简单、功能强大的全球性网络市场。情感吸引力强调对产品或品牌的情感共鸣，以价值定位来体现，包括幽默、新颖性、热情。

（3）多媒体组合。多媒体组合指纳入到网络站点的各种媒体，包括文本、图像、音频和视频等。其中，在表现概念和刻画细节时可用文本来表现。图像时人们非常容易接受的信息媒体，最大的特点是形象、生动、直观，是多媒体技术的重要组成部分。动画可用来突出整个事物，特别适于表现静态图形无法表现的动作信息。视频适于表现其他媒体所难以表现的来自真实生活的事件和情景。音频能使对话信息突出，特别是在影响、动画集合时能传递大量的信息。

【课堂讨论题】

一家针对年轻人的专做休闲花生食品生产、加工、销售的企业，请你做营销总监，在创建网络商店时，你将为用户呈现什么样的界面？

5．定制

定制是站点为每个用户修改的能力。定制随处体现，例如，用户可以更改网站背景、首页模板等；商家收集用户购买习惯和行为，通过购买历史进行个性化分析等。为了更好地满足各个用户的需求，用户界面可以由用户或组织来改变。其中，由用户发起的定制被称为个性化，由企业发起的定制被称为量身定做。

（1）个性化。部分 Web 站点允许用户确定在内容选择、场景选择和个人化工具上的偏好。一旦用户输入并保存个人偏好，或者在产品上提供定制服务，如衣服尺码、颜色的选择、商品的包装等，则能争取更多的客户群。个性化的产品设计和服务提供，能够满足用户更大的需求，增强用户使用的黏性，很大程度上提升用户的满意度与忠诚度。

（2）量身定做。站点根据每个用户的偏好或特征为用户呈现不同的内容、不同的布局。主要基于以下两种方式：基于用户以往的消费搜索习惯和行为量身定做，基于具有类似偏好的用户进行量身定做。这样，一方面会强化精准营销；另一方面会按照用户需求提供定制服务，会给用户带来专属服务的感受与认可。

6．沟通

沟通是指网络商店与用户的对话。这个对话可以是单方向沟通，也可以是交互式沟通。

（1）单方向沟通。单方向沟通主要包括广播、邮件、FAQ、简讯等。单方向沟通主要是网络商店的组织者向用户发送信息进行产品或服务的传播。

（2）交互式沟通。交互式沟通分为即时沟通与非即时沟通两类。用户在浏览网络商店时有任何问题与建议都可以通过沟通工具提出。交互式沟通特别是即时沟通会提升用户的体验，有利于促进交易的达成，因此网络商店在用户界面的设计中都会格外重视该功能的创建。

## 4.4 购物与订单处理

### 4.4.1 网络商店购物流程

网络用户在网络商店购物的过程一般可以分为以下五个步骤。

1．浏览商品

网络用户通过网络商店提供的多种搜索方式，对产品组合、关键字、产品分类、产品品牌等信息进行查询和浏览。

2．选购商品

网络用户按照自己喜欢的方式搜索到所需的商品后，可以浏览该商品的使用性能、市场参考价格等商品信息，以及本人在该商店的购物积分等信息。也可以将虚拟商品放到虚拟购物车中，在商品编号和品名的表单中输入订购的数量即可。在确定采购之前，消费者可以在购物车中查看、修改或取消选购的商品。

3．用户注册

消费者在第一次访问所选定的网络商店进行购物时，首先要在该网站注册用户姓名、地址、电话、电子邮件等必要信息，以便网络商店进行相关的操作。

4．支付货款

支付货款有多种形式。除了网上支付之外，货到付款也是众多网络用户的付款方式之一。客户在收到货物及发票后将钱款直接交付给配送人员，并由配送人员带回客户的意见。

5．配送货物

网络用户在确定需要购买的商品后，即可选择货物配送方式。但网络商店确定了用户所订购的商品后，可以根据客户的要求在用户希望的时间内将商品邮寄或送货上门。

### 4.4.2　网络订单处理

网络订单处理主要包括订单信息处理和客户信息处理两方面的内容。

1．订单信息处理

网络商店的管理人员对网络商店后台管理系统的订单系统进行操作，包括每日定时接单，对订单进行分类处理；将订单分发给有关部门，进行商品配送。在网络商店技术比较成熟的情况下，这些工作都将由计算机自动完成。目前，根据网络商店支付、身份认证的方式不同，订单处理分为以下两种情况：

（1）已经完全实现网上支付订单的处理。这类订单已经能够由计算机自动处理，包括顾客身份的判断、支付能力的确认和扣款等。

（2）非网上支付订单的处理。这类订单要求网络商店工作人员必须以人工和计算机结合的方式对订单的有效性进行判断，对已经通过身份认证的订单，顾客信息可以不必以人工的方式进行联系和确认，只需对订单进行常规处理；否则，需要以电话、传真或电子邮件等方式对订单顾客的身份、购买商品信息、送货地点及方式、结算方式等进行确认，然后方能进入配送环节。

2．客户信息处理

通过网络商店注册登记和发出订单请求的顾客，在网络商店后台关系系统中均有记录，这类信息将为企业的商品营销决策提供重要依据。在不侵犯顾客隐私和保护消费者合法权益的原则下，商店可以要求顾客填写基本信息和扩充信息。这类信息主要有以下两种：

（1）了解顾客对商品的基本需求，如嗜好倾向、消费群体、消费面等，作为商品投放市场的信息反馈和下一步决策的依据。

（2）从订单顾客中产生老顾客群和有一定消费水准的消费群，针对这部分顾客有针对性地投放广告和推荐商品，将产生较高的回报率。

## 4.5 会员服务

会员服务是对企业会员基本资料、消费、积分、储值、促销和优惠政策通过信息管理，达到商家和客户随时保持良好的联系，从而让客户重复消费，提高客户忠诚度，实现业绩增长的目的。同时，网络商店通过对会员的服务与管理，能够掌握最翔实的数据资料，可以通过数据分析消费者与市场需求，从而优化网络商店的供应链体系。

### 4.5.1 会员服务设计

为了管理上的方便，同时也为了减少用户购物时的麻烦，需要为用户提供会员服务。用户注册为会员后，其姓名、通信地址等基本信息将在网站数据库中记录，用户再次购物时就不必再逐项输入。

会员服务设计有以下几个步骤。

（1）会员服务主要提供一个注册页面，以供新会员输入基本信息。

（2）正确输入所需要填写的注册信息后，单击“注册”按钮，系统会自动返回一个注册成功的页面。

（3）新会员注册成功后如果发现自己的信息需要修改，则单击“会员登录”超链接，进入到会员登录页面。

（4）会员在看到某一商品的信息后，可能想要具体了解该商品的信息并决定是否购买，所以系统要能够按照顾客的选择列出该商品的详细信息，并且要顾客购买时提供方便的购买手段。

（5）会员在这个页面中确定了所要购买的商品后单击“确定”按钮，系统将调出购物车模块将要购买的商品添加到购物车里。

**【课堂讨论题】**

在互联网时代通过大数据的整理和分析，可以预测出市场和用户的需求，可以根据需求满足用户，从而提升用户体验，进一步推动生产与销售。然而，怎样让用户成为你的会员呢？

### 4.5.2 商品列表设计

商品列表应该包括商品名称、价格图片、上架时间、商品简介、相关服务与商品比较等。不同网络商店具有不同的商品列表，但目的都是方便顾客购买，同时将网络商店的商品尽可能全部展示出来。商品列表的设计步骤如下。

（1）设计网络商店所销售商品的分类结构，有醒目的商品导航栏，便于用户购买所需的商品。

（2）如果用户单击了某类商品的按钮，系统就会显示出与之相对应的更详细的商品列表。

（3）用户在看到某一商品的信息后产生了兴趣，就会有具体了解该商品细节的欲望，因此系统要能够按照用户的需求列出商品的各类详细信息，消除用户的各种担忧，超越用户的期望值，就很有可能实现用户的转换率。

（4）用户在这个页面中确定了所要购买的商品后单击“确定”按钮，系统将调出购物车模块将要购买的商品添加到购物车里。这时，网络商店中所需的商品列表信息显示模块就设计完成了。

一般而言，商品的详细信息应包括以下几个方面。首先是商品图片，根据需要提供大、中、小三种商品图片。小图片最好用于几个商品的产品列表；在单个商品的展示过程中，提供中等尺寸的图像，并能“单击”观看商品的放大版图像；对于有些商品还应提供不同角度和关键细节的图片。其次是详细说明。根据商品的不同特性，提供商品各个方面的信息，包括库存信息等。再次是提供相关商品链接。可以向用户特别是会员提供相关的商品信息，包括配套的商品、互补的商品，同系列高、低档商品以及根据会员访问历史统计购买该产品的顾客可能感兴趣的其他商品。最后是第三方评价。网络商品应提供以往有良好购物体验的用户评价和媒体相关评价与报道，这些信息有助于顾客对网络商店购买决策的达成。

### 4.5.3　购物车设计

“购物车”是在线购物类网站中非常重要的功能，是一个虚拟的购物车，用户将自己喜爱的商品放入购物车，同时也可以将不需要的商品从购物车中拿出去，直到最后付款。因此网络商店的购物车将会使网络购物非常简单、形象和人性化。

购物车的主要功能是，显示和统计购物车中的商品，向购物车中增加和减少商品，清空购物车以及修改购买物品的数量。所以网络商店购物车的设计目标为：可以查看并且修改；具有可持续性，有以往的记录；与会员相对应；允许商品加入购物车或清空。

### 4.5.4　支付结算

支付是用户网络购物的最后环节，用户需要在付款台选择付款方式，输入自己的账号、卡号和密码，即可完成付款与支付。一般来说，在支付结算环节的设计有以下原则。

（1）简洁性。避免要求用户填写一些与购物无关或对购物没有帮助的信息，在顾客对相关信息清楚的基础上尽量减少冗余步骤，避免节外生枝，影响用户支付行为的进行。

（2）清晰性。需要填写的项目要明白易懂，并适当解释信息的用途和填写的要求。所购商品、送货地点、送货方式、付款方式等信息要让用户确认，给用户可靠和清楚的感觉。

（3）安全性。在注册付款过程中要有信息安全传递和使用的保证及说明。

（4）方便性。在用户注册过程中，需要提供必要的手段以减少用户输入负担。付款过程中要具有一定的灵活性，便于用户对自己的付款信息进行管理，以满足用户的不同要求。例如，支付宝钱包针对不同用户采取了小额支付免输入密码的方式，优化了支付环节，节省了时间，实现了方便快捷。

（5）防错性。采取尽可能的措施预防用户出错，而不能只是在用户出错后给出错误信息。在付款过程中，有些像抵触的选项也应该事先预防。

### 4.5.5　其他辅助服务

为了帮助顾客更快捷轻松地买到自己需要的商品，建立顾客对网络商店的信任，网络商店在设计时应该提供一些辅助手段和一些必要信息，消除用户的疑虑，给用户一种可信的感觉。例如，网络商店运营者的联系方式、网络商店的背景资料、常见问题解答、订单状态查询以及重要术语的定义与解释等。

## 本章小结

网络商店是指企业在网络上开设的虚拟商店或者卖场，以此宣传和展示所经营的产品与服务，进而提供网上交易的功能。

网络商店的规划与运营中，最重要的是网络商店的规划，明确了方向其次才是建设。首先是网络上的市场调研分析，通过对竞争者分析、品质分析、新产品市场开拓的分析找到方向；其次是网络商店的定位；最后是确定网络商店的基本内容。

常见的网络商店分为以下几种类型：平台型网络商店、买卖型网络商店、买卖+平台型网络商店、渠道型网络商店与自主品牌型网络商店。同时，网络商店与网络用户最直接的接触是通过用户界面，因此用户界面的设计极其重要。界面作为和用户接触的第一个环节应该简单并且使人乐于使用，能够引导用户自己完成相应的动作，起到向导的作用，能给用户带来轻松愉悦的感受和成功的感觉。

在用户体验方面购物与订单处理同样重要，网络用户在网络商店购物的过程一般可以分为五个步骤：浏览商品、选购商品、用户注册、支付货款与配送货物，最后是能够掌握市场信息与资料的会员体系。会员服务是对企业会员基本资料、消费、积分、储值、促销和优惠政策通过信息管理，达到商家和客户随时保持良好的联系，从而让客户重复消费，提高客户忠诚度，实现业绩增长的目的。同时，网络商店通过对会员的服务与管理，能够掌握最翔实的数据资料，可以通过数据分析消费者与市场需求，从而优化网络商店的供应链体系。

## 复习思考题

**一、选择题**

1．网络订单处理主要包括订单信息处理和（　　）两方面的内容。

A．资金处理　　B．客户信息处理　　C．物流信息　　D．商品信息

2．网络商店的定位中，只有明确了网站的（　　），才能准确地了解消费者需求，从而满足需求，实现网站的繁荣发展。

A．价格　　B．商品　　C．主题　　D．渠道

3．页面的（　　）是影响用户体验的重要因素之一，一旦页面打开的时间过长，访问者便会失去继续访问的兴趣。

A．反应速度　　B．主题　　C．客户　　D．结构

4．支付是用户网络购物的（　　），用户需要在付款台选择付款方式，输入自己的账号、卡号和密码，即可完成付款与支付。

A．最后环节　　B．第一环节　　C．首要环节　　D．中间环节

二、判断题

1. 网络商店是指企业在网络上开设的虚拟商店或者卖场，以此宣传和展示所经营的产品与服务。　（　）

2. 网络商店不仅代表企业的网上品牌形象，同时是开展网络营销实现销售的重要渠道，网站建设的水平对网络营销的效果有着直接的影响。　（　）

3. 网络商店可以不建立售后服务功能。　（　）

4. 界面作为和用户接触的第一个环节应该简单并且使人乐于使用，能够引导用户自己完成相应的动作，起到向导的作用，能给用户带来轻松愉悦的感受和成功的感觉。　（　）

三、多选题

1. 网络商店规划中属于市场调研的方向有（　）。

A. 新产品市场开拓的分析　　B. 关注点不同

C. 品质分析　　D. 竞争者分析

2. 网络商店具有（　）功能。

A. 品牌形象的展示　　B. 网络销售

C. 信息发布　　D. 产品与服务

3. 用户界面的实施过程中包括（　）。

A. 邀请用户对于用户界面进行评价　　B. 预估用户界面的目标用户

C. 与用户展开沟通。　　D. 成本策略

四、简答题

1. 网络商店分为哪几种类型？

2. 网络订单处理主要包括哪两方面的内容？

# 第 5 章　网络营销

**引导案例**

**小熊电器的“爱不停炖”**

一位父亲把自己亲手熬炖的冰糖雪梨送到远在另一个城市的女儿手上，就像小时候被父亲抱在怀里那样温暖。当你为了追求梦想而背井离乡的时候，是否还记得最后一次离家时父母的容颜？亲情的元素在中秋节出现在小熊电器的微电影里，你是否会有一下被击中的感觉。

“忙碌了一个上午，有 TA 给我做美食，‘蒸’的很幸福”，小熊电器经常能用只言片语描述出所有小女人都向往的浪漫情怀，而小熊电器卖的已不只是产品，而是一种温馨健康的生活方式，它将原本枯燥的柴米油盐变得优雅浪漫起来。

小熊电器有限公司成立于 2006 年，总部设在有“小家电王国”之称的广东顺德，是集研发、生产、销售为一体的企业，为国内创意小家电领域的领军企业。公司成立之初并没有打算走网络营销之路，无奈传统渠道门槛较高，资金压力大，而且小熊电器的产品以家庭用酸奶机为主，这在当时属于创新产品，不配合大规模强势媒体的推广难以启动市场，因此小熊电器迫于各种压力之下转向互联网，开启了电子商务之路。将小众和个性化小家电做出大众化市场，成为淘宝上的明星品牌，小熊旗下的酸奶机、煮蛋器、豆芽机等产品都居于业内同品类第一名。

在布局网络营销的同时，线下渠道也逐渐完善。于是小熊电器由单纯的提供产品向创意小家电领域的领军品牌进军。以“爱不停炖”为主题，基于互联网推出了一系列围绕亲情、爱情的微电影，在互联网引起了强烈的反响，同时又促进了产品的销售。

**本章学习目标**

- 了解网络营销的概念和特点、网络消费者的购买行为；
- 掌握电子商务与网络营销之间的区别与联系、网络营销的策略和方法。

## 5.1　网络营销概述

### 5.1.1　网络营销的产生

21 世纪是信息社会年代，科技、经济和社会的发展正在迎接这个时代的到来，随着计算机网络的发展，信息社会的内涵有了进一步的改变，称为信息网络年代。在信息网络年代，网络技术的发展和应用改变了信息的分配和接受方式，改变了人们生活、工作、学习、合作和交流的环境，企业也必须积极利用新技术变革企业经营理念、经营组织、经营方式和经营方法，搭上技术发展的快速便车，促使企业飞速发展。网络营销是随着互联网进入商业领域而诞生的。随着互联网的飞速发展，全球范围内掀起了互联网的应用热潮。世界各大企业纷纷利用互联网提供信息服务，拓展企业的业务范围，并且利用互联网的特点积极改造企业内部结构和探索新的营销管理方法，实现营销手段的创新。

网络营销仍然属于市场营销理论的范畴，它在强化传统市场营销理论的同时，提出了一些不同于传统市场营销的新观点。网络营销的产生和发展是在特定条件下各种因素综合作用的结果。

#### 1. 互联网的发展是网络营销产生的技术基础

在网络环境和电子商务中，信息的需求和传播模式发生了很大变化。信息由单向传播模式逐步演变为一种双向交互式的信息需求和传播模式，即在信息源积极地向用户展现自己信息产品的同时，用户也在积极地向信息源索要自己需要的信息。网络上信息资源的共享性和功能性，使得互联网具备了商业交易与互动沟通的能力。企业利用互联网开展经营活动，显示出越来越大的区别于传统营销模式的优势。以互联网为技术基础的网络营销的产生是社会经济发展的必然。

#### 2. 消费者价值观的改变是网络营销产生的观念基础

满足消费者的需求是市场营销的核心。人们学习、工作、生活的变化也要求企业积极利用网络手段来改变企业的经营理念，正如流水线的应用带来大量生产观念一样。随着科技的进步、社会的发展、文明程度的提高，消费者的观念也发生了变化，具体表现为个性消费的回归、消费主动性的增强、对购物方便和乐趣的追求、价格的高度敏感等。这些消费者观念的改变，是使人们普遍接受网络营销的重要基础。在网络环境中，消费者能够参与企业营销的过程，市场的不确定因素减少，企业更容易掌握市场需求，从而掌握上游的研发、设计与生产。同时，网络和电子商务系统巨大的信息处理能力，也为消费者挑选商品提供了规模空前的选择余地。

#### 3. 激烈的竞争是网络营销产生的现实基础

由于生产力的发展，市场由卖方市场向买方市场转变，消费者地位增强，市场竞争越来越激烈。市场的性质也将趋于多样化和个性化，传统的营销模式已经很难有新颖独特的方法来帮助企业在竞争中出奇制胜，网络营销为企业提供了摆脱困境和获得竞争优势的手段和技术。生产厂商和消费者可以通过网络直接进行商品交易，从而避开某些传统的商业流通环节。原有的以商业作为主要运作模式的市场机制部分地被网络营销模式所取代，使得企业经营的成本和费用降低，收益增加，从根本上提高了企业的竞争力。

### 5.1.2 网络营销的概念和特点

#### 1. 网络营销的概念

随着网络营销环境的不断发展和变化，各种网络营销模式不断出现。同时，网络营销涉及多个学科领域的知识，不同研究人员处于不同的知识背景与结构，在网络营销研究方法和研究内容方面往往存在一定的差异。因此，网络营销英文有多种写法，如 Internet Marketing、Online Marketing、Web Marketing、Electronic Marketing、Network Marketing 等。我国均将其译为“网络营销”。中国电子商务协会网络营销专业委员会（PCEM）认为，网络营销是指为实现企业总体经营目标所进行的，以互联网为基本手段创造和实现网上经营环境的各种活动。

本教材从营销角度出发，将网络营销定义为，网络营销是企业整体营销战略的一个组成部分，它以现代市场营销理论为指导，以互联网为基础，借助联机网络、通信技术和数字交互式媒体的力量来实现一定营销目标的经营过程。

2. 网络营销的特点

随着互联网技术发展的成熟和成本的降低，互联网将企业、团体、组织及个人跨越时空连接在一起，使得他们之间信息的交换变得简单和高效。市场营销中最重要也是最本质的是，组织和个人之间进行信息传播和交换。因此，互联网具有营销所要求的某些特征，使得网络营销呈现出以下特点。

（1）跨时空。由于互联网能够超越时间约束和空间限制进行信息交换，使得营销脱离时空限制进行交易变成可能，企业有了更多时间和更大空间进行营销，可每周 7 天、每天 24 小时提供全球性营销服务。

（2）多媒体。互联网被设计成可以传输多种媒体的信息，如文字、声音、图像等信息，使得为达成交易进行的信息交换能以多种形式存在和交换，可以充分发挥营销人员的创造性和能动性。

（3）交互式。互联网通过展示商品图像，商品信息资料库提供有关的查询，来实现供需互动与双向沟通，还可以进行产品测试与消费者满意度调查等活动。互联网为产品联合设计、商品信息发布及各项技术服务提供最佳工具。

（4）个性化。互联网上的促销时一对一的、理性的，而且是一种低成本与人性化的促销，避免推销员的干扰，并通过信息提供与交互式交谈，与消费者建立长期良好的关系。

（5）高效性。计算机可存储大量的信息，代消费者查询，可传送的信息数量与精确度远超过其他媒体，能响应市场需求及时更新产品或调整价格，能及时有效地了解并满足客户的需求。

（6）经济性。通过互联网进行信息交换来代替以前的食物交换，一方面可以减少印刷与邮递成本，可以无店面销售，免交租金，节约水电与人工成本；另一方面可以减少由于往返多次交换带来的损耗。

## 5.2 电子商务对网络营销的影响

### 5.2.1 电子商务对企业营销的影响

1. 电子商务环境下营销理念的变迁

电子商务的发展给传统营销理念带来了巨大的变化。客观现实和技术基础是现有市场营销理论赖以形成和发展的根基。网络强大的通信能力和电子商务便利的商品交易环境，发展了原有的市场营销理论。在网络环境和电子商务下，时间和空间的概念、市场的性质、顾客的概念和行为等都将发生深刻的变化，由此将引起市场概念、营销策略甚至整个商品流通领域的变化。

（1）时间观和空间观的变迁。电子商务企业营销的范围会大大地突破原有商品销售范围和消费群体、地理位置半径和交通条件限制的营销模式；产品订货摆脱了地点和统一时间的限制，取而代之的是一个网址和顾客希望的任何时间，群体集会变成了个体根据自己的需要来访问和处理；顾客了解商品信息的途径，由完全以被动式接收为主，演变为主动地在网络上搜寻信息和被动地从传媒接收信息并重等。因此，时间和空间观念的变迁，要求网络营销者随之调整自己的促销方案。

（2）信息传播模式的变迁。

① 双向的信息传播模式。在电子商务环境下，信息的传播逐步演变成一种双向的信息需求和传播模式，消费者不只是信息的接收者，也是信息的发送者与来源。

② 个性化信息传播模式。在信息化社会中，人们接收信息的途径很多，范围越来越广，选择的余地越来越大。因此，用户对信息的需求模式也发生了很多变化。未来统一固定的信息传播模式将不能满足用户的需求，而要越来越多地根据个人的需求来接收信息。

③ 推拉互动的信息供求模式。在电子商务环境下，人们对信息的需求模式将呈现出两种趋势：一是个性化的信息需求，即人们对需求和接收不再是被动地吸收，而是主动上网搜寻所需要的信息。二是从信息源的角度看，由于需求模式发生了变化，从而迫使传播模式也发生变化。这种变化主要体现在传统的按照自己愿望组织节目的主导型传播模式，将被自行组织节目型的个性化传播模式所取代。未来信息演变称为一种推拉互动的方式，信息源推出的是素材，用户拉出来的是各自感兴趣的内容，共同促进信息传播业的发展。因此网络营销必须时刻关注消费者感兴趣的信息，积极组织上网，推出网络用户关心的信息。

④ 多媒体信息传播模式。现代信息传播方式是分离的，即电视台传播的主要是视频信息，电台传播的主要是音频信息，而报纸、杂志和出版社传播的主要是文字信息，而互联网将这三者集成在一起，形成了多媒体信息网络的统一。网络营销需要掌握一系列新的促销方法和手段，促进买卖双方的撮合，吸引众多顾客愿意上网购物，提高自己产品在网络市场上的占有率。

**2. 市场性质的变迁**

在网络环境下，通过电子商务这种手段，产品的生产者会更多地直接面对顾客，原本在层层批转的中间商业机构的作用将逐渐淡化，这势必引起市场性质的变化。这些变化主要表现在以下几个方面。

（1）网络的交易化。在电子商务下，生产厂商和顾客可以通过网络直接进行商品交易。这种交易避开了某些传统的商业流通环节，因此更加直接、自由。它将对传统的以商业运作为主的市场运作模式产生巨大冲击。

（2）市场的多样化、个性化。原有以商业为主的运作模式的市场机制将部分地被基于网络的电子商务取代。市场将趋于多样化，不同的企业、不同的系统和不同的产品都将千方百计地在网上营造自己的营销模式以吸引顾客。由于当代信息网络具有双向和动态的特点，这时的市场更加显示出多样化和个性化。

（3）市场细分的彻底化。随着市场环境和市场运作方式的发展，市场逐步由同质市场走向市场细分，市场变化主要体现在市场的划分越来越细和越来越个性化两个方面。但是在传统社会中，这两种方式无论怎样发展，其最终结果还是针对某一特定的消费群体，只有在网络环境下，电子商务才可能把这两方面的趋势推向极致，演变称为一场针对每位顾客的营销，即“微营销”。

（4）商品流通和交易方式的改变。在电子商务环境下，商品流通和交易方式的改变将主要表现为中间商（传统商业）地位的减弱、直接交易过程的出现、营销全球化、实物操作无纸化和支付过程的无现金化。

3. 促使企业从消费者的角度出发

在网络营销中占据主导地位的是顾客，个性化消费需求的回归使顾客在心理上要求自己成为主动方，互联网的互动性、实时性和无空间性又使其实现主动方地位成为可能，并建立顾客数据库，实现一对一的个性化营销。总之，电子商务环境下的网络营销解决了营销组合中以顾客需求为核心的问题，通过在网上与顾客不断地交流，使顾客需求得到极大的满足。顾客将在个性化需求的驱动下，亲自到网上寻找能使自己需求得到满足的有关信息，与企业建立长期合作的伙伴关系，实现真正的个性化营销。

### 5.2.2 电子商务与网络营销的相同点、不同点和联系

电子商务与网络营销是一组既有区别又有联系的概念，下面分析它们之间的相同点、不同点和联系。

1. 电子商务与网络营销的相同点

（1）技术基础相同。两者都是利用计算机网络这一技术。网络营销以互联网为营销环境，传递营销信息；而电子商务是在互联网等网络上进行的，通过网络完成核心业务，改善售后服务，缩短周期，从有限的资源中获取更大的收益。

（2）商务活动内容相同。活动主要包括促成交易的商务活动（商品展示、网上公关等）和实现交易的电子贸易活动（售前沟通/售中支付/售后服务）。

（3）二者都能实现低成本商业运作。距离越远，在网络上进行信息传递的成本相对于信件、电话和传真而言就越低。同时，时间的缩短与减少重复的数据录入也降低了信息成本。再者，网络具有极好的促销能力，其“货架上”的商品同时又有广告宣传的作用，经营者不需要负担促销广告费用，而且可以利用服务器，将多媒体化的商品信息存储起来，主动散发，随时接受需求者查询。

2. 电子商务与网络营销的不同点

（1）研究范围不同。电子商务的核心是电子化交易，强调交易方式和交易全过程的各个环节，是指系统化地利用电子工具，高效率、低成本地从事以商品交换为中心的各种活动的全过程。而网络营销注重以互联网为主要手段的营销活动，是指通过借助联机网络、计算机通信和数字交互式媒体来实现营销目标的一种市场营销方式，有效地促成个人和组织交易活动的实现。

（2）关注点不同。电子商务的重点是实现电子化交易；而网络营销的重点是除了商贸活动外，还要加强与顾客的关系，形成良好的口碑，拥有稳定的顾客资源。

（3）在企业的应用阶段和层次不同。在某种意义上讲，电子商务可以看作网络营销的

高级阶段，企业在开展电子商务前可以开展不同层次的网络营销活动。

（4）发展的环境不同。互联网的市场营销环境与企业的现实环境共同构成了企业网络营销活动的二元环境。而电子商务发展的环境还包括安定的社会政治环境、法律环境、市场经济环境、安全认证体系、协同作业体系、网络运行环境、人文环境和国际环境。

### 3．电子商务与网络营销的联系

电子商务与网络营销是密切相关的，网络营销是电子商务的组成部分，开展网络营销并不等于一定实现了电子商务（实现网上交易），但实现电子商务一定是以开展网络营销为前提的，因为网上销售被认为网络营销的职能之一。电子商务与网络营销的联系如图 5-1 所示。

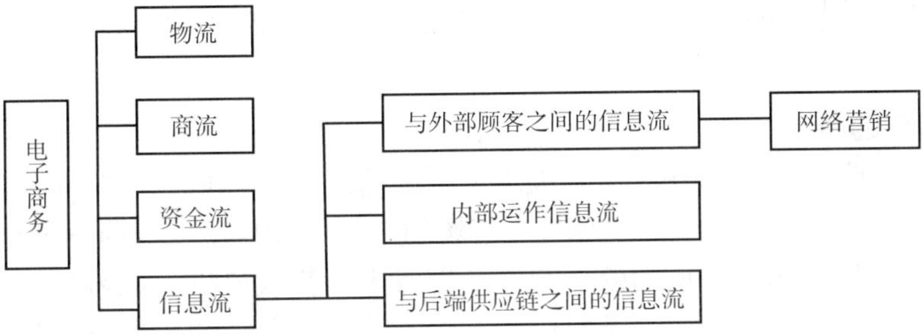


图 5-1 电子商务与网络营销的关系

（1）从互联网的商业应用类型上讲，电子商务覆盖了网络营销。网络营销不仅仅是营销部门的市场经营活动方面的业务，它还需要其他相关业务部门，如采购部门、生产部门、财务部门、人力资源部门、质量监督部门、产品开发部门和设计部门等的配合。因此，局限在营销部门的互联网的商业应用已经不适应互联网对企业整个经营管理模式和业务流程管理控制方面的挑战。电子商务是从企业全局出发，根据市场需求来对企业业务进行系统的重新设计和构造，以适应网络经济时代数字化管理和数字化经营的需要。

（2）网络营销作为促成商品交换的企业经营管理手段，是企业电子商务活动中最基本、最重要的互联网上的商业活动。国际数据公司的系统研究分析指出，电子商务应用可分为下面几个层次和类型。

第一个层次是面向市场的以市场交易为中心的活动。它包括促成交易实现的各种商务活动、网上展示、网上公关和网上洽谈等活动。其中，网络营销是最主要的网上商务活动；同时包括实现交易的电子贸易活动，它主要是利用电子数据交换通过互联网实现交易前的信息沟通、交易中的网上支付和交易后的售后服务等；交融的部分是网上商贸，它将网上商务活动和电子贸易活动融合在一起，因此有时将网上商务活动和电子贸易统称电子商贸活动。

第二个层次是指如何利用互联网来重组企业内部经营管理活动，与企业开展的电子商务活动保持协调一致。

### 5.2.3 电子商务下网络营销的特点

**1. 网络资源的整合性**

网络的开放性，决定从业者的广泛性，由此也决定了网络营销资源的整合性。它不但可以对传统营销的多种手段和方法进行整合，在网络上体现，还可以对整个网络上的传播资源进行整合。例如，广告联盟的成功运作、友情链接的交换，都体现了网络资源的整合性这个特点。

**2. 网络营销的交互性**

网络营销客服软件与网站在线提交表单、留言、QQ、MSN、电子邮件等的双向交流，使得顾客可以在产生某种产品需求欲望的时候就能够有针对性地及时了解产品和服务信息，由此商家能够快捷地了解消费者需求，通过提供良好的在线客服增强客户信赖感，以提高成交率。

**3. 超越时空的特点**

网络的全球互联共享性和开放性，决定了网络信息的无地域、无时间限制的全球传播性，由此也决定了网络营销效果的全球性。市场的范围更加广泛，市场不再有便捷的概念，市场的边界将进一步模糊，市场的壁垒与垄断也将进一步被打破；区域与区域市场之间，国内市场与国外市场之间将进一步融合；由于网络营销不受时空限制，可以 24 小时提供全球性营销服务，企业不得不进入跨国经营时代。

**4. 鲜明的理论性**

网络营销是在众多新的营销理念的积淀、新的实践和探索的基础上发展起来的。网络营销理念吸纳了众多新的营销理念的精髓，但又不同于任何一种营销理念。计算机科学、网络技术、通信技术、密码技术、信息安全技术、应用数学、信息学等多学科的综合技术，给予了网络营销以沉重的技术铺垫；近半个世纪以来多种营销理念的积极探索，给了网络营销以丰富的学术内涵；近十年来电子商务和网络营销的多种开拓和实践，给了网络营销以冷静的思索和理性升华的机遇和可能。

**5. 明显的经济性**

网络营销具有快捷性，因此，将极大降低经营成本，提高企业利润。形成和促成网络营销经济性的有诸多原因，如资源的广域性、地域价格的差异性、交易双方的最短连接性、市场开拓费用的锐减性、无形资产在网络中的延伸增值性，以及所有这一切对网络营销经济性的关系和影响，都将极大地降低交易成本，给企业带来经济利益。网络营销的经济性以及由此带来的明显效果，必将清晰地、鲜明地显现出来。

**6. 信息传递更迅速**

网络存储于传递资讯的数量和准确度，远远超过其他媒体。同时，网络营销能适应市场的需求变化，及时更新产品和调整优势，营销方式更加灵活多样。此外，网络营销拥有一个更加高效、调查的幅度更加宽广、调研成本更加低廉的市场环境。

**7. 制造方式的根本改变**

生产者对市场的反应更加敏捷，产品的创新将更加迅速，标准化产品的规模化、个性化产品的柔性化，将成为制造商的两个发展方向。特别是更多的制造商将转为专业网络商务的原始设备生产商，专业从事生产制造，更加专注于提升产品的技术创新速度。

8．网络广告竞争更加激烈

网络广告将成为一种更加重要的广告方式，非点击性网络广告将逐渐取代点击性网络广告，网络广告因成本较低，将继续受到人们的关注，网络广告资源的争夺将更加激烈；严肃商业性网站因为其网站风格的严肃性和权威性，很好地抵消了娱乐性网站的人流量问题，从而使广告价位更高，而广告用户更喜欢选择目标性网站。

## 5.3 网络市场与网络消费者

### 5.3.1 网络市场的概况

网络市场是以现代信息技术为支撑，以互联网为媒介，以离散的、无中心的、多元网状的立体结构和运作模式为特征，信息瞬间形成、即时传播、实时互动，高度共享的人机界面构成的交易组织形式。

从网络市场交易的方式和范围看，网络市场大致经历了三个发展阶段。第一阶段是生产者内部的网络市场，其基本特征是工业界内部为缩短业务流程时间和降低交易成本，所采用电子数据交换系统所形成的网络市场。第二阶段是生产者网络市场和消费者网络市场。其基本特征是企业在互联网上建立一个站点，将企业的产品信息发布在网上，供所有客户浏览，或销售数字化产品，或通过网上产品信息的发布来推动实体化商品的销售；如果从市场交易方式的角度讲，这一阶段也称“在线浏览、离线交易”的网络市场阶段。第三阶段是信息化、数字化、电子化的网络市场。其基本特征是，虽然网络市场的范围没有发生实质性的变化，但网络市场交易方式却发生了根本性的变化，即由“在线浏览、离线交易”演变成了“在线浏览、在线交易”，这一阶段的最终到来取决于以电子货币及电子货币支付系统的开发、应用、标准化及其安全性、可靠性。随着移动互联网的高速发展，网络市场更是无处不在，交易方式与运作方式趋于多样化，因此现阶段对于网络消费者的研究与了解就更加重要。

### 5.3.2 网络消费者的需求

1．网络消费者需求的类型

网络营销从业者面临的挑战是如何吸引更多的网络用户，努力将网站访问者变为消费者。因此，营销人员应该将注意力集中在不同类型的网络用户身上，从中确定自己的潜在顾客群体，这样才能做到有的放矢。进行网络购物的消费者大致可分为以下五种类型。

（1）简单型。简单型消费者每月只花少量的时间上网，但是他们进行的网上交易却占了一半。因此，简单型消费者需要的是方便、直接的网上购物。企业必须为这一类型的人提供真正的便利，让他们感觉在该网站上购买商品将会节约更多的时间。例如，淘宝网、当当网等都在网站中设置“收藏夹”、“购物车”等，以及保留浏览历史记录等措施有利于留住这部分消费者。

（2）冲浪型。冲浪型消费者约占常用网民总数的 8%，而他们在网上花费的时间却占了

32%，并且访问的网页数量是其他网络用户的四倍。冲浪型消费者需要的是新颖的产品与快捷的资讯。针对此类型消费者，企业要设计具有创新特征的网站，并时常更新来吸引这部分消费者。例如，各大网站都会制造各种噱头不断地更新产品格局与价格，就是为了保留住更多的消费者。

（3）接入型。接入型消费者是刚接触网络的新手，约占网民总数的 36%，他们很少购物，而喜欢网上聊天和发送免费问候卡。接入型消费者更愿意相信和购买生活中他们所熟悉的品牌。因此，传统市场中具有著名传统品牌的公司应对这类人们保持足够的重视。

（4）议价型。议价型消费者有一种趋向购买便宜商品的本能，约占网络用户总数的 8%，他们喜欢讨价还价，并有在交易中获胜的强烈愿望。

（5）定期型或运动型。定期型或运动型的网络用户通常都是被网站的内容所吸引。定期型网络用户常常访问新闻和商务网站，而运动型网络用户则喜欢运动和娱乐网站。

2. 网络消费需求的特征

由于电子商务的出现，消费观念、消费方式和消费者的地位正在发生重要的变化。电子商务的发展促进了消费者地位的提高；网络营销系统巨大的信息处理能力为消费者挑选商品提供了前所未有的选择空间，使消费者的购买行为更加理性化。网络消费需求主要有以下几方面的特征。

（1）消费个性回归。个性化需求是一种体现自我、突出自我的心理需求。传统商业的标准化、大众化产品难以满足这种需求，网络的互动性为满足这种需求创造了条件，这也是网络吸引消费者的一个重要原因。个性化需求包括个性化的服务和产品。企业怎样为消费者提供个性化的产品和服务是企业开展网上营销不可忽视的问题。

（2）消费需求差异化。一方面，消费者的个性消费使网络消费需求呈现出差异化；另一方面，对于不同的网络消费者，因其所处的时代环境不同，也会产生不同的需求。因此，从事网络营销的厂商要取得成功，就必须在整个生产过程中从产品的构思、设计和制造，到产品的包装、运输和销售，思考这些差异性，并针对不同消费者的特点采取相应的措施和方法。

（3）消费主动性增强。消费主动性增强源于现代社会不确定性的增强和人类需求心理稳定和平衡的欲望。网络市场是一个买方市场，消费者的消费主动性增强，不再被动地接受商家推销的产品，而是主动寻求和选择所需要的产品以满足自己的需求。

（4）选择理性化。在网络环境下，消费者面对的是网络系统，因此可以避免嘈杂的环境和其他各种因素的诱惑。商品选择的范围也不受地域和其他条件的约束，消费者可以理性地规范自己的消费行为。网络营销系统巨大的信息处理能力，为消费者挑选商品提供了前所未有的选择空间，消费者利用在网上得到的信息对商品进行比较，充分利用各种定量化的分析模型，更理智地做出购买决策。因此，对于采购进货的人员来说，其进货渠道和视野也不会再局限于少数几个定时定点的订货会议或几个固定的供货产假，而是大范围地选择质量好、价格合理、信誉条件最佳的厂家和产品。

（5）追求消费过程的方便和享受。网络能够满足消费者对购物方便性的需求。在网络上，一切都简单迅速，消费者坐在家中即可逛虚拟的商店。购买后，如果在使用过程中出现问题，消费者可以随时通过邮件或者其他便利的途径与卖家联系，得到来自卖方及时的技术支持和服务。整个过程方便、快捷并且花费很少，进而满足消费者对购物享受的需求。

（6）价格是重要因素。从消费者的角度来说，价格不是决定消费者购买的唯一因素，但是消费者购买商品时肯定要考虑的因素。网络消费者更加理性和开明，质量和价格将成为他们主要的考虑因素，即他们用尽可能低的价格买到质量最好的产品。网络更能帮助他们获得价格信息，实现最低价的购买。这也是网上购物具有生命力的重要原因之一。

### 5.3.3　网络消费者的购买动机

网络消费者的购买动机基本可以分为两大类：需求动机和心理动机。前者是指由人们的各种需求，包括低级的和高级的需求而引起的购买动机；后者则是由于人们的认识、感情、意志等心理过程而引起的购买动机。

#### 1．网络消费者的需求动机

在网络虚拟的社会中，消费者的需求动机主要有以下几个方面。

（1）兴趣。兴趣的产生主要来自两种内在的驱动：一是探索的内在驱动力。人们出于好奇的心理在探究秘密的驱动下，沿着网络提供的线索不断地向下查询，希望能够找出符合自己预想的结果，有时甚至到了不能自拔的境地；二是成功的内在驱动力。当人们在网上找到自己需求的资料、软件和游戏时，自然会产生一种成功的满足感。随着这种成功欲望的不断加强，对网络的依赖程度也不断增强。

（2）聚集。虚拟社会为具有相似经历的人们提供了聚集的机会，这种聚集不受时间和空间的限制，并形成富有意义的个人关系。通过网络而聚集起来的群体是一个极具民主性的群体。

（3）交流。聚集起来的网络用户，自然产生一种交流的需求。随着信息交流频率的增大，交流的范围也在不断扩大，从而产生示范效应，带动对某些种类的产品和服务有相同兴趣的成员聚集在一起，形成商品信息教育的网络虚拟世界。在这个虚拟世界中，参加者大多是有目的的，所谈论的问题集中在商品质量的好坏、价格的高低和库存量的多少等方面。对于这方面信息的需求，人们永远是无止境的。这就是电子商务出现之后得到迅速发展的根本原因。

#### 2．网络消费者的心理动机

网络消费者购买行为的心理动机主要体现在理智动机、感情动机和惠顾动机三个方面。

（1）理智动机。理智动机主要用于耐用消费品或价值较高的高档商品的购买，它是建立在人们对于在线商城推销的商品的客观认识基础上的。理智购买动机具有客观性、周密性和控制性的特点。在理智购买动机驱使下的网络消费，消费者首先注意的是商品的先进性、科学性和质量高低，其次才注意商品的经济性。这种购买动机的形成，基本上受控于理智，而较少受到外界气氛的影响。

（2）感情动机。感情动机主要用于刚刚推出的新产品或馈赠礼品的购买，它是由人的情绪和感情所引起的购买动机。这种购买动机还可以分为两种形态：一种是低级形态的情绪购买动机，它是由喜欢、满意、快乐和好奇而引起的，具有冲动性和不稳定性的特点；还有一种是高级形态的情感购买动机，它是由人们的道德感、美感和群体感而引起的，具有稳定性和深刻性的特点。在线商场提供异地买卖送货的业务，大大促进了情感购买动机的形成。

（3）惠顾动机。具有惠顾动机的网络消费者，往往是某一站点忠实的浏览者。惠顾是基于理智经验和感情之上的，对特定的网站、图标广告和商品产生特殊的信任与偏好而重复地、习惯性地前往访问并购买的一种动机。惠顾动机的形成，经历了人的意志过程。从它的产生来说，或者由于搜索引擎的便利、图标广告的醒目和站点内容的吸引，或者由于某一驰名商标具有的地位和权威性，或者因为产品质量在网络消费者心中树立了可靠的誉。这样，网络消费者在做购买决策时，首先确立了购买目标，并在各次购买活动中克服和排除其他同类水平产品的吸引和干扰，按照事先计划的购买目标实施购买行动。

### 5.3.4 网络消费者的购买过程

网络消费者的购买过程，是网络消费者购买行为形成和实现的过程，是消费者需要、购买动机、购买活动和购后使用感受的综合与统一。对消费者购买过程的分析，有助于企业更好地了解消费者的需求，从而为企业进行网络营销提供必要的支撑。网络消费者的购买过程可以粗略地分为五个阶段：唤起需求、收集信息、比较选择、购买决策和购后评价。

#### 1．唤起需求

网络购买过程的起点是唤起需求。在传统模式下，唤起消费者需求的可能是内部或外部的刺激。而在网络营销中，唤起需求的动因只能局限于视觉和听觉。网络的特性是文字表述、图片统计和声音配置，这些成为诱发消费者购买的直接动因。从这方面讲，网络营销对消费者的吸引具有相当的难度。由于消费者行为具有可诱导性，网上商店在站点设计、网页制作方面应注意突出自身站点的特色，主体鲜明；在结构和背景上体现独特性，体现自身的企业文化和经验理念。运动体验式营销将消费者的感觉和感受结合起来，在网页中将文字、图像、动画和音乐等多种元素融合，使得网络购物更加具有吸引力。

#### 2．收集信息

收集信息是指消费者识别和获取可以解决自身问题的相关信息的行为。消费者收集信息是希望最大限度地获取能够解决问题的产品信息。一般来说，在传统的购买过程中，消费者对于信息的收集大多处于被动进行的状况。

较之传统模式，网络消费不仅选择范围广泛、快捷和简便，而且消费者的主动性可以得到最大限度的发挥。一方面，消费者可以根据自己了解的信息通过互联网跟踪查询；另一方面，消费者可以在网上公布自己对某类产品或信息的需求信息，得到其他上网者的帮助。网上零售商可以通过开设消费论坛、建立网上寻展厅等一系列措施，使消费者对产品的各个方面有较为全面的了解，满足消费者的信息需求，促进购买行为的产生。网上零售商应该拥有一个速度较快的服务器，否则消费者很难对一个服务速度很慢的网站产生兴趣。因此，消费者通过某个网上零售商的网站收集很多有价值的信息，并且收集的速度很快，消费者自然而然地会提高对该零售商的评价，而且购买过程会加快。

#### 3．比较选择

通过信息收集，消费者会形成若干种可能采用的方案，然后根据一定的评价标准并利用一定的选择方法，对这些方案进行评价和选择。在传统消费模式下，消费者可以通过对产品的触摸、闻、试听和试穿等实体性接触来比较评判。但在网络消费中，消费者不直接接触实物。消费者对商品与服务的比较依赖于商家的描述，并且这种描述多限于文字和图片方面。这种局限性是决定网上销售产品种类的直接原因。商家提供的产品或服务描述，若不能吸引人，就很难赢得顾客；但若这种描述过分夸张以致带有虚假的成分，则可能永久地失去顾客。因此，把握好产品信息描述的“度”，是摆在厂商与网页制作者面前的一道难题；而判断这种信息的可靠性与真实性，则是留给消费者的难题。

4．购买决策

网络消费者在决定购买某种商品时，一般必须具备三个条件：第一，对厂商有信任感；第二，对支付有安全感；第三，对产品有好感。所以树立企业形象，改进贷款支付方法和商品邮寄办法，全面提高产品质量，是每个参与网络营销的厂商必须重点抓好的三项工作。

与传统的购买方式相比，网络消费者的购买决策还有许多特点：首先，网络消费者理智动机所占比重较大，而感情动机的比重较小；其次，网络购买者受外界影响较小，大部分购买决策是自己或与家人商量后做出的；最后，网上购物的决策行为较之传统的购买决策要快得多。

5．购后评价

在网络环境下，消费者会把自己的网络购物体验在网络上进行反映。网络空间中信息传递的速度与广度无法衡量。如果消费者的评价是正面的，可能会令商家获益匪浅；如果消费者购后产生不满，很可能通过网络表达出来，从而在网民心中产生不良影响，降低很多潜在消费者的购买欲望。企业应密切关注消费者的购后感受，充分利用网络沟通企业与消费者信息上的便利性，及时采取措施弥补产品或服务的不足，最大限度地降低消费者的不满。同时，对消费者购后感受的收集，企业可以了解消费者的新需求，及时捕捉市场机会，提高新产品开发的适用性和实效性。

**相关链接**

Web 1.0 是第一代互联网，起始于 20 世纪 90 年代，主导其发展的是以互联网和信息技术为代表的技术创新。这一时期，用户上网主要是浏览信息和搜索信息，流量和广告是这一时期互联网商业模式的核心体现。Web 1.0 的网络营销与传统的线下营销在理论上并无明显差异，消费者还是作为“读者”或“听众”，延续着被动的信息接收。在这个时代，网友的身份只是一名网络信息接受者。

Web 2.0 是互联网的一次革命性的升级换代，由原来的自上而下的由少数资源控制者集中控制主导的互联网体系转变为自下而上的由广大用户集体智慧和力量主导的互联网体系。Web 2.0 充分发挥了个人的主动性与积极性，极大解放了个人的创作和潜能，使得互联网的创造力发生了历史性的提升，从而在根本上改变了 Web 1.0 时代互联网为少数人所控制和制造的影响。

**【课堂讨论题】**

请根据 Web1.0 和 Web 2.0 的内容，思考在 Web 1.0 和 Web 2.0 时代下的网络营销关系中，消费者的行为发生了哪些变化。

## 5.4 网络营销策略

### 5.4.1 产品策略

1. 网络营销产品概述

网络营销产品是指企业在网络营销过程中为满足网络消费者的某种欲望和需要而提供给他们的企业网站、相关资讯、企业生产的产品与服务的总和。

（1）网络营销产品的特征。

① 产品性质。由于网上用户在初期对技术有一定要求，用户上网大多与网络等技术相关，因此网上销售的产品最好与高技术或与计算机、网络有关，这些产品容易引起网上用户的认同和关注。目前，在网上销售最多的企业大多是信息技术类企业，如美国的英特尔公司、思科公司、戴尔公司。由于数字化技术和信息技术的发展，网络可以对许多数字化产品直接通过网络进行配送，因此对于一些信息类产品，如图书、音乐、航空机票、文艺表演和体育比赛的门票等也比较适合网上销售。例如，目前我国各条航线的航空机票均可以在网上购买，2008年北京奥运会的门票也有一部分被安排在网上供国内体育爱好者购买。另外，一些无形产品（如服务）也可以借助网络实现远程服务，如远程医疗。

② 产品质量。网络的虚拟性使顾客可以突破时间和空间的限制，实现远程购物和在网上直接订购，这使得网络购买者在购买前无法尝试或只能通过网络来尝试产品。由于网络购买无法具有传统环境下亲临现场的购物体验，因此顾客对产品的质量尤为重视。正是因为对产品质量的担心，许多购买者只愿意购买那些标准化的严品，如图书等小件商品。

③ 产品式样。网上市场的全球性，使得产品在网上销售面对的是全球性市场，因此，通过互联网对全世界国家和地区进行营销的产品要符合该国家或地区的风俗习惯、宗教信仰和教育水平。网上销售产品在注意全球性的同时也要注意产品的本地化。同时，由于网上消费者的个性化需求，网络营销产品的式样还必须满足购买者的个性化需求。

④ 产品品牌。在网络营销中，生产商与经营商的品牌同样重要。首先，要在网络中浩如烟海的信息中获得浏览者的注意，他们必须拥有明确、醒目的品牌；其次，由于网上购买者可以面对很多选择，同时网上的销售无法进行购物体验，使得购买者对品牌比较关注。

⑤ 产品包装。作为通过互联网经营的针对全球市场的产品，其包装必须适合网络营销的要求。例如，实体产品必须采用专业快递的包装。

⑥ 目标市场。网上市场是以网络用户为主要目标的市场，在网上销售的产品要适合覆盖广大的地理范围。如果产品的目标市场比较狭窄，可以采用传统营销策略。

⑦ 产品价格。互联网作为信息传递工具，一方面，在发展初期是采用共享和免费策略发展而来的，网上用户比较认同网上产品价格低廉的特性；另一方面，由于通过互联网进行销售的产品成本低于其他渠道的产品成本，在网上销售产品一般采用低价位策略。

（2）网络营销产品的分类。随着科学技术的发展和进步，越来越多的产品将在网上销售。为提高企业产品和服务的针对性，应分析企业产品的性质、形态、特点，划分不同网络营销类别，采取适合的营销方式。按照产品的特性将网络营销产品划分为两大类（见表5-1）：实体产品和虚体产品。实体产品是指有具体物理形状的物质形态产品，很难通过网络直接交货，需要利用传统渠道运送。虚体产品是指无形的，即使表现出一定形态也是通过其载体体现出来的，如存储在磁盘上的计算机软件。虚体产品又进一步划分为软件和服务。服务又可以划分为普通服务和信息咨询服务。如表 5-1 所示虚体产品可以跨越时空界限进行快捷的交易，可以直接在网络上完成交易。

表 5-1 网络营销产品的分类

| 产品形态 | 产品品种 | 产 品 | |
|---|---|---|---|
| 实体产品 | 普通产品 | 消费品、工业品、旧货等 | |
| 虚体产品 | 软件 | 计算机软件、电子游戏等 | |
| | 服务 | 普通服务 | 远程医疗、法律援助、航空/火车订票、入场券预定、饭店/旅游服务预约、医院预约挂号、网络交友、电子游戏等 |
| | | 信息咨询服务 | 法律咨询、医药咨询、股市行情分析、金融咨询、资料库检索、电子新闻、电子报刊、研究报告、论文等 |

2．网络营销产品策略的内容

（1）网络实体产品的营销策略。

① 网络实体产品的开发策略。网络在创意形成、概念测试、产品开发以及市场检验等环节，可以有效帮助企业开发适销对路的产品。通过互联网企业可以实现宽范围、低成本、交互式的市场调研，通过设置讨论区、留言板以及开展有奖竞赛等方式，发现顾客的现实需求和潜在需求，形成原始创意，从而形成产品构思。此外，互联网也为企业快速跟踪科技前沿、掌握竞争者动向、加强与供应商和经销商的联系、收集各种信息提供了极大的方便。

② 网络实体产品的包装策略。对于网络实体产品的包装，并不是仅仅在网站上展示原有产品的包装图案，而是充分利用网络和多媒体技术，通过图片、动画、音响、交互工具等整合化的信息载体给消费者造成强烈的视觉冲击和心灵震撼，强化消费信心，刺激购买欲望。另外，网页也是实体产品的包装工具。精良和专业的网页设计，如同制作精美的印刷品，会大大刺激消费者的购买欲望。逻辑清晰的产品目录或创意独特的广告会使得消费者在一定程度上对有关产品形成一种好感，即使不会购买，也必然对这些产品形成一定的认同度。

③ 网络实体产品的解剖图策略。利用网页引人入胜的图形界面和多媒体特性，企业可以全方位地将产品的外观、性能、品质以及产品的内部结构一层层解剖出来，使消费者对产品有一个客观、冷静、不受外界干扰的理性了解。

④ 网络实体产品的定制策略。充分利用网络技术的多媒体展示、交互性的特点，给消费者一个个性化定制产品的自由空间。企业可以由此了解和满足消费者的个性化需求，同时为新产品开发和产品延伸提供一条崭新的思路。

（2）网络虚体产品的营销策略。

① 网络虚体产品的剥离策略。除了一些数字化的产品，网络并不是实体产品的分销渠道，所以网络营销从实质上说是服务的营销。因此，配合企业的销售，将企业的核心产品

与其附加信息做适当的分离，或将产品的售前、售中、售后服务的信息从产品中剥离出来，或广泛收集与本企业所提供的产品和服务密切相关的信息内容提供给消费者，是企业网络产品策略的一个重要内容。

② 网络虚体产品的相关性策略。虚体产品的相关性是指网站所提供的虚体产品最好能和网络的实体产品有一定的联系，或者以网站的实体产品为基础。这样虚体产品不但拥有它本身的价值，也能为促销实体产品提供帮助。相关策略又分为直接相关策略（资讯产品直接为实体产品服务）和间接相关策略（不直接为实体产品服务，但是资讯产品的接受者与实体产品的目标顾客相重合）。

③ 网络虚体产品的开放性策略。虚体产品开放性策略是指利用互联网，提供给网络消费者一个开发性的平台来进行信息的交流和互动的一种策略。信息产品的开放性策略不仅增强了顾客的互动程度，还从另一方面将网站建设者从资讯的完全提供者角色中解放出来，减少网站管理的人力资源。

④ 网络虚体产品的定制策略。网络虚体产品的提供者应了解顾客的要求和愿望，将大规模营销改进为小众，甚至一对一的营销，为消费者提供极大个性化的信息产品。这就使企业营销具有更多的人性化关怀，也使顾客和企业之间的关系变得越来越紧密，企业对顾客的了解越来越深刻，顾客企业也越来越信任，忠诚度也就越高。

### 5.4.2 定价策略

#### 1. 网络营销定价概述

无论是传统营销还是网络营销，价格策略都是最富有灵活性、艺术性、竞争性的策略，是企业营销组合策略中的重要组成部分。然而，随着互联网的普及和网络营销的发展，网络营销中价格的内涵的特点及定价策略等均不同于传统营销。

网络营销定价是指给网上营销的产品和服务制定价格。网络营销价格是指企业在网络营销过程中买卖双方成交的价格。

网络营销定价有以下几个特点。

（1）全球性。网络营销市场面对的是开放和全球化的市场，用户可以在世界各地直接通过网站进行购买，而不用考虑网站是属于哪个国家或者地区的。这种目标市场从过去受地理位置限制的局部市场，一下子拓展到范围广泛的全球市场，这使得网络营销产品定价时必须考虑目标市场范围变化带来的影响。

如果产品的来源地和销售目的地与传统市场渠道类似，则可以采用原来的定价方法。如果产品的来源地和销售目的地与原来传统市场渠道差距非常大，定价时就必须考虑这种地理位置差异带来的影响。例如，亚马逊网上商店的产品来自美国，购买者也是美国人，那么产品定价可以按照原定价方法进行折扣定价，相对比较简单。如果购买者是中国或者其他国家的消费者，那么采用针对美国本土的定价方法就很难面对全球化的市场。为解决这些问题，可采用本地化方法，在不同市场的国家建立地区性网站，以适应地区市场消费者需求的变化。因此，企业面对全球性网上市场，必须采用全球化和本地化相结合的原则进行网络营销。

（2）低价位定价。互联网是从科学研究应用发展而来的，其使用者的主导观念是网上的信息产品均属免费的、开放的、自由的。在早期互联网开展商业应用时，许多网站采用收费方式想直接从互联网上盈利，结果证明是失败的。而雅虎公司通过为网上用户提供免费的检索站点起步，逐步拓展为门户站点，现在拓展到电子商务领域，一步一步获得成功，它成功的主要原因是它遵循了互联网的免费原则和间接收益原则。

网上产品定价较传统定价要低还有一个原因，是其成本费用的降低。互联网发展可以从诸多方面来帮助企业降低成本费用，从而使企业有更大的降价空间来满足顾客的需求。因此，定价过高或者降价空间有限的产品，不宜在网上销售。当然，如果网上顾客对产品价格不太敏感，主要是考虑方便、新潮，不一定要采用低价位定价策略。

（3）顾客主导定价。所谓顾客主导定价，是指为满足顾客的需求，顾客通过充分了解市场信息来选择购买或者定制生产自己满意的产品或服务，同时以最小代价（产品价格、购买费用等）获得这些产品或服务。简单地说，就是顾客的价值最大化，即顾客以最小成本获得最大收益。

顾客主导定价策略主要有顾客定制生产定价和拍卖市场定价。根据调查分析，由顾客主导定价的产品并不比企业主导定价获取的利润低。根据国外拍卖网站 eBay 的统计分析，在网上拍卖定价产品，只有 20%产品的拍卖价格低于卖者的预期价格，50%产品的拍卖价格略高于卖者的预期价格，剩下 30%产品的拍卖价格与卖者的预期价格相吻合，在所有拍卖成交产品中有 95%的产品成交价格卖主比较满意。因此，顾客主导定价是一种双赢的发展策略，既能较好满足顾客的需求，同时企业的收益又不受到影响。

**2．网络营销定价策略的内容**

（1）免费价格策略。免费价格策略是市场营销中常用的营销策略，它主要用于促销和推广产品，这种策略一般是短期或临时的。具体来说，免费价格策略是将企业的产品和服务以零价格形式提供给顾客使用，满足顾客的需求。免费价格有这样几类形式：第一类是对产品和服务完全免费，即产品（服务）从购买、使用和售后服务所有环节都实行免费服务；第二类是对产品和服务实行限制免费，即产品（服务）可以被有限次使用，超过一定期限或者次数后，取消这种免费服务；第三类是对产品和服务实行部分免费，如一些著名研究公司的网站公布部分研究成果，如果要获取全部成果必须付款；第四类是对产品和服务实行捆绑式免费，即购买某产品或服务时赠送其他产品和服务。

（2）低价定价策略。借助互联网进行销售，比传统销售渠道的费用更低廉。由于网上的信息是公开的且易于搜索比较，因此网上的价格信息对消费者的购买起着重要作用。据研究，消费者选择网上购物，一方面是因为网上购物比较方便，另一方面是因为从网上可以获取更多的产品信息，从而以最优惠的价格购买商品。

直接低价定价策略是由于定价时大多采用成本加一定利润，有的甚至是零利润，因此这种定价在公开价格时就比同类产品要低。它一般是制造业企业在网上进行直销时采用的定价方式，如戴尔公司的电脑定价就比同性能的其他公司产品低 10%～15%。

另一种低价定价策略是折扣策略，它是在原价基础上进行折扣来定价的。这种定价方式可以让顾客直接了解产品的降价幅度以促进顾客的购买。这类价格策略主要用在一些网上商店，它一般按照市面上的流行价格进行折扣定价。例如，亚马逊的图书价格一般折扣价达到 3～5 折。

（3）定制定价策略。作为个性化服务的重要组成部分，按照顾客需求进行定制生产是网络时代满足顾客个性化需求的基本形式。定制定价策略是在企业能实行定制生产的基础上，利用网络技术和辅助设计软件，帮助消费者选择配置或者自行设计能满足自己需求的个性化产品，同时承担自己愿意付出的价格成本。戴尔公司的用户就可以通过其网页了解本型号产品的基本配置和基本功能，根据实际需要和价格承受能力，配置出自己满意的产品，使消费者能够一次性买到自己中意的产品。在配置电脑的同时，消费者相应地选择了自己认为价格合适的产品，对产品价格有比较透明的认识，增加企业在消费者面前的信用。目前，这种允许消费者定制定价订货的尝试还处于初级阶段，消费者只能在有限的范围内进行挑选，还不能完全要求企业满足自己所有的个性化需求。

（4）使用次数定价策略。使用次数定价，是顾客通过互联网注册后可以直接使用某公司的产品，顾客只需要根据使用次数进行付费，而不需要将产品完全购买。这一方面减少了企业为完全出售产品而进行的不必要的大量生产和包装浪费，另一方面可以吸引过去那些有顾虑的顾客使用产品，扩大市场份额。顾客每次只需根据使用次数付款，节省了购买产品、安装产品、处置产品的麻烦，还可以节省不必要的开销。

目前，比较适合按使用次数定价的产品有软件、音乐、电影等产品。对于软件产品，如我国的用友软件公司推出的网络财务软件，用户在网上注册后在网上直接处理账务，而无须购买软件和担心软件的升级、维护等事情；对于音乐产品，也可以通过网上下载或使用专用软件点播；对于电影产品，则可以通过现在的视频点播系统来实现远程点播，无须购买影碟。另外，采用按次数定价对互联网的宽带系统提出了很高的要求，因为许多信息都要通过互联网进行传输。

（5）拍卖竞价策略。网上拍卖是目前发展比较快的领域。经济学认为，市场要想形成最合理的价格，拍卖竞价是最合理的方式。网上拍卖由消费者通过互联网轮流公开竞价，在规定时间内价高者赢得商品。目前，国外比较有名的拍卖站点是 eBay，它允许商品公开在网上拍卖。拍卖竞价者只需要在网上进行登记即可。拍卖方只需将拍卖品的相关信息提交给 eBay 公司，经公司审查合格后即可上网拍卖。

根据供需关系，网上拍卖竞价方式有以下几种。

① 竞价拍卖。最大量的是 C2C 的交易，包括二手货、收藏品，也可以是普通商品以拍卖方式进行出售。例如，惠普公司就将公司的一些库存积压产品放到网上拍卖。

② 竞价拍买。竞价拍卖的反向过程，消费者提出一个价格范围，求购某一商品，由商家出价，出价可以是公开的或隐蔽的，消费者将与出价最低或最接近的商家成交。

③ 集体议价。在互联网出现以前，这种方式在国外主要是多个零售商结合起来，向批发商（或生产商）以数量换价格。在互联网出现以后，普通消费者能使用这种方式购买商品。集合议价模式，是一种由消费者集体议价的交易方式。这在目前的国内网络竞价市场中，还是一种全新的交易方式。首次提出这一模式的是美国著名的 Priceline 公司。在国内，雅虎已经率先将这一全新模式引入自己的网站。

采用网上拍卖竞价的产品，比较合适的是企业的一些库存积压产品；也可以是企业的一些新产品，通过拍卖展示起到促销作用，许多公司将产品以低廉价格在网上拍卖，以吸引消费者的关注。

这几种价格策略是企业在利用网络营销拓展市场时可以考虑的比较有效的策略，并不是所有的产品和服务都可以采用上述定价方法，企业应根据产品的特性和网上市场发展的状况来决定定价策略的选择。不管采用何种策略，企业的定价策略应与其他策略配合，以保证企业总体营销策略的实施。

### 5.4.3 渠道策略

**1．网络营销渠道概述**

简单地说，营销渠道是商品和服务从生产者向消费者转移的具体渠道或路径，它涉及信息沟通、资金转移和实物转移等内容。网络营销渠道是借助互联网将产品从生产者转移到消费者的中间环节。

（1）网络营销渠道的功能。与传统营销渠道一样，以互联网为支撑的网络营销渠道也应具备传统营销渠道的功能。一个完善的网络销售渠道应有三大功能：订货功能、结算功能和配送功能。

① 订货系统。它为消费者提供产品信息，同时方便厂家获取消费者的需求信息，以求达到供求平衡。一个完善的订货系统，可以最大限度地降低库存，减少销售费用。

② 结算系统。消费者在购买产品后，可以有多种方式方便地进行付款，因此厂家（商家）应有多种结算方式。目前，国外流行的几种方式有信用卡、电子货币、网上划款等。而国内付款结算方式主要有邮局汇款、货到付款、信用卡等。

③ 配送系统。一般来说，产品分为有形产品和无形产品。对于无形产品，如服务、软件、音乐等产品可以直接通过网上进行配送；对于有形产品的配送，要涉及运输和仓储问题。国外已经形成了专业的配送公司，如美国联邦快递公司的业务覆盖全球，实现全球快速的专递服务，以致从事网上直销的戴尔公司将美国货物的配送业务都交给它完成。因此，专业配送公司的存在是国外网上商店发展较为迅速的一个原因，在美国就有良好的专业配送服务体系作为网络营销的支撑。

（2）网络营销渠道的类型。网络营销渠道可以分为两大类：一类是通过互联网实现的从生产者到消费者的网络直接营销渠道（简称网上直销），如图 5-2 所示。在网上直接营销渠道模式下传统中间商的职能发生了改变，由过去环节的中间力量变成为直销渠道提供服务的中介机构，如提供货物运输配送服务的专业配送公司，提供货款网上结算服务的网上银行，以及提供产品信息发布和网站建设的互联网服务提供商和电子商务服务商。网上直销渠道的建立，使得生产者和最终消费者直接连接和沟通。

另一类，是网络间接销售渠道，如图 5-3 所示。网络间接销售渠道是指网络营销者借助各类网络营销中间商的专业网上平台，发布产品信息，在网上销售产品的渠道。网络营销中间商是融入互联网技术后的中间商，具有非常强的专业性，根据顾客需求为销售商提供多种销售服务，弥补了网上直销的不足。这类机构成为连接买卖双方的枢纽，大大提高了交易效率。中国商品交易中心、中国国际商务中心以及阿里巴巴网站等是这类网上交易中介机构。

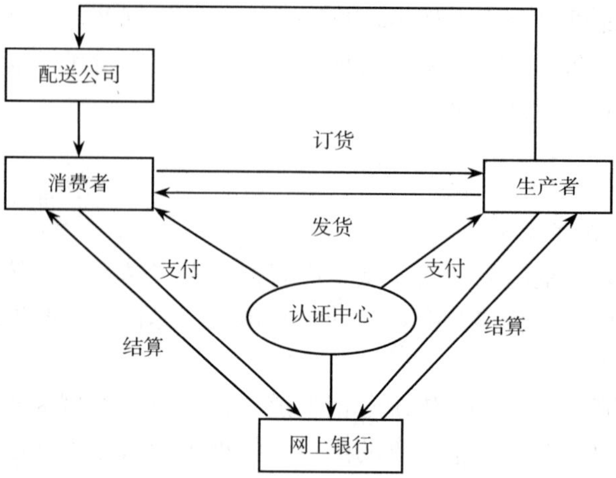


图 5-2　网上直接营销渠道模式

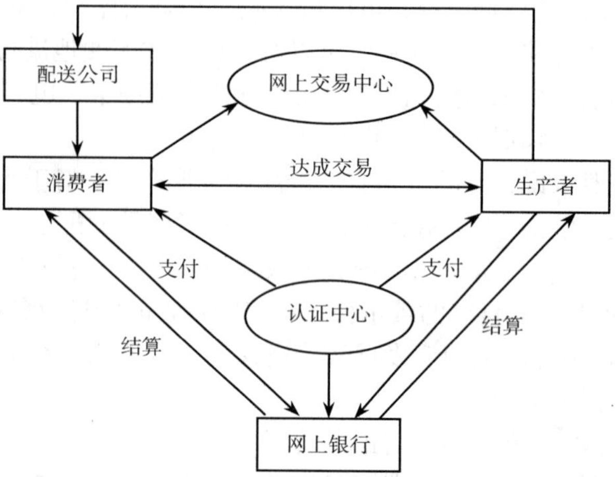


图 5-3　网络间接营销渠道模式

（3）网络营销渠道的构建。因为网上销售对象不同，所以网上销售渠道也存在很大区别。一般来说，网上销售主要有 B2B 和 B2C 两种方式。

① B2B 营销渠道的构建。这种模式每次交易量很大、交易次数较少，并且购买方比较集中，因此网上渠道建设的关键是建设好订货系统，方便购买企业进行选择。设计订货系统时，要简单明了，不要让消费者填写太多信息，而应该采用现在流行的“购物车”方式模拟超市，让消费者一边看物品比较选择，一边进行选购。在购物结束后，一次性进行结算。另外，订货系统还应该提供商品搜索和分类查找功能，以便消费者在最短时间内找到需要的商品，同时应提供消费者想了解的信息，如性能、外形、品牌等重要信息。

② B2C 营销渠道的构建。这种模式的每次交易量小、交易次数多，而且购买者非常分散，因此网上渠道建设的关键是结算系统和配送系统。根据国内目前的信用情况，采用第三方支付方式比较受消费者的认可。另外，建设快速有效的配送服务系统也是非常重要的，

在进行网上销售时需要考虑该产品是否适合目前的配送体系。

**【课堂讨论题】**

随着电子商务的发展与网络营销的普及，传统渠道正在被逐渐瓦解，由原来的多级渠道向扁平化转变。请问，一个针对大学生市场的服装品牌如何利用网络渠道的思路做成全国品牌？

### 2．网络营销渠道策略的内容

网络营销渠道可分为直接营销渠道和间接营销渠道。与之相对应的网络营销渠道策略可分为直接营销渠道策略、间接营销渠道策略，以及直接营销渠道和间接营销渠道并用的双道策略（又称双道法）。

（1）直接营销渠道策略。网上直接营销渠道与传统分销渠道一样，都没有营销中间商。网上直接营销渠道一样也要具有营销渠道中的订货功能、支付功能和配送功能。网络直接营销渠道与传统分销渠道不一样的是，生产企业可以通过建设网络营销站点，让顾客直接从网站进行订货。通过与一些电子商务服务机构如网上银行合作，可以通过网站直接提供支付结算功能，简化资金流转的问题。对于配送方面，网络直接营销渠道可以利用互联网技术构造有效的物流系统，也可以通过互联网与一些专业物流公司进行合作，建立有效的物流体系。

与传统分销渠道相比，不管是网络直接营销渠道还是间接营销渠道，网络营销渠道有许多更具竞争优势的地方。

第一，利用互联网的交互特性，网络营销渠道从过去单向信息沟通变成双向直接信息沟通，增强了生产者与消费者的直接连接。

第二，网络营销渠道可以提供更加便捷的相关服务。一是生产者可以通过互联网提供支付服务，顾客可以直接在网络订货和付款，然后就等着送货上门，这一切大大方便了顾客的需要。二是生产者可以通过网络营销渠道为客户提供售后服务和技术支持，特别是对于一些技术性比较强的行业（如 IT 业），提供网上远程技术支持和培训服务，既方便顾客，同时生产者可以以最小成本为顾客服务。

第三，网络营销渠道的高效性，可以大大减少过去传统分销渠道中的流通环节，有效降低成本。对于网络直接营销渠道，生产者可以根据顾客的订单按需生产，做到实现零库存管理。同时，网络直接营销渠道还可以减少过去依靠推销员上门推销的昂贵的销售费用，最大限度地控制营销成本。对于网络间接营销渠道渠道，通过信息化的网络营销中间商，它可以进一步扩大规模实现更大的规模经济，提高专业化水平；通过与生产者的网络连接，可以提高信息透明度，最大限度地控制库存，实现高效物流运转，降低物流运转成本。

（2）间接营销渠道策略。目前，出现许多基于互联网的提供信息服务中介功能的新型中间商，称为电子中间商。与传统中间商一样，电子中间商起着连接生产者和消费者的桥梁作用，同样帮助消费者进行购买决策和满足需求，帮助生产者掌握产品销售状况，降低生产者为达成与消费者交易的成本。

下面分类介绍这种以信息服务为核心的电子中间商。

① 目录服务。利用互联网上的目录化的 Web 站点提供菜单驱动进行搜索。现在这种

服务是免费的，将来可能收取一定的费用。现在有三种目录服务，一种是通用目录（如雅虎），可以对各种不同站点进行检索，所包含的站点分类按层次组织在一起；另一种是商业目录（如互联网商店目录），提供各种商业 Web 站点的索引，类似于印刷出版的工业指南手册；最后一种是专业目录，针对某个领域或主题建立 Web 站点。目录服务的收入主要来源于为客户提供的互联网广告服务。

② 搜索服务。与目录不同，搜索站点（如 Lycos、Infoseek）为用户提供基于关键词的检索服务，站点利用大型数据库分类存储各种站点介绍和页面内容。搜索站点不允许用户直接浏览数据库，但允许用户向数据库添加条目。

③ 虚拟商业街。虚拟商业街是指在一个站点内连接两个或两个以上的商业站点。虚拟商业街与目录服务的区别是，虚拟商业街定位某一地理位置和某一特定类型的生产者和零售商，在虚拟商业街销售各种商品，提供不同服务。站点的主要收入来源依靠其他商业站点对其的租用。例如，我国的新浪网开设的电子商务服务中就提供网上专卖店店面出租。

④ 网上出版。由于网络信息传输及时而且具有交互性，网络出版 Web 站点可以提供大量有趣和有用的信息给消费者。目前出现的联机报纸、联机杂志属于此类型。由于内容丰富而且基本上免费，此类站点访问量特别大，因此出版商利用站点做互联网广告或提供产品目录，并以广告访问次数进行收费。例如，ICP 属于此类型。

⑤ 虚拟零售店（网上商店）。虚拟零售店不同于虚拟商业街，虚拟零售店拥有自己的货物清单和直接销售产品给消费者。通常这些虚拟零售店是专业性的，定位于某类产品，它们直接从生产者进货，然后折扣销售给消费者（如亚马逊网上书店）。目前，网上商店主要有三种类型：第一种是电子零售型，这种网上商店直接在网上设立网站，网站中提供一类或几类产品的信息供选择购买；第二种是电子拍卖型，这种网上商店提供商品信息，但不确定商品的价格，商品价格通过拍卖形式由会员在网上相互叫价确定，价高者就可以购买该商品；第三种是电子直销型，这类站点是由生产型企业开通的网上直销站点，它绕过传统的中间商环节，直接让最终消费者从网上选择购买。

⑥ 站点评估。消费者在访问生产者站点时，由于内容繁多、站点庞杂，往往显得束手无策，不知该访问哪一个站点。提供站点评估的站点，可以帮助消费者根据以往数据和评估等级，选择合适站点进行访问。通常一些目录和搜索站点也提供一些站点评估服务。

⑦ 电子支付。电子商务要求能在网上交易的同时，能实现买方和卖方之间的授权支付。现在授权支付系统主要是信用卡（如维萨、万事达）、电子等价物（如填写的支票）、现金支付（如数字现金），或通过安全电子邮件授权支付。这些电子支付手段，通常对每笔交易收取一定佣金以减少现金流动风险和维持运转。目前，我国的商业银行也纷纷上网提供电子支付服务。

⑧ 虚拟市场和交换网络。虚拟市场提供一虚拟场所，任何只要符合条件的产品都可以在虚拟市场站点内进行展示和销售，消费者可以在站点中任意选择和购买，站点主持者收取一定的管理费用。例如，我国对外贸易与经济合作部主持的网上市场站点——中国商品交易市场就属于此类型。当人们交换产品或服务时，实行等价交换而不用现金，交换网络就可以提供此以货易货的虚拟市场。

⑨ 智能代理。随着互联网的飞速发展，用户在纷繁复杂的互联网站点中难以选择。智能代理是这样一种软件，它根据消费者偏好和要求预先为用户自动进行初次搜索，软件在搜索时还可以根据用户自己的喜好和别人的搜索经验自动学习优化搜索标准。用户可以根据自己的需要选择合适的智能代理站点为自己提供服务，同时支付一定的费用。

（3）双道策略。所谓的双道策略，是指企业在进行网络分销决策时，同时使用网络直接营销渠道和网络间营销渠道，以达到销售量最大的目的。

企业在互联网上建立自己的网站，一方面为自己打开了一个对外宣传的窗口；另一方面建立了自己的网络直接营销渠道。一旦企业的网页和信息服务商链接，其宣传作用不可估量，不仅可以覆盖全国，而且可以传播到全世界，这种优势是任何传统的广告宣传都无法比拟的。对于中小企业来说，建立网站更有优势，因为在网络上都是平等的，只要网页制作精美，信息经常更换，一定会有越来越多的顾客浏览。

在现代化大生产和市场经济条件下，企业在网络营销活动中除了自己建立网站外，大部分都是在积极利用网络间接营销渠道销售自己的产品，通过中间商的信息服务、广告服务和促销服务，扩大企业的影响，开拓企业产品的销售空间，降低销售成本。因此，对于从事营销活动的企业来说，必须仔细研究国内外电子商务交易中间商的类型，顺利地完成商品从生产到消费的整个转移过程。

### 5.4.4 促销策略

#### 1. 网络营销促销概述

网络促销是指利用现代化的网络技术向虚拟市场传递有关产品和服务的信息，以启发需求，引起消费者的购买欲望和购买行为的各种活动。

（1）网络促销的特点。

① 网络促销是通过网络技术传递产品和服务的存在、性能、功效及特征等信息的。它是建立在现代计算机与通信技术基础之上的，并且随着计算机和网络技术的不断改进而改进。

② 网络促销是在虚拟市场上进行的。这个虚拟市场就是互联网。互联网是一个媒体，是一个连接世界各国的大网络，它在虚拟的网络社会中聚集了广泛的人口，融合了多种文化。

③ 互联网虚拟市场的出现，将所有的企业，不论是大企业还是中小企业，都推向了一个世界统一的市场。传统的区域性市场的小圈子正在被一步步打破。

（2）网络营销促销形式。网络营销促销形式主要有四种：网络广告促销、网络站点促销、销售促进和关系营销。其中，网络广告促销和网络站点促销是网络营销促销的主要形式。

① 网络广告促销。网络广告类型很多，根据形式不同可以分为旗帜广告、电子邮件广告、电子杂志广告、新闻组广告、公告栏广告等。网络广告促销主要实施“推”战略，如图 5-4 所示。其主要功能是将企业的产品推向市场，获得广大消费者的认可。一般来说，日用消费品，如化妆品、食品饮料、医药制品、家用电器，网络广告促销的效果比较好。

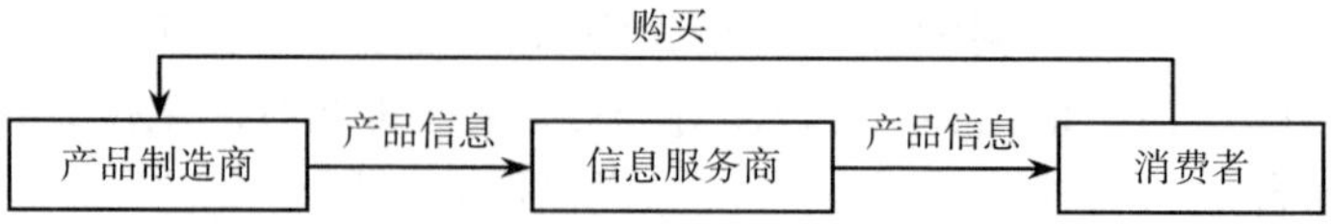


图 5-4 网络广告促销的“推”战略

② 网络站点促销。网络站点促销是利用网络营销策略扩大站点的知名度，吸引网上流量访问网站，起到宣传和推广企业以及企业产品的效果。网络站点促销主要是实施“拉”战略，如图 5-5 所示。其主要功能是将顾客吸引过来，保持稳定的市场份额。通常，大型机械产品、专用品采用站点促销的方法比较有效。

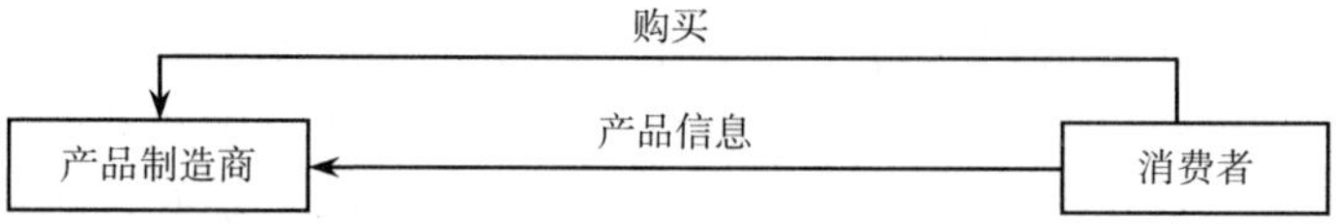


图 5-5 网络站点促销的“拉”战略

③ 销售促进。销售促进是企业利用可以直接销售的网络营销站点，采用一些销售促进方法如价格折扣、有奖销售、拍卖销售等，宣传和推广产品。

④ 关系营销。关系营销是借助互联网的交互功能吸引顾客与企业保持密切关系，培养顾客忠诚度，提高顾客的收益率。

### 2. 网络营销促销策略的内容

（1）网上折价促销。折价也称打折、折扣，是目前网上最常用的一种促销方式。因为目前网民在网上购物的热情远低于商场超市等传统购物场所，因此网上商品的价格一般都要比传统方式下的价格要低，以吸引人们购买。由于网上销售商品不能给人全面、直观的印象，也不可试用、触摸等，再加上配送成本和付款方式的复杂性，造成网上购物和订货的积极性下降。而幅度比较大的折扣可以促使消费者进行网上购物的尝试并做出购买决定。

（2）网上变相折价促销。变相折价促销是指在不提高或稍微增加价格的前提下，提高产品或服务的品质数量，较大幅度地增加产品或服务的附加值，让消费者感到物有所值。由于网上直接价格折扣容易造成降低品质的怀疑，利用增加商品附加值的促销方法会更容易获得消费者的信任。

（3）网上赠品促销。赠品促销目前在网上的应用不算太多。一般情况下，在新产品推出试用、产品更新、对抗竞争品牌、开辟新市场情况下利用赠品促销可以达到比较好的促销效果。赠品促销的优点：可以提升品牌和网站的知名度；鼓励人们经常访问网站以获得更多的优惠信息；能根据消费者索取赠品的热情程度而总结分析营销效果和产品本身的反应情况等。

（4）网上抽奖促销。抽奖促销是网上应用较广泛的促销形式之一，是大部分网站乐意采用的促销方式。抽奖促销是以一个人或数人获得超出参加活动成本的奖品为手段进行商品或服务的促销。网上抽奖活动主要附加于调查、产品销售、扩大用户群、庆典、推广某项活动等。消费者或访问者通过填写问卷、注册、购买产品或参加网上活动等方式获得抽奖机会。

（5）积分促销。积分促销在网络上的应用比起传统营销方式要简单和易操作。网上积分活动很容易通过编程和数据库等来实现，并且结果可信度很高，操作起来相对较为简便。积分促销一般设置价值较高的奖品，消费者通过多次购买或多次参加某项活动来增加积分以获得奖品。积分促销可以增加上网者访问网站和参加某项活动的次数，可以增加上网者对网站的忠诚度，可以提高活动的知名度等。

（6）网上联合促销。由不同商家联合进行的促销活动称为联合促销。联合促销的产品或服务可以起到一定的优势互补、互相提升自身价值等效应。如果应用得当，联合促销可起到很好的促销效果。例如，网络公司可以和传统商家联合，以提供在网络上无法实现的服务；网上售汽车和润滑油公司联合等。

以上六种是网上促销活动中比较常见又较重要的方式，其他如节假日促销、事件促销等都是以上几种促销方式的综合应用。要想使促销活动达到良好的效果，必须事先进行市场分析竞争对手分析以及网络上活动实施的可行性分析，与整体营销计划相结合，创意地组织实施促销活动，使促销活动新奇、富有销售力和影响力。

**【课堂讨论题】**

中国电子商务发展的进程中，最成功的网络促销是哪一次？为什么？

## 5.5　网络营销传播

随着互联网在全球的飞速发展，企业的传播行为也要与时俱进，通过树立基于网络的整合营销传播理念，通过网络空间，充分利用网络在信息传播深度、速度、广度等方面的优势，全面塑造与传播统一清晰的品牌理念和品牌信息。营销传播的常规工具包括广告、销售促进、公共关系、直复营销和人员推销。本节针对网络营销传播，主要介绍网络广告、网络销售促进、网络公共关系和网络直复营销。

### 5.5.1　网络广告

网络广告即基于网络平台，利用网站上的广告通栏、文字链接等方法，由赞助商发起的针对产品与服务的非人员展示和促销，是在互联网刊登或发表广告，通过网络传递到互联网用户的一种广告运作方式。网络广告因其投放精准、交互沟通、实时可控以及效果的可评估性等特性正快速地增长，发挥的效用越来越重要。以下简单概括部分常见的网络广告形式。

（1）横幅式广告。以 GIF、JPG 等格式建立的图像文件，定位在网页中，大多用来表现广告内容，同时可使用 Javascript 等语言使其产生交互性，用 Shockwave 等插件工具增强表现力。

（2）文本链接广告。对浏览者干扰最少，但是最有效果的网络广告形式。整个网络广告界都在寻找新的宽带广告形式，而有时，最小带宽、最简单的广告形式效果却最好。

（3）电子邮件广告。以电子邮件的方式免费发送给用户，一般在拥有免费电子邮件服务的网站上常用。

（4）漂浮广告。漂浮在网站首页或各版块、帖子等页面的漂移形式的广告，可以是图片，可以是 flash。首页和各版块、帖子等页面都可以是独立的广告位。可以自动适应屏幕分辨率，不被任何网页元素遮挡，同时可以支持多个图片漂浮。该类型的广告通常是为了达到宣传网站的效果，所以经常被各大论坛用到。

**【课堂讨论题】**

在互联网时代特别是移动互联网时代下，硬广告已经逐渐消失了曾经的主导作用。请结合本章的内容思考在移动互联网时代下，如何能用最少的经费使得网络广告发挥巨大的能量？

### 5.5.2 网络销售促进

网络销售促进是网络营销中最重要的营销传播工具之一，发挥的效果也非常明显，具体包括以下几种方式。

#### 1. 打折

折扣对于绝大多数网络消费者来说具有很大的吸引力，打折促销能够吸引众多消费者聚焦网络。例如，由淘宝率先发起的“双十一”活动，全部商品半价销售，吸引众多消费者参与，已经演变成为网络狂欢节。

#### 2. 会员与积分

会员与积分使得消费者通过多次购买来增加积分以获得奖品或者折扣，可以增加网络消费者访问网站和参加活动的次数，同时提高消费者的顾客忠诚度。

#### 3. 网络抽奖

网络抽奖是网上应用较广泛的促销形式之一，一人或多人获得超出参加活动成本的奖品为手段进行商品或服务的促销。网上抽奖活动主要附加于调查、商品销售、扩大用户群等。

#### 4. 红包

红包是网络中最具杀伤力的促销形式之一。2015 年春节期间微信与支付宝的红包引发了全民参与，同时打车软件等众多互联网公司积极推行，取得了较好的市场启蒙、开发与促销效果。

### 5.5.3 网络公共关系

#### 1. 网络公共关系工具

（1）网站。任何组织、企业或品牌的网站是一项网络公共关系工具，包括产品、服务、文化等各方面信息。

（2）在线事件。由于网络信息量大，不受篇幅限制，同时兼有音频和视频等效果，并可以即时与网民互动，因此企业或组织有重大事件发布，可以通过网络公共将信息进行广泛传播。

### 2．网络危机公关

网络危机公关是指利用互联网对企业品牌形象进行公关活动，尽可能避免在搜索企业的相关人物与产品、服务时出现负面信息。企业实施网络危机公关时，需要着重围绕以下三个层次展开：第一，理清问题的症结和相关的利益群体；第二，企业应勇于承担责任，公正还原事件真相；第三，品牌形象的修复。

## 5.5.4　网络直复营销

美国直复营销协会认为，直复营销是指与消费者或企业用户的直接沟通，目的在于从对方获得订单，使对方索取更多的信息，或者逛商店到其他交易地点来购买具体的产品或服务。网络直复营销包括电子邮件、短信息与即时通信三种方式。

### 1．电子邮件

电子邮件一直是企业向客户发送促销信息的有效方式之一，目前仍有很多企业在使用。电子邮件具有成本低，即时便利以及精准的个性化定制等特点。

### 2．短信

短信是指用户通过手机或其他电信终端直接发送或接收的文字或数字信息，用户每次能接收和发送短信的字符有限。短信具有成本低廉、发送通道畅通与内容设计简单的特点。

### 3．即时通信

即时通信是指可以在线实时交流的软件，是在线聊天工具，是一个集图像、声音、视频与文本等多功能为一体的在线聊天工具。即时通信工具主要分为三类：第一，通用性即时聊天工具，应用范围广，用户多。第二，专业型即时通信工具，主要应用于某一垂直网络领域。第三，嵌入式即时通信工具，应用于企业网站在线咨询，是传统的呼叫中心与网络的结合。

# 5.6　网络营销方法

## 5.6.1　搜索引擎营销

搜索引擎营销（Search Engine Marketing，SEM）是指根据用户使用搜索引擎的方式，利用用户检索信息的机会尽可能将营销信息传递给目标用户。即基于引擎平台的网络营销，利用人们对搜索引擎的依赖和使用习惯，在人们检索信息的时候尽可能将营销信息传递给目标客户。

### 1．搜索引擎营销的分类

（1）搜索引擎优化。通过对网站栏目结构和网站内容等基本要素的优化设计，提高网站对搜索引擎的友好性，使网站尽可能多的网页被搜索引擎收录，并且在搜索结果中获得好的排名效果，从而通过搜索的自然检索获得尽可能多的潜在客户。

（2）分类目录。分类目录列出与它的主题类别列表中各主题最相关的网站列表。需要将网站提交给目录网站，使网站显示在适当的主题类别之下。用户可以按照分类目录找到所需要的信息，而不依靠关键词进行查询。

（3）关键词营销。关键词是用户所关注信息中的核心词汇，用户就是用它通过搜索引擎查找自己期望的网页或网站的。现在有不少搜索引擎在搜索结果的旁边显示关于它的产品广告，就是关键词广告。

**2. 搜索引擎营销的策略**

搜索引擎营销的策略可分技术策略和商业策略。技术策略指采用搜索引擎优化等技术改变自然排名效果的策略；商业策略指如何采用各种付费方式，以商业投入资本的方式影响搜索引擎的效果。营销目标不同，付费方式也应该有所不同，策略实施的成效评测也有所不同。搜索引擎优化在设计上，一般有以下几个原则：

（1）避免使用过多的图片和动画，搜索引擎爬虫机器人成效无法识别非字符信息。

（2）多用静态网页，动态网页最好生成为静态网页的样式并提供缓存。

（3）用好关键词。

（4）重视外部网站链接的数量和质量。

（5）利用网站地图为搜索引擎访问网站提供方便。

同时，为企业制定竞价排名实施策略一般还要注意以下几个环节：

（1）分析目标企业是否适合竞价排名。

（2）选择适合目标企业的搜索引擎。

（3）根据企业实际情况购买适量的关键词。

（4）提高点击率和业务达成率的转换率。

### 5.6.2 网络口碑营销

网络口碑营销伴随着互联网特别是移动互联网和社会化媒体的发展，受到越来越多企业的青睐。2010 年成立的小米科技正是很好地利用了网络口碑营销，从而成功地将小米手机推广到全国乃至海外市场。根据阿里巴巴商学院组织编写的《网络营销》一书，网络口碑营销是指，企业基于社会化媒体为主要载体的 Web 2.0 平台，通过针对产品或服务的营销主题与内容设计，从规模和深度上对网络受众进行扩散与沟通，达成品牌推广与销售实现的一种营销方式。

**【课堂讨论题】**

“褚橙”是褚时健亲自指导与种植的橙子，每年在收获之前便通过网络营销的手法在全国市场高价售罄。请查阅“褚橙”的相关资料并回答“褚橙”是如何实现网络口碑营销的。

### 5.6.3 网络参与式营销

互联网时代由于信息推广的扁平化与信息接收的对称性，因此参与式营销发挥了巨大的能量。参与式营销的本质是用户思维，即让用户有参与感，参与企业的生产制造与营销活动中来。

随着中国市场经济几十年的迅速发展，消费者选择商品的决策心理在这几十年发生了巨大改变。用户购买一件商品，从最早的功能式消费到品牌式消费，而在互联网去中心化的背景下，如今已经到了体验式消费与参与式消费的阶段。因此，现时代下企业和营销从业人员应理解何为参与式营销。

借鉴小米联合创始人黎万强创作的《参与感——小米口碑营销内部手册》中对于参与感的深度描写，本教材将参与式营销定义为，企业向用户开放产品或服务的研发、生产、制造及销售的过程，通过用户的积极参与，与企业共同建立一个可触碰、可拥有、双方共同成长的品牌的过程。

### 5.6.4　双 V 营销

双 V 营销，是指移动互联网时代下社会化营销的两个最常用的社交软件，微博与微信。

微博与微信各自具有不同的特点。微博具有广阔的开放性，当内容足够具有吸引性与互动性时，活跃用户大大增强，因此具有很好的推广作用。例如，微博营销领域的经典案例——雨夜传奇之杜蕾斯鞋套事件，把杜蕾斯的粉丝数从 0 拉升到 27 万。企业如果能把握住消费者动向，做好互动与内容，微博营销可以实现低成本的销售拉动。然而，最近几年微博的用户活跃度正在逐渐减少也是不争的事实。

微信是移动互联网时代中国用户最多的社交工具，然而对于微信的商业化运用，微信推广与微信营销至今也没有清晰的模式。微信是封闭的、场景式的，企业通过微信与消费者建立的关系是强关系，而非微博式的弱关系，因此从商业运作的角度讲，微信更适合做服务、增强用户黏性。

移动互联网时代的互动性、碎片化与去中心化等特点，决定着双 V 营销将会更多基于人与人之间的关系，因此未来社会化营销之下的分享互动与成交潜力都有巨大的开发价值，需要营销从业人员持续的摸索与探讨。

## 本章小结

互联网的发展与消费者观念的转变为网络营销的产生奠定了技术与观念基础。网络营销是企业整体营销战略的一个组成部分，它以现代市场营销理论为指导，以互联网为基础，借助于联机网络、通信技术和数字交互式媒体的力量来实现一定营销目标的经营过程。网络营销具有跨时空性、多媒体、交互性、个性化、高效性以及经济性等特点。

电子商务和网络营销是相互影响又各自不同特点的。电子商务与网络营销具有相同的技术基础，商务活动内容相同，并且二者都能实现低成本商业运作。两者的研究范围不同，关注点不同，在企业的应用阶段和层次不同，发展的环境也不同。两者又是密切相关的。从互联网的商业应用类型上讲，电子商务覆盖了网络营销。网络营销作为促成商品交换的企业经营管理手段，是企业电子商务活动中最基本、最重要的互联网上的商业活动。在电子商务环境下网络营销具有网络资源的整合性、网络营销的交互性、超越时空的特点、鲜明的理论性、明显的经济性、信息传递更迅速等特点。

网络消费者的购买过程可以分为五个阶段：唤起需求、收集信息、比较选择、购买决策和购后评价。网络营销策略分为产品策略、价格策略、渠道策略和促销策略四种。在网络营销传播中，主要有网络广告、网络销售促进、网络公共关系和网络直复营销。最近比较盛行的网络营销方法主要有搜索营销、口碑营销、参与式营销与微博微信的双 V 营销等。

## 复习思考题

### 一、选择题

1. 下列不是网络营销特点的有（　　）。

A. 高效性　　B. 多媒体　　C. 跨时空　　D. 短期性

2. 网络营销价格是指企业在网络营销过程中（　　）价格。

A. 买卖双方成交的　　B. 卖方提出的

C. 买方提出的　　D. 网站订立的

3. 网络直接营销渠道的建立，使得生产者与（　　）连接和沟通。

A. 代理商　　B. 经销商　　C. 最终消费者　　D. 批发商

4. 网络营销促销形式中，电子邮件广告属于（　　）。

A. 网络广告促销　　B. 网络站点促销

C. 销售促进　　D. 关系营销

### 二、判断题

1. 互联网通过展示商品图像，商品信息资料库提供有关的查询，来实现供需互动与双向沟通。（　　）

2. 网络营销促使企业从消费者的需求考虑出发，更有利于产品的进步。（　　）

3. 电子商务与网络营销是完全不同的两个领域。（　　）

4. 网络营销职能销售虚体产品。（　　）

### 三、多选题

1. 电子商务与网络营销的不同点有（　　）。

A. 研究范围不同　　B. 关注点不同

C. 在企业的应用阶段和层次不同　　D. 发展的环境不同

2. 网络消费者需求的类型有（　　）。

A. 简单型　　B. 冲浪型　　C. 接入型　　D. 议价型

3. 网络营销策略包括（　　）。

A. 产品策略　　B. 价格策略　　C. 促销策略　　D. 成本策略

### 四、简答题

1. 简述电子商务与网络营销之间的联系。

2. 简述网络营销渠道该如何构建。

# 第6章　电子商务物流与供应链

## 引导案例

**菜鸟网络的布局与未来**

菜鸟网络是多家公司合并发起的“中国智能物流骨干网”项目共同组建的一个公司。目的是希望在5～8年的时间，努力打造遍布全国的开放式社会化物流基础设施，建立一张能支撑日均300亿元（年度约10万亿元）网络零售额的智能骨干网络。其中，阿里巴巴占股份51%，为第一大股东。

在菜鸟网络之前，阿里巴巴集团已经在电商物流上以多种方式尝试。例如，在2010年年初入股星辰急便等快递企业。2011年年初，其又正式推出“物流宝”，通过接入第三方快递、仓储的信息，为卖家提供入库、发货、上门揽件等方面的信息调配服务。在阿里巴巴集团内部，定位于数据化分析、追踪的物流宝的代号是“天网”，而涉足实体仓储投资的菜鸟网络是“地网”。

针对于菜鸟网络，马云多次强调，阿里巴巴集团永远不做快递，菜鸟网络的“智能骨干网”建起来后，不会抢快递公司的生意，“因为我们没有这个能力，中国有很多快递公司做快递做得比我们好，但这张网可能会影响所有快递公司今天的商业模式”。

菜鸟网络是利用先进的互联网技术，建立开放、透明、共享的数据应用平台，为电子商务企业、物流公司、仓储企业、第三方物流服务商、供应链服务商等各类企业提供优质服务，支持物流行业向高附加值领域发展和升级。最终促使建立社会化资源高效协同机制，提升中国社会化物流服务品质，打造中国未来商业基础设施。

## 本章学习目标

- 掌握电子商务物流的概念与特点、电子订货系统；
- 了解电子商务下的物流模式、供应链与供应链管理的概念。

## 6.1　电子商务物流概述

### 6.1.1　物流与电子商务

#### 1．物流的概念

物流的概念最早起源于20世纪30年代的美国，原意为“实物分配”（Physical

Distribution，PD），“物”代表物质资料，“流”表示物质资料在空间中的移动。PD 的概念在 20 世纪 50 年代被引入日本，在日本被译为“物的流通”，之后迅速被广泛使用。后来由于美国军方的 Logistics（后勤）一词语义更完善，逐渐用 Logistics 来表示物流。

关于物流的定义，各国的说法不一致。美国物流管理协会认为，物流是高效低成本地将原材料、成品、在制品等由始发地向消费地进行存储和流动，并对与之相关的信息流进行规划、实施与控制，用来满足用户需求的过程。日本、英国也分别有各自的定义。

我国于 2001 年颁布的《物流术语》中关于物流的定义是：“物流是指物品从供应地向接收地的实体流动过程。根据实际需要，将运输、存储、装卸搬运、包装、流通加工、配送、信息处理等基本功能实施有机结合。”

### 2. 物流在电子商务中的作用

（1）物流是电子商务活动中不可缺少的基本部分。电子商务活动由信息流、商流、资金流和物流组成。只有少数商品和服务可以直接通过网络传输的方式进行配送，而对大多数商品和服务来说，仍要经由传统的物理方式传输。物流是电子商务四流中最特殊的一种。随着计算机技术的发展，电子技术作为中介工具被应用到生产、交换、消费过程。在电子商务时代，无论是传统交易方式，还是电子商务的交易方式，都改变不了“生产是中心，消费是目的，流通是桥梁”这样一种再生产模式。消费者在网上购物，必须实现商品从供应者转移给商品消费者的过程，只有商品和服务真正转移到消费者手中，商务活动才真正结束。因此，物流是电子商务必不可少的重要组成部分。

（2）现代物流实施是电子商务的根本保证。物流管理在电子商务运营过程中占据越来越重要的位置，物流的现代化水平是电子商务活动成功与否的关键。现代化物流是商品生产和交换正常进行的重要前提条件。生产作为商品流通之本，从原材料的采购开始，到将采购的原材料运送到位，直到最后将部分余料、可再利用的物资的回收以及废弃物的处理等都需要物流。在电子商务下，消费者通过上网点击购物，商品所有权在那一时刻起，便由卖方转移到买方，即商流过程。但是电子商务的交易过程与传统的交易过程不同，商流和物流是相分离的。如果物流配送不能高效便捷，电子商务的快捷与高效就体现不出来。

（3）“以客户为中心”的商务理念的根本实现靠物流。物流活动的目的是满足客户对商品时间效用与空间效用上的需求。物流过程实质上是提供满足客户该种需求的服务。物流是实现企业销售的重要保证，是对客户商品利用可能性的一种保证。缺少了现代物流的支持，实物电子商务给客户带来的购物便捷就等于零，客户必然会转向他们认为更安全的传统购物方式。

### 3. 电子商务对物流的影响

（1）电子商务的需求变化引发物流的需求变化。物流需求呈现跨国性、跨地域性的特点，电子商务的物流需求也在变化，物流服务需求更加个性化、多功能、增值化和社会化。电子商务的运作更加强调时效性与低成本，电子商务的物流运作更加需要供应链管理与信息化管理，物流更有利于标准化实物商品的经营。

（2）电子商务的发展促进物流的变革。电子商务环境中，客户自己进行网上订购、支付，而商品的配送要有物流公司来承担。物流公司既是生产企业的仓库，又是客户的实物供应者，它是商家与客户的交流窗口。物流企业成为代表所有生产企业及供应商向客户进行实物供应的唯一最集中、最广泛的供应者。电子商务把物流提升到了前所未有的高度，成为物流业发展的一个机遇。

（3）电子商务的发展改变物流的运作方式。随着电子商务的发展，物流服务的社会化趋势越来越明显。电子商务条件下，如果完全依靠自己的力量来完成物流配送肯定力不从心，特别是对跨地区、跨国界的用户时，显得束手无策。因此，实现物流业务外包式电子商务运作，是社会化的发展趋势。

（4）电子商务促进物流技术的发展。电子商务物流是伴随电子商务技术和社会需求而发展起来的。现代物流技术以计算机和信息技术为基础，如地理信息系统、全球卫星定位系统、条形码技术。现代企业要在竞争中取胜，不仅要生产适销对路的产品，采用正确的营销策略和强有力的资金支持，更要加强时效性物流。时效性与低成本体现了电子商务下的物流水平和可实施性。物流现代化的水平是电子商务活动成功与否的关键。

（5）电子商务的物流运作需要实施供应链管理和信息化管理。电子商务可以使物流运作的实现基于信息网络的实时控制，以整体物流来进行。电子商务下的物流运作以信息为中心，信息不仅决定了物流的运动方向，也决定了物流的运作方式。通过网络上的信息传递，可以有效地实现对物流的实时控制，实现物流的合理化。例如，利用电子商务信息网络尽可能通过信息沟通，将实物库存暂时用信息代替，即信息作为虚拟库存，建立需求端的数据收集，在供应链的不同环节采用电子数据交换技术，为用户提供 Web 服务等。在电子供应链中主张及时生产客户所需的商品，而不需要在仓储上耗费巨资，电子供应链管理支持实现按单生产。

## 6.1.2 电子商务物流的概念与特点

### 1. 电子商务物流的概念

相对于传统物流而言，电子商务物流引入高科技手段，对物流信息进行管理，使得物流的速度加快、成本降低、库存占用减少，并且在生产和服务管理的过程中得到应用。生产和服务管理有效结合并通过利用物流网络汇集信息，就可更加有效地进行需求的引导从而拉动生产扩大和延伸物流的功能。

电子商务物流采取的是集合采购、运输、分拣、包装、配送代理与销售等环节为一体的组织方式，应用高科技的电子技术和信息技术，在物流运作过程中实现了网络化、信息电 子化、反应快速化、功能集成化、服务系列化、作业规范化和手段现代化，实现物流一体化。

物流一体化是以物流系统为核心的由生产企业、物流企业、销售企业，直至消费者组成的供应链整体化和系统化。它是物流业发展的高级和成熟阶段。物流业高度发达，物流系统完善，物流业成为社会生产链条的领导者和协调者，能够为社会提供全方位的物流服务。物流一体化可分为三个层次：

（1）物流自身一体化。它是指物流系统的观念逐渐确立，运输、仓储和其他物流要素趋向完备，子系统协调运作向系统化发展。

（2）微观物流一体化。它是指市场主体企业将物流提高到企业战略的地位，并且出现了以物流战略作为纽带的企业联盟。

（3）宏观物流一体化。它是指物流业发展占到国家国民总产值的一定比例，处于社会经济生活的主导地位，它使跨国公司从内部职能专业化和国际分工程度的提高中获得规模经济效益。

**2．电子商务物流的特点**

电子商务时代的来临，给全球物流带来了新的发展，使物流具备了一系列新特点。

（1）信息化。物流信息化是电子商务的必然要求。物流信息化表现为物流信息的商品化、物流信息收集的数据库化和代码化、物流信息处理的电子化和计算机化、物流信息传递的标准化和实时化、物流信息存储的数字化等。电子商务概念的提出首先是在美国，而当时美国的物流管理技术自 1915 年发展至今已有 90 多年的历史。美国企业电子商务信息化最显著的特点是，采购、仓储、配送在一体化前提下实现全方位信息化，并成为美国电子商务不可分割的组成部分。而在物流系统同样十分发达的日本，物流行业的一个突出特点是，充分利用电子信息化手段，尤其是利用互联网技术来完成物流全过程的协调、控制和管理，实现从网络前端到最终客户端的所有中间过程服务。其中，最显著的特点是各种软件技术与物流服务的融合应用。

（2）自动化。自动化的基础是信息化，自动化的核心是机电一体化，自动化的外在表现是无人化，自动化的效果是省力化。另外，还可以扩大物流作业能力，提高劳动生产率，减少物流作业的差错等。物流自动化的设施非常多，如条形码/语音/射频自动识别系统、自动分拣系统、自动存取系统、自动导向车、货物自动跟踪系统等。这些设施在发达国家已普遍用于物流作业流程中，而在我国由于物流业起步晚、发展水平低，自动化技术的普及还需要相当长的时间。

（3）网络化。物流网络化是电子商务环境下物流的主要特征之一。物流网络化的基础也是信息化，表现为物流系统的计算机通信网络化和物流组织的网络化。物流配送系统的计算机通信网络，包括物流配送中心与供应商或制造商的联系要通过计算机网络，另外，与下游顾客之间的联系也要通过计算机网络通信。例如，物流配送中心向供应商提出订单这个过程，就可以使用计算机通信方式，借助增殖网上的电子订货系统和电子数据交换技术来自动实现，物流配送中心通过计算机网络收集下游客户订货的过程也可以自动完成。物流组织的网络化，即所谓的企业内部网。

在日本，货物一进配送中心，工人就会利用无线手持机接受装卸指令，在装卸货物时刷货物条形码进行确认。而物流公司和货主可随时从网上查询货物的位置，并发出作业指令。另外，日本的一些大公司如日本通运公司、电信通信公司等 3 000 多家公司正跨越不同行业间的鸿沟，联手建立涵盖整个日本国内的一个包括一切物流分支部门的电子物流信息市场。这一举措将会使日本电子物流信息市场的规划、构筑和运行走在世界的前列。

戴尔计算机公司通过网站向供应商提供实时数据，使供应商了解零部件库存、需求预测及其他客户信息，更好地根据戴尔的需求组织生产并按 JIT 配送。同时，戴尔的客户在网上按指令配置电脑，下订单 5 分钟后就可以得到确认，36 小时以内客户订购的电脑就会下生产线装上配送车。通过网上采购辅助材料、网上销售多余库存以及通过电子物流服务商进行仓储与运输等手段，全面实现网络化。

（4）智能化。这是物流自动化、信息化的一种高层次应用。物流作业过程大量的运筹和决策，如库存水平的确定、运输搬运路径的选择、自动导向车的运行轨迹和作业控制、自动分拣机的运行、物流配送中心经营管理的决策支持等问题都需要借助大量的知识才能解决。在物流自动化的进程中，物流智能化是不可回避的技术难题，好在专家系统、机器人等相关技术在国际上已经有比较成熟的研究成果。为了提高物流现代化水平，物流智能化已成为电子商务下物流发展的一个新趋势。

（5）柔性化。柔性化本来是为实现“以顾客为中心”理念而在生产领域提出的，但要真正做到柔性化，即真正地能根据消费者需求的变化来灵活调节生产工艺，没有配套的柔性化的物流系统是不可能实现的。

20 世纪 90 年代，国际生产领域纷纷推出弹性制造系统、计算机集成制造系统、制造资源系统、企业资源计划以及供应链管理的概念和技术，这些概念和技术的实质是要将生产、流通进行集成，根据需求端的需求组织生产，安排物流活动。因此，柔性化的物流正是适应生产、流通与消费的需求而发展起来的一种新型物流模式。这就要求物流配送中心要根据消费需求“多品种、小批量、多批次、短周期”的特色，灵活组织和实施物流作业。

## 6.2　电子商务下的物流模式

### 6.2.1　自营物流

电子商务企业自身开展经营的物流，称为自营物流。电子商务企业自己组织商品配送，可以说是自己掌握了交易的最后环节，有利于控制交易时间。特别是在本城市内的配送上，网站组织自己的配送队伍可以减少向其他配送公司下达配送要求的手续，在网上接受订购之后可以迅速进行简单的分区处理，然后立即配送，这样往往使得当日配送、限时送达成为可能。

电子商务的信息业务与物流业务是截然不同的两种业务，企业必须对跨行业经营产生的风险进行严格评估。对于任何一家企业而言，拥有一支自己的配送队伍都将是一笔庞大的开支。出于对成本的考虑，配送队伍的规模必须与企业的业务量相适应。另外，如何保持适当的库存规模、制定恰当的配送路线、选择合适的物流工具、确定合理的送达时间等都是需要严格管理的。

电子商务企业选择自营物流模式主要有三种情况：一是传统的大型制作企业或批发企业经营的 B2B 电子商务网站，由于其自身在长期的传统商务中已经建立起初具规模的营销网络和物流配送体系，在开展电子商务时只需将其另加改进、完善，就可以满足电子商务条件下对物流配送的要求。二是具有雄厚资金实力的较大业务规模的一些传统的大型企业集团经营的电子商务公司，凭借原有的庞大的连锁分销渠道和零售网络，利用电子商务技术构建自身的物流体系，进行物流配送服务，在第三方物流不能满足其成本控制目标和客户服务要求的情况下，自行建立适应业务要求的畅通、高效的物流服务，以充分利用其物流资源，实现规模效益。三是传统储运企业发展为专业物流企业。传统的运输企业、仓储企业利用现有的物流基础与电子商务结合，改造成专业物流中心形式的物流企业。这种类型的物流中心具有较强物流功能的基础，并有从事专业物流的技术和管理经验。

具体来说，企业可以根据自身情况决定是否开展自营物流。

（1）业务集中在企业所在城市，送货方式比较单一。由于业务范围不广，企业独立组织配送所耗费的人力不是很多，所涉及的配送设备也仅限于汽车及人力车而已。

（2）拥有覆盖面很广的代理、分销、连锁店，而企业业务又集中在其覆盖范围内。

（3）对于影响规模比较大、资金比较雄厚、货物配送量大的企业来说，投入资金建立自己的配送系统以掌握物流配送的主动权也是一种战略选择。

【课堂讨论题】

作为轻资产的电子商务企业，为什么纷纷自建物流？

### 6.2.2 物流企业联盟

#### 1．物流企业联盟的定义

物流企业联盟是介于自营物流和第三方物流之间的一种物流组建模式，是以物流为合作基础的企业战略联盟。一般是指已经具备专业特色与互补特征的物流组织，通过各种协议、契约而结成的互相信任、优势互补、风险共担、利益共享的物流伙伴关系。企业之间不完全采取导致自身利益最大化的行为，也不完全采取导致共同利益最大化的行为。

绝大多数物流服务利益产生于规模经济，这种规模经济导致物流企业联盟的产生。物流联盟的效益在于物流联盟内的成员可以从其他成员那里获得过剩的物流能力，或处于战略意义的市场地理位置及卓越的管理能力等。例如，一家物流公司在运输设备、仓储、存货等方面具有较大的优势，但在订单处理系统、物流技术及物流管理能力等方面比较欠缺，它就会寻找其他具有这些优势的伙伴来共同经营物流业务，共同建立一个对双方有利的物流战略联盟。

#### 2．物流企业联盟的特征

（1）相互依赖。组成物流联盟的企业之间具有很强的依赖性，这种依赖性来源于社会分工和核心业务的回归。

（2）分工明确。物流联盟的各个组成企业明确自身在整个物流联盟中的优势及担当的角色，内部的对抗和冲突减少，分工明细，使供应商把注意力集中在提供客户指定的服务上。

（3）强强合作。许多不同地区的物流企业通过联盟共同为电子商务客户服务，实现跨地区的配送，满足电子商务企业全方位的物流服务需要。对于电子商务企业来说，通过物流联盟可以降低成本，减少投资，控制风险，提高企业竞争能力。

#### 3．物流企业联盟的组建方式

（1）纵向一体化物流联盟。该方式是指上游企业和下游企业发挥各自的核心能力，发展良好的合作关系，从原材料采购到产品销售的全过程实施一体化合作，形成物流战略联盟。

（2）横向一体化物流联盟。该方式是由处于平行位置的几个物流企业结成联盟。目前，国内真正提供物流全方位服务的大型物流企业尚不存在，因此，横向一体化物流联盟能够弥补现有物流市场条块分割的现状。

（3）混合模式。该方式是以一家物流企业为核心，联合一家或几家处于平行位置的物流企业和处于上下游位置的中小物流企业加盟组成。这些物流企业通过签订联盟契约，共同采购，共同配送，构筑物流市场，形成相互信任、共担风险、共享收益的集约化物流伙伴关系。

根据中国目前的物流发展状况，结合物流企业联盟的特征，可以看到，对于中国当前的电子商务企业来说，物流企业联盟可以较好地满足跨地区配送的要求，可以获得如下收益：降低成本，减少投资；获得技术和管理技巧；提高为客户服务的水平；取得竞争优势；降低风险和不确定性。

一般来说，如果企业自身物流管理水平比较低，组建物流企业联盟将会在物流设施、运输能力及专业管理技巧上收益极大。另外，如果物流在企业战略中不占关键地位，但其物流水平却很高，就应该寻找其他企业共享物流资源，通过增大物流量获得规模效益，降低成本。

另外，许多物流企业自身也利用物流企业联盟来改善其竞争能力。在物流企业之间形成战略联盟，普遍提高了他们的竞争能力和竞争效率。许多物流企业联盟致力于把专门承担特定服务的厂商的内在优势汇集在一起。许多不同地区的物流企业正在通过联盟共同为某一电子商务客户服务，满足电子商务企业跨地区、全方位的物流服务要求。

### 6.2.3　第三方物流

#### 1．第三方物流的概念

第三方物流（Third Party Logistics）是指由物流劳务的供方、需方之外的第三方去完成物流服务的物流运作方式。第三方是指提供物流交易双方的部分或全部物流功能的外部服务提供者。在某种意义上可以说，它是物流专业化的一种形式。

第三方物流随着物流业发展而发展。第三方物流是物流专业化的重要形式。物流业发展到一定阶段必然会出现第三方物流的发展，而且第三方物流的占有率与物流产业的水平之间有着非常规律的相关关系。西方国家的物流业实证分析证明，独立的第三方物流要占社会的 50%，物流产业才能形成。所以，第三方物流的发展程度反映和体现着一个国家物流业发展整体水平。

#### 2．第三方物流的分类

作为专业化、社会化的第三方物流的承担者就是物流企业。综观国内外物流业现状，物流企业种类繁多。以下介绍两种分类方法。

（1）按照物流企业的物流业务范围和物流功能可将物流企业分为功能性物流企业和综合性物流企业。

① 功能性物流企业，也可叫单一物流企业，即它仅仅承担和完成某一项或几项物流功能。按照其主要从事的物流功能可将其进一步分为运输企业、仓储企业、流通加工企业等。

② 综合性物流企业，能够完成和承担多项甚至所有的物流功能的企业。综合性物流企业一般规模较大、资金雄厚，并且有着良好的物流服务信誉。

（2）按照物流企业完成物流业务的方式，可将物流企业分为物流自理企业和物流代理企业。

① 物流自理企业是指一般拥有较为完善的物流设施，根据客户的需求，主要由自身来完成物流作业活动的公司。其典型特点是涉及大量物流资产与工具的投资，如铁路局等。

② 物流代理企业是指一般不进行大型物流资产与工具的投资，主要进行客户营销，为客户设计物流运作方案，而把相应的物流生产活动委托给其他物流公司，如“货代公司”等。

### 3. 第三方物流的运作模式

运作模式是第三方物流企业为实现物流服务定位而建立的一整套运作体系。具体地说，就是实现物流服务全过程中所涉及的软、硬件等一系列环节和手段的集合。适合的运作模式对于第三方物流企业获得稳定的客户群体，在激烈的市场竞争中生存和发展有着重要的意义。我国第三方物流企业可行的运作模式有以下几种。

（1）整合现有物流资源，建立“非资产型”的第三方物流企业模式。一方面，从我国目前的第三方物流企业的状况看，由于部分投资者缺乏足够的资金用于全新的基于资产的第三方物流企业的构建，迫使他们必须采用“非资产型”的第三方物流形式；另一方面，我国传统的运输部门、企业和商储公司作为物流行业的主力占据着我国物流的主要社会资源，他们有优越的仓库、站场设施，有自己的运输搬运设施、铁路专用线和自己的客户网，但从全国范围来看，这些物流资源利用率不高，浪费严重。因此，从实际情况入手，整合现有物流资源，建立“非资产型”的第三方物流企业，一方面可以充分利用社会既有物流资源优势，实现资源共享，另一方面避免了组织机构的臃肿庞大。

（2）以提高物流环节的服务附加值为目标的基础物流服务模式。目前，我国企业对第三方物流服务的需求层次还比较低，主要集中在对基本常规项目的需求上。因此，我国的第三方物流供应商应该从区域客户的需求出发，根据企业的实际情况，首先从提供基础物流服务开始，展示他们有能力把这些服务做得最好，随后开始提供高附加值的服务，从而逐步实现物流环节的系统化和标准化，为客户提供全方位的物流服务。

（3）电子商务与第三方物流的有机整合模式。电子商务作为 21 世纪的主要商业运作模式，为第三方物流提供了广阔的发展空间，同时，第三方物流的发展又为电子商务的实现提供了现实保障，与电子商务整合，将成为第三方物流的主要运作模式之一。从实际运作状况来看，第三方物流与电子商务的整合主要有以下两种方式。一是第三方物流作为电子商务组成要素，承担物流作业，完成 B2B 或 B2C 中的物流环节；二是第三方物流通过建设自己的电子商务，为商家与客户之间提供交换信息、全程追踪的信息平台，进行交易，从而实现电子商务与物流的紧密配合。在我国，表现较为突出的是宝供物流企业集团。宝供早在 1997 年就开始建立基于互联网/企业内部网的全国物流信息管理系统，又陆续完成了运输业务报表自动生成系统，与重点客户信息资源共享系统、运作成本、经营核算、结算信息系统，实现了“客户电子订单一体化运作”的电子商务初步目标，极大地简化了商务流程，提高了业务运作效率。可以说，在电子商务时代，实现业务电子化和网络化是第三方物流企业发展的必然选择。

（4）综合物流代理模式。国际著名的专门从事第三方物流的企业如美国的联邦速递、日本的佐川急便，国内专业化的第三方物流企业如中国储运公司、顺丰速运等，这些公司都在不同程度地进行了综合物流代理运作模式的探索实践。发展综合物流代理业务具体是指：不进行大的固定资产投资，低成本经营，将部分或全部物流作业委托他人处理，注重自己的销售队伍与管理网络，实行特许代理，将协作单位纳入自己的经营轨道，公司经营的核心能力是综合物流代理业务的销售、采购、协调管理和组织的设计与经营，并且注重业务流程的创新和组织机构的创新，使公司经营不断产生新的增长点。简单地说，综合物流代理企业实际上是有效的物流管理者。采用这种模式的第三方物流企业应该具有很强的实力，同时拥有发达的网络体系，这样的企业在向物流转型时能做到综合物流代理，从而为客户提供全方位的服务。

（5）集中物流模式。集中物流模式的特点是第三方物流企业拥有一定的资产和范围较广的物流网络，在某个领域提供集成度较低的物流服务。由于不同领域客户的物流需求千差万别，当一个物流企业能力有限时，他们就可以采取这种集中战略，力求在一个细分市场上做精做强。例如，同样是以铁路为基础的物流公司，某铁路快运公司是在全国范围内提供小件货物的快递服务，而另一物流公司则是提供大宗货物的长距离运输。由于在特定领域有自己的特色，这种第三方物流企业运作模式也是需要重点培育和发展的。

### 6.2.4　第四方物流

#### 1. 第四方物流的概念

第四方物流（Fourth Party Logistics）是一个供应链的集成商，通过拥有的信息技术、整合能力以及其他资源提供一套完整的供应链解决方案，以此获取一定的利润。它是帮助企业实现降低成本和有效整合资源，并且依靠优秀的第三方物流供应商、技术供应商、管理咨询以及其他增值服务商，为客户提供独特的和广泛的供应链解决方案。

"第四方物流"与"第三方物流"相比，其服务的内容更多，覆盖的地区更广，对从事货运物流服务的公司要求更高，要求它们必须开拓新的服务领域，提供更多的增值服务。"第四方物流"最大的优越性在于，它能保证产品得以"更快、更好、更廉"地送到需求者手中。当今经济形式下，货主／托运人越来越追求供应链的全球一体化以适应跨国经营的需要，跨国公司由于要集中精力在其核心业务上因此必须更多地依赖于物流外包。基于这个道理，它们不只是在操作层面上借助外力，而且在战略层面上要借助外力，昼夜都能得到"更快、更好、更廉"的物流服务。据专家分析，第四方物流要比第三方物流利润更加丰厚，因为他们拥有专业化的咨询服务。尽管这一块服务目前规模尚小，但在整个竞争激烈的中国物流市场上将是一个快速增长的部分。

#### 2. 第四方物流的特征

第四方物流的特征是提供了一个综合性的供应链解决方案，并且能够为整条供应链的客户带来利益。

（1）供应链再造。通过供应链参与者将供应链规划与实施同步进行，或通过独立的供应链参与者之间的合作提高规模和总量。供应链再造改变了供应链管理的传统模式，将商贸战略与供应链战略结合起来，创造性地重新设计了参与者之间的供应链关系，使之成为符合一体化标准的供应链。

（2）业务流程再造。将客户与供应商的信息和技术系统一体化，把人的因素与业务规范有机结合起来，使整个供应链规划与业务流程能够有效贯彻实施。开展多功能、多流程的供应链业务，其范围远远超出了传统外包运输管理和仓储运作的物流服务。企业可以把整条供应链全权交给第四方物流运作，第四方物流可为企业提供完整的供应链服务。

（3）综合效益提高。第四方物流的利润增长取决于服务质量的提高、实用性的增加以及物流成本的降低。由于第四方物流关注的是整条供应链，而非仓储或运输单方面的效益，因此第四方物流为客户及自身带来的综合效益是丰厚的。

（4）运营成本降低。运营成本的降低可通过运作效率的提高、流程的增加以及采购成本的降低来实现，即通过整条供应链外包来达到节约成本的目的。流程一体化、供应链规划的改善和实施将促进运营成本与产品销售成本的降低。同时，采用现代信息技术、科学的管理流程和标准化管理，使存货与现金流转次数减少，工作成本降低。

**3．第四方物流的运作模式**

第四方物流结合自身的特点可以有四种运作模式来，虽然它们之间略有差别，但都突出了第四方物流的特点。

（1）协同运作模式。由第四方物流为第三方物流提供其缺少的资源，如信息技术、管理技术等，制定供应链策略和战略规划方案，并与第三方物流共同开发市场，而具体物流业务的实施则在第四方物流指导下由第三方物流完成，它们之间一般采取商业合同或战略联盟的合作方式。在这种模式中，第四方物流为实力雄厚的第三方物流服务商提供供应链战略方案、技术、专门项目管理等补充功能，并主要通过第三方物流为多个客户提供全面的物流服务和最优的解决方案。

（2）方案集成商模式。由第四方物流为客户提供整条供应链运作和管理的解决方案，并利用其成员的资源、能力和技术进行整合与管理，为客户提供全面、集成的供应链管理服务。在这种模式中，通常由第四方物流与客户成立合资或合伙公司，客户在公司中占主要份额，第四方物流作为一个联盟的领导者和枢纽，集成多个服务供应商的资源，重点为一个主要客户服务。这种运作模式一般在同一行业范围内采用，供应商与加工制造商等成员处于供应链上下游和相关业务范围内，彼此间专业熟悉，业务联系紧密，具有一定的依赖性。第四方物流以服务主要客户为龙头，带动其他成员企业发展。

（3）行业创新者模式。第四方物流通过与具有各种资源、技术和能力的服务商协作，为多个行业的客户提供供应链解决方案。它以整合供应链的职能为重点，以各行业的特殊性为依据，领导整个行业供应链实现创新，给整个行业带来变革与最大化的利益。这种模式以第四方物流为主导，联合第三方物流及其他服务供应商，提供运输、仓储、配送等全方位的高端服务，为多个行业客户制定供应链解决方案。

（4）动态联盟模式。这种模式是一些相对独立的服务商和客户，受市场机会驱动，通过信息技术相连接，在某个时期内结成的供应链管理联盟。这些企业在设计、供应、制造、分销等领域分别为联盟贡献自己的核心能力，以实现利润共享和风险分担。它们除具有一般企业的特征外，还具有基于公共网络环境的全球化伙伴关系及企业合作特征、经营过程优化的组织特征、可再构重组的敏捷特征等。它们能以最快的速度完成联盟的组织与建立，集成优势，抓住机遇，响应市场，赢得竞争。参加动态联盟的各成员企业，其组织、资源等内部特征都可由自己决定，而其外部特征则需要达到动态联盟的要求。一个企业可同时以不同的角色加入多个第四方物流联盟，在贡献资源的同时，得到自己所需的资源。

第四方物流无论采取哪种模式，都突破了单纯发展第三方物流的局限性，能真正地低成本运作，实现最大范围的资源整合。因为第三方物流缺乏跨越整个供应链运作以及真正整合供应链流程所需的战略专业技术，第四方物流则可以不受约束地将每个领域的最佳物流提供商组合起来，为客户提供最佳物流服务，进而形成最优物流方案或供应链管理方案。而第三方物流要么独自，要么通过与自己有密切关系的转包商来为客户提供服务，它不太可能提供技术、仓储与运输服务的最佳结合。

### 6.2.5　第五方物流

#### 1．第五方物流的提出与内涵

第五方物流（Fifth Party Logistics）的概念最早是由 JP 摩根（亚太）收购兼并部总裁史丹利于 2002 年在香港网丰物流集团进行投资调研时首先提出的。2004 年 3 月初，在香港贸易发展局举办的粤港物流服务洽谈会的研讨会上，香港网丰物流集团营运总裁冯祖期先生再次提出第五方物流的概念。

第五方物流是指在物流实际运作中提供电子商贸技术去支持整个供应链，并且能够组合各接口的执行成员为企业的供应链协同服务。该概念的提出是物流界对业内未来发展趋势的预期评价，是对第一方、第二方、第三方和第四方的物流形式提供信息平台、集成优化供应链物流系统、对供应链实行资本运作等增值性服务的活动。

#### 2．第五方物流的主要特征

（1）第五方物流是一个系统信息流提供者。第五方物流以 IT 为技术支撑组合供应链上的各个环节，将平台系统放进客户的实际运作中，收集实时物流资讯，来达到物流全系统信息监控、反馈、评估的作用。只要是供应链的组成部分，任何环节均可安装此类物流信息系统与自己的上下游进行无缝对接。系统平台上的任何信息都是公开、透明的，因此是可以拿来共享的。它是从层面角度上考察随物流而发生的层面间信息流的系统。

（2）第五方物流是一个信息集成优化者。相对于第四方物流来说，第五方物流不仅仅充当客户与供应商之间信息的联系人，负责汇集物流信息，更重要的是，第五方物流实现信息的优化。所谓信息的优化，就是第五方物流可以利用现代化信息处理技术促使物流标准化的实现。

（3）第五方物流是一个系统组合者。它通过优化技术试图建立集多种组合模式的物流体系，从而会构成多接口、多用户、跨区域、无时限的物流平台，不断适应全球化、复杂化的供应链发展需求。

（4）第五方物流是一个完备的供应链体系。第四方物流旨在提供供应链解决方案，通过充当客户及其物流与供应商之间信息的联络员，实现客户与供应商之间物品的畅通流转。而第五方物流除此之外，结合技术优势更注重后续跟进的物流和信息更新共享，在信息全球化和市场需求个性不断增强的前提下，其在物流供应链建设中所起的作用将更明显。

#### 3．第五方物流与第三、四方物流的比较

（1）第五方物流与第四方物流的区别。第四方物流是指一个供应链的集成商，它调集和组织管理自己的以及具有互补性的服务提供商的资源、能力和技术，以提供一个综合的供应链解决方案。第四方物流经营者基于整个供应链考虑，扮演协调人的角色，一方面与

客户协调，通过客户共同管理资源，计划和控制生产，设计全程物流方案，另一方面与各分包商协调，组织完成实际物流。

第四方只是一个供应链集成商，它提供的物流信息系统是在客户已有的物流信息系统商的优化、完善，所以更多的是针对一个企业或者一些企业，即一种架构对一种架构的物流信息系统。同时，第四方物流公司还要参与实际物流运作的完成，不能算一个完全意义上的软件服务商。但是，第五方是一种标准化物流信息系统的提供者，只要是这个供应链上的任何一个环节，都可以安装这个物流信息系统与自己的上下游进行无缝对接，在这个系统平台上的任何信息都是公开的、透明的，它是一个层面对一个层面的物流信息系统。

第四方物流以一个组合者身份，从仓储、船务到信息全部为客户集中，但这种发展离不开点对点及信息段落化的缺点，再加上各地文化不同，处事手法各异，所以第四方这个发展方向难度很大。而第五方物流却克服了这些缺点，具有很好的发展前景。

（2）第五方物流与第三方物流的区别。第三方物流是指生产经营企业为集中精力搞好主业，把原来属于自己处理的物流活动，以合同方式委托给专业物流服务企业，同时通过信息系统与物流服务企业保持密切联系，以达到对物流全程的管理和控制的一种物流运作与管理方式。第三方物流是在物流渠道中由中间商提供的服务，中间商以合同的形式在一定期限内，提供企业所需的全部或部分物流服务。第三方物流提供者是一个为外部客户管理、控制和提供物流服务作业的公司，他们并不在产品供应链中占有一席之地，仅是第三方，但通过提供一整套物流活动来服务于产品供应链。在美国，第三方物流业被认为尚处于产品生命周期的发展期；在欧洲，普遍认为第三方物流市场有一定的成熟程度。欧洲目前使用第三方物流服务的比例约为76%，美国约为58%，且其需求仍在增长。由此可见，全世界的第三方物流市场具有潜力大、渐进性和高增长率的特征。这种状况使第三方物流业拥有大量服务提供者，大多数第三方物流服务公司是从传统的“内物流业”为起点而发展起来的，如仓储业、运输业、空运、海运、货运代理和企业内的物流部等，他们根据顾客的不同需要，通过提供各具特色的服务取得成功。因此，第三方物流有着自己不可取代的地位。

与第三方物流相比，第五方物流在信息形态上是层面对层面，第三方物流分别是点对点、架构对架构。在仓库形态上，第五方物流是对讯息的处理，运输形态是讯息结构，管理的形势是信息形式。它的规模不定，从极小到极大都有，成本形态则为信息，是全球化的。

**4．第五方物流的发展前景**

第五方物流信息系统平台的发展重点在于，首先这个平台要具备实时、开放的基础，也就是不但要使客户或者供应商之间可以实时互动，还要使客户的客户、供应商的供应商也能实时找到信息和进行实时交易；其次这个平台要具有商业运作认知，可以提供多变需求，即将客户的经验、认知、需求融在物流系统内，令整个供应链系统更顺畅、更受控制、更能满足客户需要；最后，第五方物流要由服务商发展至渠道商或者贸易商。

对于第五方物流的发展前景，物流界有关人士提出了八个“C”及五个深信。八个“C”是指 Commerce（商业性）、Community（网上社群）、Content（内容）、Convenience（方便）、Customer Care（客户服务）、Collaboration（合作群）、Cost（成本）和 Change（转变）。五个深信是指：有效的物流管理是未来营销成功的关键；传统生意的未来发展，是建立在物流运作上的进步改变；在第三利润源的追求下，各地企业会加强外包物流使用；在 e 物流的推广下，商业运作模式将有新改变；未来在新经济下的重要成功因素，就是如何建立一个资讯型的供应链——不断学习、不断加速、灵活配合的物流系统。

【课堂讨论题】

1. 京东商城的用户体验在电子商务企业中一直名列前茅，很重要的因素是京东商城的物流。结合京东商城的资料与本节的内容回答，京东商城的物流属于哪种类型？这种物流方式给京东商城带来了什么？

2. 根据马云的描述，菜鸟网络属于哪种类型的物流？为什么？

## 6.3　电子商务物流的服务

### 6.3.1　电子商务物流的服务内容

物流是电子商务实现商品销售的最终环节，是一条复杂的系统。电子商务物流的服务内容大致分为以下几种。

#### 1. 仓储服务

电子商务物流最主要的服务功能之一就是仓储及附属设备。电子商务物流通过仓储保证市场分销活动的开展，同时尽可能降低库存占压的资金，减少库存成本。提供社会化物流服务的公共型物流中心需要配备高效率的分拣、传送、储存、精选设备。

#### 2. 运输服务

运输是物流的核心业务之一，也是物流系统的一个重要功能。选择何种运输手段对于物流效率具有十分重要的意义。在决定运输手段时，必须权衡运输系统要求的运输服务和运输成本，可以从运输的服务特性作为判断的基准，如运费、运输时间、频度、运输能力、货物的安全性、时间的准确性、适用性、伸缩性、网络性和信息等。

#### 3. 包装服务

为使物流过程中的货物完好地运送到用户手中，并满足用户和服务对象的要求，需要对大多数商品进行不同方式、不同程度的包装。包装分为工业包装和商品包装两种。工业包装的作用是按单位分开产品，便于运输，并保护在途货物。商品包装的目的是便于最后的销售。因此，包装的功能体现在保护商品、单位化、便利化和商品广告等几个方面。

#### 4. 装卸搬运服务

装卸搬运是随运输和保管而产生的必要物流活动，是对运输、保管、包装、流通加工等物流活动进行衔接的中间环节，以及在保管等活动中为进行检验、维护、保养所进行的装卸活动，如货物的装上卸下、移送、拣选、分类等。

#### 5. 流通加工服务

流通加工功能是在物品从生产领域向消费领域流动的过程中，为了促进产品销售、维护产品质量和实现物流效率化，对物品进行加工处理，使物品发生物理或化学性变化的功能。这种在流通过程中对商品进一步的辅助性加工，可以弥补企业、物资部门、商业部门生产过程中加工程度的不足。

6．配送服务

配送功能的设置，可采取物流中心集中库存、共同配货的形式，使用户或服务对象实现零库存，依靠物流中心的准时配送，而无须保持自己的库存或只需保持少量的保险储备，减少物流成本的投入。

7．信息服务

现代物流是需要依靠信息技术来保证物流体系正常运作的。物流系统的信息服务功能，包括进行与上述各项功能有关的计划、预测、动态（运量、收、发、存数）的情报及有关的费用情报、生产情报、市场情报活动。

【课堂讨论题】

配送是物流服务中最重要的环节之一，根据目前中国电子商务发展的行情来看，你将如何布局东北乡镇地区的物流配送环节？

## 6.3.2 增值性物流服务

电子商务物流除了具备以上功能外，还需要增值性物流服务。增值性物流服务包括以下几层含义。

1．增加便利性的服务

一切能够简化手续、简化操作的服务都是增值性服务。在提供电子商务的物流服务时，推行一条龙门到门服务、提供完备的操作或作业提示、免培训、免维护、省力化设计或安装、代办业务、一张面孔接待客户、24 小时营业、自动订货、传递信息和转账、物流全过程追踪等都是对电子商务销售有用的增值性服务。

2．加快反应速度的服务

快速反应已经成为物流发展的动力之一。传统观点和做法将加快反应速度变成单纯对快速运输的一种要求，但在需求方对速度要求越来越快的情况下，它也变成了一种运输，因此必须想其他办法来提高速度。即具有重大推广价值的增值性物流服务方案，应该是优化电子商务系统的配送中心、物流中心网络，重新设计适合电子商务的流通渠道，以此来减少物流环节，简化物理过程，提供物流系统的快速反应性能。

3．降低成本的服务

电子商务发展的前期，物流成本将会高居不下，有些企业可能因为承受不了这种高成本退出电子商务领域，或者选择性地将物流服务外包出去，因此发展电子商务，一开始就应该寻找能够降低物流成本的物流方案。企业可以考虑的方案包括：采用第三方物流服务商，电子商务经营者之间或电子商务经营者与普通商务经营者联合，采取物流共同化计划，同时，如果具有一定的商务规模，可以通过采用比较实用但投资比较少的物流技术和设施设备，或推行物流管理技术，如运筹学中的管理技术、单品管理技术、条形码技术和信息技术等，提高物流的效率和效益，降低物流成本。

#### 4．延伸服务

向上可以延伸到市场调查与预测、采购及订单处理；向下可以延伸到配送、物流咨询、物流方案的选择与规划、库存控制决策建议、货款回收与决算、教育与培训、物流系统设计与规划方案的制作等。关于结算功能，物流的结算不仅仅是物流费用的结算，在从事代理、配送的情况下，物流服务商还要替货主向收货人结算货款等。关于需求预测功能，物流服务商应该负责根据物流中心商品进货、出货信息来预测未来一段时间内的商品进出库量，进而预测市场对商品的需求，从而指导订货。关于物流系统设计咨询功能，第三方物流服务商要求充当电子商务经营者的物流专家，因此必须为电子商务经营者设计物流系统，代替它旋转和评价运输商、仓储商及其他物流服务供应商。

关于物流教育与培训功能，物流系统的运作需要电子商务经营者的支持与理解，通过向电子商务经营者提供物流培训服务，可以培养它与物流中心经营管理者的认同感，可以提高电子商务经营者的物流管理水平，可以将物流中心经营管理者的要求传达给电子商务经营者，也便于确立物流作业标准。

## 6.4　电子商务与供应链管理

### 6.4.1　供应链的概念

“供应链”一词是 20 世纪 80 年代提出来的，英文为“supply chain”，目前尚未形成统一的定义，众多学者与机构从不同角度给出了不同定义。美国供应链理事会认为，供应链涉及从供应商的供应商到顾客的顾客最终产品生产与交付的一切努力，涵盖着从原材料的供应商经过开发、加工、生产、批发、零售等过程到达用户之间有关最终产品或服务的形成和交付的每一项业务活动。美国战略学家迈克尔·波特认为，供应链是指商品进入消费者手中之前行业与行业之间的联系，因为一件产品从原材料经过加工、流通等行业最终到达消费者手中的这段过程中，零件供应商、厂家、批发商和零售商等相关产业将通过某种附加的价值进行连锁。中国国家标准《物流术语》则认为，供应链是生产及流通过程中，涉及将产品或服务提供给最终用户活动的上游与下游企业所形成的网链结构。

根据以上的观点，本教材认为，供应链是围绕核心企业，通过对信息流、物流、资金流的控制，从采购原材料开始，制成中间产品及最终产品，最后由销售网络把产品送到消费者手中的将供应商、制造商、分销商、零售商，直到最终用户连成一个整体的功能网链结构。它是一个范围更广的企业结构模式，包含所有与之有关的上下游节点企业，从原材料供应开始，经过链中不同企业的制造加工、组装、分销等过程，直到最终用户。它不仅是一条连接供应商和用户的物流链、信息链、资金链，而且是一条增值链，即在供应链上因加工、包装，运输等过程而增值，给相关企业都带来效益。

### 6.4.2　供应链管理概述

#### 1．供应链管理的定义

供应链管理用系统的观点通过对供应链中的物流、信息流和资金流进行设计、规划、控制与优化，以寻求建立供、产、销企业以及客户间的战略合作伙伴关系，最大限度地减少内耗，实现供应链整体效率的最优化，并保证供应链成员取得相应的绩效和利益，来满足顾客需求的整个管理过程。

供应链管理是一种经营运作管理技术，它能够使企业的活动范围从仅仅是最佳的物流活动扩展到所有企业职能的范围。这种职能包括市场营销、加工制造、财务管理，所有这些职能都以最佳的方式紧密地结合在一起，成为一个整体。

供应链管理的目标在于提高用户服务水平和降低总的交易成本，追求效率最高和整个系统费的有效性，使系统总成本达到最小。

### 2．供应链管理的内容

供应链管理主要包括计划、合作、控制从供应商到用户的物料（零部件、成品等）和信息，它可细分为职能领域和辅助领域。职能领域主要包括产品工程、产品技术保证、采购、生产控制、库存控制、仓储管理、分销管理。而辅助领域主要包括客户服务、制造、设计工程、会计核算、人力资源、市场营销。

除了企业内部与企业之间的运输问题和实物分销以外，供应链管理还包括以下主要内容：战略性供应商和合作伙伴关系管理；供应链产品需求预测和计划；供应链的设计；企业内部与企业之间的物料供应与需求管理；基于供应链管理的产品设计与制造、生产集成化计划、跟踪和控制；企业间资金流管理等。

### 3．供应链管理的流程

（1）计划。供应链管理中的计划指的是使顾客所需的产品在合适的时间和合适的地点到达顾客手中的这样一个总体设计和规划过程。计划包括需求预测和货源补充。由客户需求牵动订单沿着供应链传递直至原材料供应商，然后导致产品沿着供应链反向流回零售商一端。在电子商务下，信息的流动在整个商品的流通中是无纸化的，并且由参与方共享。计划制定是以整个供应链客户的购买为动力的，计划的目标是实现客户价值。

（2）实施。实施是促使货物和服务在供应链中实际流动。实施系统主要关注的是运作效率，因此有必要寻求一个新的解决方案，使日常的运作流水线化和自动化，以降低成本，提高生产效率。实施系统旨在将订单履行、采购、制造以及分销管理综合起来，以加强供应链上的合作。

（3）执行评估。执行评估过程是对供应链运行情况的跟踪。这有利于制定较为开放的决策并对变化的市场做出有效的反应。应用电子商务工具，如数据库管理，可以进行有效的信息审核和分析。为了使这种评估更好地服务于企业的管理决策，许多公司利用现代化信息技术和通信手段，设计和建立了能有效和快速获取相关信息的决策支持系统，它能帮助管理者对其商业运作进行分析和监控。

### 4．供应链管理的电子商务化

电子商务的出现为供应链管理提供了更高级的信息技术支持，改变了供应链中诸多环节的运作方式，促进了供应链管理理念的变革，强化了虚拟供应链的作用，使供应链管理能够进行更高效的整体化运作。

（1）减少供应链中诸环节的冗余，提高生产效率。采购、生产、销售是供应链主要涉及的三大环节。由于电子商务的介入，各环节均发生了巨大的改变。采购方面，企业通过电子商务平台可以便捷、准确、及时地进行产品采购和供应商管理，压缩了原来采购人员的数量，提高了工作效率；生产方面，通过对供应、销售信息的及时获取，减少了不必要的中间环节，压缩了库存的占用，出现了很多新型的管理手段和方法；销售方面，通过实施客户关系管理，增强客户忠诚度，真正实现个性化营销。通过电子商务系统，不仅可以提升单一环节的效率，而且可以实现整体成本最小。

（2）广泛采用现代信息技术，推进供应链管理理念变革。随着电子商务的兴起，内联网技术日益成熟，信息处理成本的降低，加快了企业内部业务处理的速度，供应链的延伸管理成为一项切实可行的选择。供应链从线性的“单链”转向纵横交错而成线性的“网链”，即核心企业与供应商、供应商的供应商的一切向前关系，与用户、用户的用户及一切后向关系，成为一个包含所有加盟的节点企业，连接供应商到用户的物料链、信息链、资金链和增值链。

（3）突出信息在供应链中的增值作用，强化虚拟供应链的功能。电子商务使得信息和知识成为独立的生产要素并发挥越来越重要的作用，企业经营过程中对实体供应链每个活动环节的信息收集、组织、挑选、合成和分配活动组成了虚拟供应链的诸环节，虚拟供应链与实体供应链平行且一一对应，实现了实体供应链在市场空间的延伸和提高。尤其是随着互联网的发展，电子商务技术的广泛应用，虚拟供应链中的信息不仅能够帮助实体供应链实现信息的快速传递和沟通，而且通过信息的搜集、整理、组织、加工、挖掘还能创造出相应的价值，如信息的合理分配可以降低库存成本、发现新的商机、提高潜在客户的发现概率等。随着社会经济的发展，虚拟供应链的功能将日趋重要。

（4）降低供应链的稳定性，增大供应链管理风险。电子商务环境下企业虚拟供应链的作用越来越强，原本仅存在于实体供应链诸环节的风险与危机开始与虚拟链的危机相生共存、互相推动，使得供应链管理的管理容量和复杂程度都大大增加。例如，2008 年发生的康师傅“水源门”事件就说明了这一问题。原本是原料来源的实体供应链的问题，却因为一篇名为《康师傅：你的优质水源在哪里？》的网络文章引发处于虚拟价值链上的对品牌的舆论批判狂潮，加之企业未能充分考虑由此产生的严重后果，在回应态度与控制策略上做得不尽如人意，导致康师傅“水源门”危机爆发，其后果远远超出传统供应链环境，使康师傅的品牌形象严重受损，品牌价值遭受重大损失。因此，电子商务在推进供应链发展、提高企业经营效率的同时，带来了更多的风险，加大了供应链危机爆发的可能性和复杂性。

### 6.4.3　电子商务供应链管理的典型模式

#### 1．快速反应系统

快速反应系统（Quick Response，QR）是零售商和供应商之间密切合作的一种方式。零售商和供应商通过共享销售时点系统信息、联合预测未来需求、发现新产品营销机会等对消费者的需求做出快速响应，目的是最大限度地提高供应链的运作效率。为了实现共同目标，零售商和供应商之间建立战略伙伴关系，利用电子数据交换等信息技术，进行销售时点的信息交换以及订货补充等其他经营信息的交换，以实现缩短缴纳周期，提高客户服务水平和企业竞争力。

#### 2．有效客户反应系统

有效客户反应系统（Efficient Consumer Response，ECR），是一个制造商、批发商和零售商等供应链组成的各方相互协调和合作，以更好、更快的服务和更低的成本满足消费者需要为目的的供应链管理系统。其优势在于，供应链各方为提高消费者满意度这一共同目标而进行合作并分享信息。它是一种把以往处于分散状态的供应结点有机联系在一起以满足消费者需要的工具。

ECR 的概念是流通管理思想的革新。ECR 战略主要集中在四个领域：一是有效店铺空间安排，此战略的实施是为了通过有效利用店铺的空间和店内布局来最大限度地提高产品的获利能力；二是有效的商品补货，该战略是通过努力减低系统成本来减低商品零售价，可以在正确的时间和地点以正确的数量和最有效的方式将正确的商品送给消费者；三是有效的促销活动，该战略的主要内容是简化贸易关系，将经营重点从采购转移到销售，使食品行业促销费用的使用重点从广告促销转移到贸易促销；四是有效的新产品发布和市场投入，有效的产品投入包括让消费者和零售商尽早接触到产品，把新产品放在一些店铺内进行试销，然后按照消费产品的消费者类型分析销售结果，再根据分析结果决定怎样处理这种新产品。

### 3. 电子订货系统

电子订货系统（Electronic Ordering System，EOS）是指将批发、零售商场所发生的订货数据输入计算机，通过计算机网络通信的方式即刻将资料传送至总公司、批发业、商品供货商或制造商处。

EOS 在企业物流管理中，能够缩短订货商品的交货期，减少商品订单的出错率，节省人工费。它有利于减少企业的库存量，提高企业的库存管理效率，同时能防止商品特别是畅销商品缺货现象的出现。另外，对于生产厂家和批发商来说，通过分析零售商的商品订货信息，能准确地判断畅销商品和滞销商品，有利于企业调整商品生产和销售计划。EOS 有利于提高企业物流信息系统的效率，使各业务信息子系统之间的数据交换更加便利和迅速，丰富企业的经营信息。

### 4. 企业资源计划

企业资源计划（Enterprise Resource Planning，ERP）是在制造资源计划和准时制（Just in time，JIT）的基础上，通过前馈的物流和反馈的信息流、资金流，把客户需求和企业内部的生产活动以及供应商的制造资源整合在一起，体现完全按用户需求制造的一种供应链管理模式和方法。

ERP 的核心管理思想主要体现在三个方面：

（1）体现对整个供应链资源进行管理的思想；

（2）体现同步工程、精益生产和敏捷制造的思想；

（3）体现实现计划与事中控制的思想。

## 本章小结

物流与电子商务的结合称为电子商务物流，是指采取集合采购、运输、分拣、包装、配送代理与销售等环节为一体的组织方式，应用高科技的电子技术和信息技术，在物流的运作过程中实现网络化、信息电子化、反应快速化、功能集成化、服务系列化、作业规范化和手段现代化——实现物流一体化。电子商务物流具有信息化、自动化、网络化、智能化和柔性化等特点。

电子商务下的物流模式大致分为五种：电子商务企业自身开展经营的物流，称为自营物流；介于自营物流和第三方物流之间的一种物流组建模式，称为物流企业联盟；由物流劳务的供方、需方之外的第三方去完成物流服务的第三方物流；一个供应链的集成商，通过拥有的信息技术、整合能力以及其他资源提供一套完整的供应链解决方案的第四方物流；最后是第五方物流，是指在物流实际运作中提供电子商贸技术去支持整个供应链，并且能够组合各接口的执行成员为企业的供应链协同服务。

电子商务物流的服务主要包括仓储服务、运输服务、包装服务、装卸搬运服务、流通加工服务、配送服务与信息服务。电子商务物流还具有增值性服务，主要包括便利性服务、快速反应服务、降低成本以及延伸服务等。

供应链管理用系统的观点通过对供应链中的物流、信息流和资金流进行设计、规划、控制与优化，以寻求建立供、产、销企业以及客户间的战略合作伙伴关系，最大限度地减少内耗，实现供应链整体效率的最优化，并保证供应链成员取得相应的绩效和利益，来满足顾客需求的整个管理过程。电子商务供应链管理的典型模式包括快速反应系统、有效客户反应系统、企业资源计划和电子订货系统等。

## 复习思考题

**一、选择题**

1．物流一体化是以（　　）为核心的由生产企业、物流企业、销售企业，直至消费者组成的供应链整体化和系统化。

A．电子系统　　B．消费者　　C．物流系统　　D．自动系统

2．第四方物流是一个供应链的（　　），通过拥有的信息技术、整合能力以及其他资源提供一套完整的供应链解决方案，以此获取一定的利润。

A．供应商　　B．提供商　　C．集成商　　D．供货商

3．电子商务物流最核心、最主要的两项服务是（　　）。

A．包装与运输　　B．仓储与运输　　C．配送与包装　　D．信息与配送

4．EOS 能处理从新商品资料的说明直到会计结算等所有商品交易过程中的作业，可以说 EOS 涵盖了整个（　　）。

A．物流　　B．资金流　　C．信息流　　D．商流

**二、判断题**

1．相对于传统物流而言，电子商务物流引入了高科技的手段，对物流信息进行管理，使得物流的速度加快、成本降低、库存占用减少，并且在生产和服务管理的过程中得到应用。（　　）

2．电子商务企业自身开展经营的物流，称为自营物流。（　　）

3．第三方物流的发展程度反映和体现着一个国家物流业发展整体水平。（　　）

4．供应链管理的流程主要包括计划、实施和执行评估。（　　）

## 三、多选题

1．电子商务物流的特点包括（ ）。

A．信息化 B．自动化 C．网络化 D．智能化

2．电子商务下的物流模式包括（ ）。

A．自营物流 B．物流企业联盟 C．第三方物流 D．第四方物流

3．电子商务供应链管理的典型模式包括（ ）。

A．快速反应系统 B．有效客户反应系统

C．电子订货系统 D．企业资源计划

## 四、简答题

1．简述物流一体化的三个层次。

2．简述供应链管理的内容。

# 第 7 章 电子支付与网上银行

## 引导案例

**"双十一"支付宝移动支付交易笔数近两亿笔**

2014 年 11 月 12 日，蚂蚁金融服务集团公布了"双十一"全天的支付宝移动支付笔数。"双十一"全天，支付宝移动支付交易笔数达到 1.97 亿笔，同比增长 336%，这一创纪录的数字继续扩大了支付宝作为全球最大移动支付公司的领先优势。"双十一"当天还售出了 1.86 亿份退运费险，同样创下了全球保险业的纪录，互联网金融的巨大潜力令人惊叹。

2013 年"双十一"，支付宝完成移动支付笔数 4 518 万笔，创造了当时全球的峰值纪录。此后，移动端的支付宝钱包开始作为独立品牌运营，这一年支付宝华丽地完成了从 PC 到移动的转身。经过近一年的拓展，目前支付宝钱包已经把移动支付的触角，从电商领域延伸到了线下的医院、公交、院线、商超、餐饮等各个方面。

蚂蚁金融服务集团 CTO 程立介绍，对支付体系来说，每年的"双十一"都是一场大考。2014 年众多的银行合作伙伴同支付宝一道在"双十一"之前把系统的支付能力提升到了 2013 年的两倍。为顺利迎接"双十一"，支付宝和众多银行一道前后进行了 10 次以上高强度、高仿真的系统压力测试。

程立表示，2014 年"双十一"大促期间，尽管在高峰期系统出现小范围的短暂拥堵，但随着交易高峰期的结束，很快整个系统就恢复了正常，支付宝的支付体验相比 2013 年，有了很大程度提升。

（资料来源：中华工商时报）

## 本章学习目标

- 了解电子货币的分类、主要电子支付模式、国内外的网上支付系统；
- 掌握电子支付和电子货币的含义，电子支付系统的构成，主要电子支付工具，网上银行的定义及运作模式。

## 7.1 电子支付概述

### 7.1.1 电子支付的定义、特点及发展阶段

#### 1. 电子支付的定义

电子支付指的是消费者、商家和金融机构之间使用安全电子手段把支付信息通过信息

网络安全地传送到银行或相应的处理机构，以实现货币支付或资金流转的支付系统，即把新型支付手段（包括电子现金、信用卡、借记卡、智能卡等）的支付信息通过网络安全传送到银行或相应的处理机构，来实现电子支付。

### 2．电子支付的特点

（1）电子支付采用先进的技术通过数字流转来完成信息的传输，它的各种支付均采用数字化的方式进行款项支付；而传统的支付方式是通过现金的流转、票据的转让及银行的汇兑等物理实体的流转来完成支付的。

（2）电子支付的工作环境是基于一个开放的系统平台（互联网）之中；而传统支付则是在较为封闭的系统中进行的。

（3）电子支付使用的是最先进的通信手段，而传统支付使用的是传统的通信媒介。电子支付对软硬件的要求很高，一般要求有联网的电脑、相关的软件及其他一些配套设施；而传统支付则没有这么高的要求。

（4）电子支付具有方便、快捷、高效、经济的优势。用户只要拥有一台联网的电脑，便可在很短的时间内完成整个支付过程。支付费用仅相当于传统支付的几十分之一，甚至几百分之一。但是，网上电子支付的安全问题比传统支付的安全问题更严重、更复杂。

### 3．电子支付的发展阶段

银行采用信息技术进行电子支付的形式有五种，分别代表着电子支付发展的不同阶段，如图 7-1 所示。

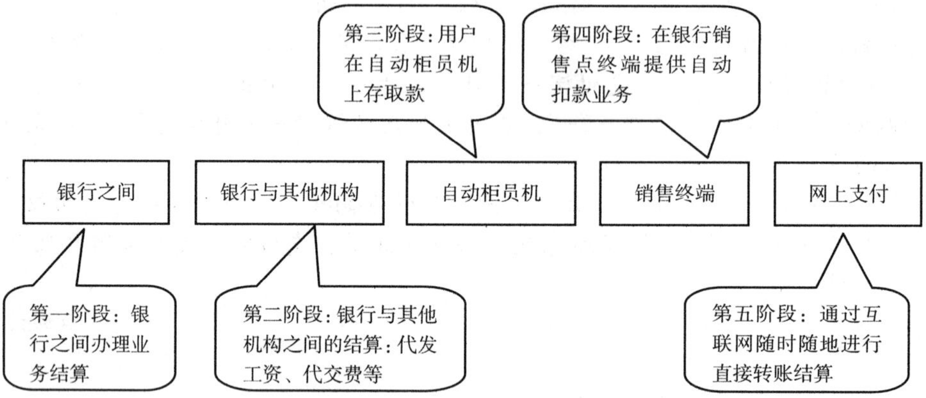


图 7-1　电子支付的发展阶段

（1）第一阶段：银行利用计算机处理银行之间的业务，办理结算。

（2）第二阶段：银行计算机与其他机构计算机之间资金的结算，如代发工资等业务。

（3）第三阶段：利用网络终端向客户提供各项银行服务，如客户在自动柜员机（ATM）上进行存取款操作等。

（4）第四阶段：利用银行销售点终端（POS）向客户提供自动扣款服务，这是现阶段电子支付的主要方式。

（5）第五阶段：这是最新发展阶段，电子支付可随时随地通过互联网进行直接转账结算，形成电子商务环境。这是正在发展的形式，也将是 21 世纪的主要电子支付方式。我们称这一阶段的电子支付为网上支付或在线支付。

### 7.1.2　电子支付系统的构成

支付系统是由一系列支付工具、程序、有关交易主体、法律规则组成的用于实现货币金额所有权转移的完整体系。支付系统由下面几个主要部分构成。

**1．清算机构**

清算机构负责金融机构（银行）之间，以及金融机构与非银行机构之间资金的清分和结算。例如，美国支付系统的银行间资金清算划拨主要是通过两个系统来完成的：一是美国联邦储备体系经营管理的联邦电子资金划拨系统（FedWire）；二是纽约清算所协会经营的银行同业支付系统（CHIPS）。

**2．银行**

在当前的各种支付系统中，银行扮演着重要角色，绝大部分的交易支付是以银行转账的形式进行的。因此，要求银行提供高水平的支付业务设施，向客户提供支付服务。

**3．支付工具**

支付工具被看作支付指令的载体，是支付系统中用于进行清算的中介，它必须是被交易双方同时认可的一种支付手段。这种载体可被分为有形和无形两种。有形的支付工具有现金、支票、银行卡等，无形的支付工具主要承载支付命令的电子信息，这些信息必须被有关支付系统所承认。

**4．支付系统的管理者**

管理者负责制定支付系统的动作规章，维护支付系统的日常动作。一般是由中央银行承担这个角色，也有民间组织做管理者的情况，如 CHIPS 及维萨、万事达等信用卡组织。

**5．国家法律和运作规章制度**

国家法律和支付系统的运作规章制度为支付系统的参与者明确了各自的权利和义务，并对一些基本问题，如支付工具的使用、支付命令的有效性等进行了明确的规定。法律和法规是支付系统正常运行的保障和基础，有关电子商务法律的问题在后面的章节中有详细介绍。

一个典型的电子支付系统的框架如图 7-2 所示。

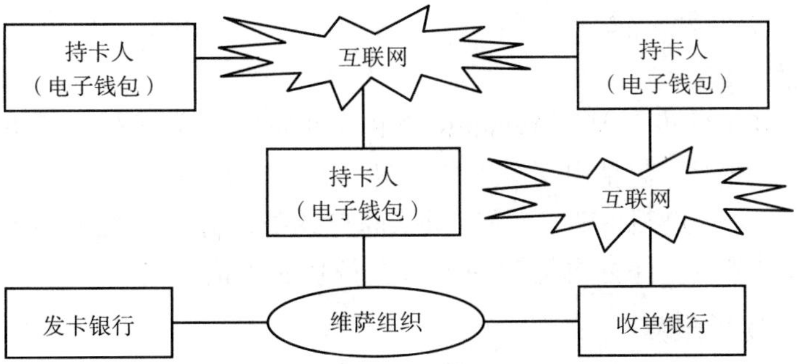


图 7-2　电子支付系统的框架

### 7.1.3 电子商务、电子交易与电子支付的关系

商务必然引起交易，而交易的完成必须进行支付。同理，在数字化的计算机网络世界里，这一关系仍然存在。

顾名思义，电子商务包含两方面的内容：一是电子化手段，二是商务活动。它以商务为核心，以电子为手段和工具。而电子交易可理解为狭义的电子商务，它是电子商务的一个组成部分。电子交易活动是电子商务活动的核心内容，现代商务是电子商务，现代交易是电子交易，是通过互联网进行的商务活动。在电子交易中，电子支付又是电子交易的核心内容之一，在交易过程中，交易双方必须通过电子支付方式进行资金的转移，并完成实物的合理配送，从而实现电子商务。只有货币运行和实物运动同时完成，交易才会成功。

例如，采购方通过电子手段向供应方提出订单，供应方接到订单后，通过企业内部网将订单分解到各个生产车间进行生产，双方通过电子支付方式进行资金转移，并完成实物的合理配送，从而实现电子商务。

## 7.2 电子支付工具

电子支付工具分为三大类：

- 电子货币类，包括电子钱包、电子现金等；
- 智能卡类，包括银行卡、购物卡等；
- 电子支票类，包括电子支票、电子汇款、电子划款等。

每种电子支付工具都有自己的特点和运作模式，适用于不同的交易过程。

### 7.2.1 电子钱包

对于我国消费者来说，刷卡消费不过是近年来才有的新鲜事，银行储蓄卡（磁条卡）在刷卡机上一刷，输入密码，然后在回执上签名，完成购物支付。但是，越来越多的顾客开始抱怨刷卡手续的繁杂，导致经常出现排长队等候的现象。显然，利用磁条储蓄卡刷卡消费已经落伍了，大众消费者需要更便捷安全的电子支付工具。电子钱包就成为当前多数金融管理机构和商家的首选工具。简单地说，电子钱包是客户的加密银行账户，它的安装程序可以从网上下载或直接到电子银行领取安装光盘。目前，世界上主要有 VISA Cash 和 Mondex 两大电子钱包服务系统。

#### 1. 电子钱包的功能

电子钱包采用 SET 标准，基于 Windows XP 操作系统。主要有如下功能：

（1）电子证书的管理。包括电子证书的申请、存储、删除等。

（2）安全电子交易。进行 SET 交易时辨认商户的身份并发送交易信息。

（3）交易记录的保存。保存每笔交易记录以备日后查询。

#### 2. 电子钱包的使用步骤

（1）顾客上网浏览商家主页上的在线商品目录，选择要购买的商品。

（2）顾客填写订单，包括项目列表、价格、总价、运费、搬运费、税费等。

（3）订单可通过电子化方式来商定，或由顾客的电子购物软件建立。这些在线商场可以让顾客与商店协商物品的价格（如出示自己是老客户的证明或给出竞争对手的价格信息等）。

（4）顾客确认后，选择用电子钱包付款，将电子钱包装入系统，单击电子钱包的相应项目或电子钱包图标，电子钱包立即打开，然后输入自己的保密口令，在确认是自己的电子钱包后，从中取出一张电子信用卡来付款。

（5）电子商务服务器对此信用卡号码采用某种保密算法并加密后送到相应的银行，同时商店顾客收到经过加密的购货账单，再转发到电子商务服务器上。经服务器确认这是一位合法顾客后，将其同时送到信用卡公司和商业银行。在信用卡公司和商业银行之间要进行应收款项和账务往来的电子数据交换和结算处理。信用卡公司将处理请求再送到商业银行请求确认并授权，商业银行确认并授权后，再送回信用卡公司。

（6）如果经商业银行确认后拒绝并且不予授权，则说明顾客的这张信用卡上的钱数不够、没有钱或者已经透支。遭商业银行拒绝后，顾客可以再打开电子钱包，取出另一张电子信用卡，重复上述操作。

（7）如果经商业银行证明这张信用卡有效并授权后，商店就可以交货。与此同时，商店留下整个交易过程中发生往来的财务数据，并且出示一份电子数据发送给顾客。

（8）上述交易完成后，商店按照顾客提供的电子订货单提供的地址，将商品通过物流配送方式交到顾客或其指定人手中。

至此，电子钱包的购物过程就完成了。购物过程中虽然经过了信用卡公司和商业银行等多次进行身份确认、银行授权、各种财务数据交换和账务往来等，但由于都是在极短的时间内（5~20 秒）通过很简单的操作来完成的，因此对于顾客来说，这种电子购物方式省时、省力又省事，并且安全可靠。在购物过程中，顾客可以使用任何一种浏览器进行浏览和查看。有了电子商务服务器的安全保密措施，既可以保证顾客的信用卡上的信息别人看不见，又可以保证顾客去购物的商店必定是合法的经济实体，从而保证顾客可以放心地进行网购活动。

#### 3．电子钱包的特点

（1）用户使用电子钱包软件。用户可以直接使用与自己银行账号相连接的电子商务系统服务器上的电子钱包软件，也可以通过各种保密方式利用互联网上免费提供的电子钱包软件。整个过程需在电子钱包服务系统中进行。

（2）用户需要在有关银行开立账户。由上面介绍的电子钱包使用步骤可知，在发生收付款时，如顾客需用电子信用卡如 VISA、Mondex 等付款时，只要单击一下相应项目（或图标）即可完成。这种电子支付方式称为单击式或点击式支付方式。

（3）电子钱包内只能装电子货币。电子钱包内只能装入电子现金、电子零钱、安全零钱、电子信用卡、在线货币、数字货币等，这些电子支付工具都支持单击式支付方式。

相关链接

**电子钱包使用技巧**

在使用电子钱包时，先安装相应的应用软件，然后把自己账户里的电子货币输入电子钱包服务系统。在发生收、付款时，用户只需在计算机上单击相应项目即可。系统中设有电子货币和电子钱包的功能管理模块，称为电子货币管理器，用户可以用它来改变口令、保密方式等，以及用它来查看自己银行账户上电子货币的收付往来的电子货币账目、清单和其他数据。电子钱包服务系统中还提供了一个电子交易记录器，用户通过查询记录器，可以了解自己的购物记录。

### 7.2.2 电子现金

电子现金，又称数字现金，是纸币现金的数字化。它把用户银行账户中的资金转换为一系列加密序列数，通过这些序列数来表示现实中各种金额的币值。

#### 1. 电子现金的特征

（1）安全性。普通现金有被抢劫的危险，必须存放在指定的安全地点，如保险箱、金库等。保管普通现金越多，所承担的风险越大，在安全保卫方面的投资也就越大。而电子现金不存在这样的风险。高性能彩色复印技术和造假技术的发展，使伪造普通现金变得更容易，但并不会影响电子现金。电子现金由于采用安全的加密技术，不容易被复制和篡改。

（2）匿名性。客户用电子现金向商家付款，除了商家以外，没有人知道客户的身份或交易细节。如果客户使用了一个很复杂的假名系统，甚至连商家也不知道客户的身份。

（3）不可跟踪性。电子现金以打包和加密的方法为基础，它的主要目标是保证交易的保密性和安全性，以维护交易双方的隐私权。除了双方的个人记录外，没有任何关于交易已经发生的记录。因为没有正式的业务记录，连银行也无法分析和识别资金流向。因此，如果电子现金丢失，就如同纸币现金一样无法追回。

（4）成本低。节省了交易费用和传输费用。电子现金是利用已有的互联网和用户的计算机，所以消耗比较小，尤其是小额交易更加合算。而普通银行为了流通货币，就需要许多分支机构。职员、自动付款机及各种交易系统都增加了银行资金处理的成本。通常，现金的传输费用比较高，这是因为普通现金是实物，而大额现金实物的保存和移动是比较困难和昂贵的。而电子现金流动没有国界，无论是在国内流动，还是在国际间流动，流通费用都是一样的。

#### 2. 电子现金的持有方式

（1）在线存储电子现金。消费者不需要自己拥有电子现金，而是由一个可信赖的第三方（如电子银行）参与到电子现金转账的过程中，它们持有消费者的现金账号。在线存储电子现金系统要求商家先与消费者的开户银行联系，然后接受消费者的购买请求。这样做的目的是通过检查消费者所提供的电子现金是否有效，以防欺诈行为的发生。这种方式与“检查消费者的银行账户以确认信用卡是否有效以及消费者的名字与信用卡是否一致”的过程很相似。

（2）离线存储电子现金。在消费者自己的钱包里保存虚拟的电子货币，由消费者自己持有电子现金，而不需要可信的第三方参与交易。但这样做容易出现欺诈事件，所以需要利用各种手段和技术来防止同一笔电子现金的重复使用，以及各种其他违法行为。

### 3. 电子现金的使用过程

消费者利用电子现金进行购买和支付的流程如图 7-3 所示。

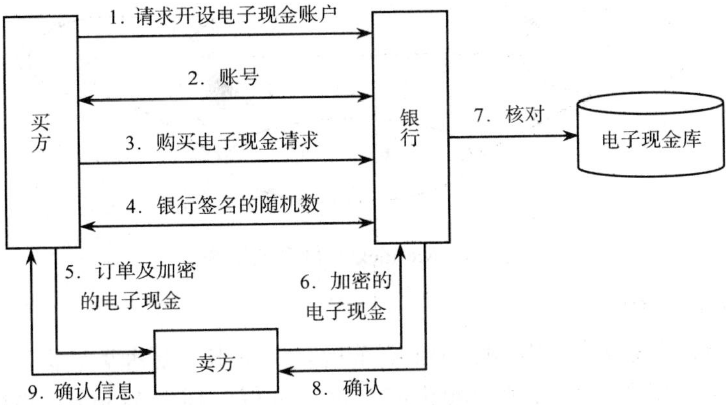


图 7-3　使用电子现金进行购买和支付的流程

（1）购买电子现金。买方在电子现金发放银行开设电子现金账号并购买电子现金。目前，大多数电子现金系统都要求买方在网上银行拥有一个账户。

（2）存储电子现金。使用电子现金终端软件从电子现金银行取出一定数量的电子现金存在硬盘上，电子现金是银行使用私钥进行数字签名的随机数，把货币发回给买方。

（3）买方用电子现金购买商品或服务。买方确认订货后，用卖方的公钥加密电子现金，再传送给卖方。

（4）买卖双方的资金结算。接收电子现金的卖方与电子现金发放银行之间进行清算，电子现金发放银行将买方购买商品的钱支付给卖方。这时有两种支付方式可以选择：两方支付和三方支付。两方支付方式仅涉及买卖双方，卖方用银行的公共密钥检验电子现金的数字签名，经过核实后，卖方再把电子货币存入计算机，然后通过电子现金发放银行将相应面值的金额转入自己的账户；三方支付方式是指在交易中，卖方迅速把收到的电子现金转给银行，由银行检验货币的有效性，并确认其没有重复被使用，再将它转入卖方账户。

（5）确认订单。卖方获得付款后，向买方发送订单确认信息。

### 4. 电子现金应用系统介绍

（1）Mondex。它由英国西敏寺银行发行，于 1995 年 7 月开始在伦敦西南地区斯温顿市的 18 万人中使用，已发行万余张 IC 卡，可实现货币的存入和取出，提供匿名性和无痕迹服务。在该系统中，预先在智能卡芯片中载入货币值，然后用于零售消费。利用芯片中的微处理器和存储器及卡本身能执行支付控制程序和芯片间的传输协议，来实现币值从一张芯片向另一张芯片的转移支付。其系统结构如图 6-4 所示。

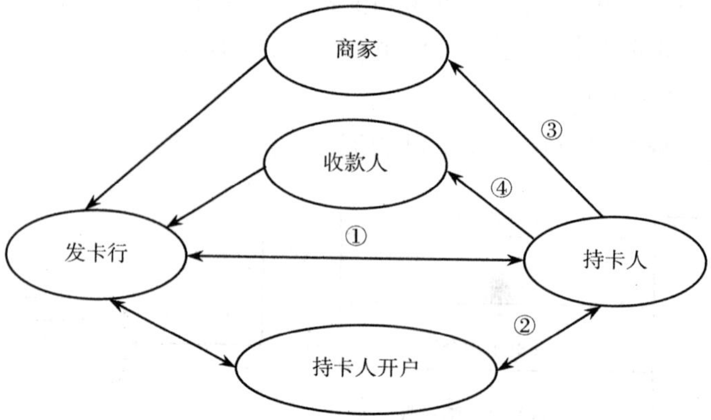


图 7-4　Mondex 支付系统结构

Mondex 系统描述如下：

① 用户以银行存款申请兑换 Mondex 电子现金。发卡行受理后，向客户发放载有等额币值的智能卡或向其智能卡中充填等额币值。这一过程可利用 Mondex ATM 或专用的联网设备终端及卡片间的协议进行。

② 持卡人可持卡向自己开户行的账户进行存款和取款操作，账户金额与卡内金额是此消彼长的关系。

③ 持卡人可持卡向商家支付货款，商家利用“币值转移终端”的设备与持卡人的 Mondex 卡建立通信（网上或网下皆可），并造成币值的转移。其间不需银行的参与，由 Mondex 卡读写设备自行检测卡的真伪。

④ 持卡人可持卡与另一持卡人进行币值的转移（网上或网下皆可）。通过“Mondex 钱包”这一设备来完成转移。若网下支付，付款人可将卡插入“钱包”中，将卡内一定数额的币值移入电子钱包的存储器芯片中，然后由收款人插入自己的 Mondex 卡，将电子钱包中保存的币值再移入自己的卡中。若是网上支付，则通过双方专用的卡读写器，直接在双方的卡之间建立通信，将付款人卡中一定数额的币值转移到收款人的卡中。而接收到 Mondex 电子现金的任何一方，包括持卡人的开户行、商家和其他个人，以及持卡人自己，都可以向发卡行请求兑换 Mondex 卡内的余额，将电子现金再兑换成传统的实体现金。

（2）电子现金。它是一种已实现的电子现金系统，由荷兰阿姆斯特丹 Dig Cash 公司开发，于 1996 年 3 月在美国密苏里 Mark Twain 银行使用，有万余人和 2 000 多零售商参加此实验。芬兰的 Merit 银行也实现了电子现金，日本的日立公司也在进行电子现金实验。

电子现金的支付过程：首先买主对适量电子现金通过相当安全的密码协议进行加密，并通过数字通信（如电子邮件、打印文件等方式）传送给卖方；卖方收到后，对其进行解密，然后存入自己的计算机，并可转入卖方的 World Currency Access 账上，实现将买主的钱减去，并加到卖方的账上。

### 7.2.3　银行卡

**1．银行卡的种类**

银行卡是智能卡的一种应用。按功能，由金融机构发行的银行卡主要有以下几种。

（1）现金卡。现金卡也属于支付卡。持现金卡可在银行柜台或 ATM 上支取现金。通常对每张现金卡都规定了每周或每天取现的最大金额。使用它可以购货、查询个人账户余额或进行转账处理。

（2）信用卡。信用卡是银行等金融机构发给持卡人，为其提供借款权的一种银行信用方式。持卡人无须在银行办理借款手续，凭卡就可以在银行规定的信用额度内，到指定机构接受服务或购买商品，或者到银行支取现金。如果持卡人在期限内（通常为结账日后一个月左右）结清余额，则无须支付任何利息。

（3）借记卡。借记卡与信用卡的最大区别是，持卡人必须在发卡行本人的账户上保留足够的存款余额，一般不允许透支。也有少数借记卡允许短期透支，但必须在当月月底前，还清全部透支金额。如果要预支现金，还必须支付一定数量的手续费。

（4）支票卡。支票卡是凭信用卡签发支票付款的信用卡。支票卡一般都规定了使用期限与最高额度，在限额内，银行保证支付，如果超过限额则可以拒付。

**2．银行卡支付流程**

（1）信用卡支付流程、如图 7-5 所示。

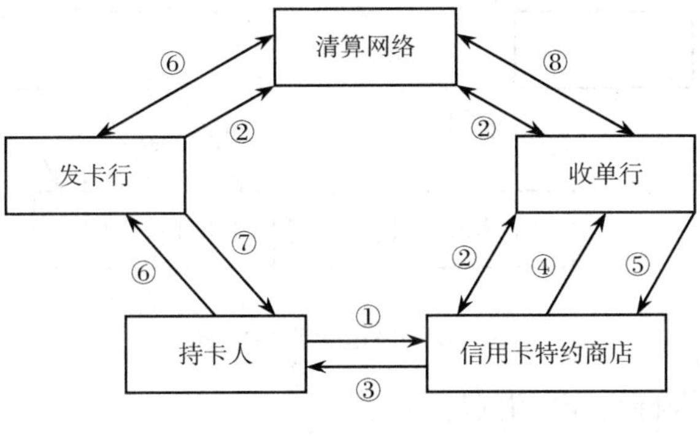


图 7-5　信用卡支付流程

① 持卡人到信用卡特约商店消费。

② 特约商店向收单行要求支付授权，收单行通过信用卡组织向发卡行要求支付授权。

③ 特约商店向持卡人确认支付及金额。

④ 特约商店向收单行请款。

⑤ 收单行付款给特约商店。

⑥ 收单行与发卡行通过信用卡组织的清算网络进行清算。

⑦ 发卡行给持卡人账单。

⑧ 持卡人付款。

**相关链接**

### 信用卡在线支付模式的优缺点

优点：

（1）使用方便。付款人只需在选购商品后输入卡号、有效期、姓名等资料即可立即完成付款。

（2）流程简单。

（3）架构简单。认证过程简便，处理速度快，费用较低。

缺点：

（1）付款人的信用卡资料信息先传送到商家，再转给银行，付款人无法确认商家能否为自己的相关信息保密；

（2）只能提供交易中客户与服务器间的双方认证，在涉及多方的电子交易中 SSL 协议并不能协调各方间的安全传输和信任关系，因此无法达到电子支付的“不可否认性”要求。

（2）借记卡支付流程，如图 7-6 所示。

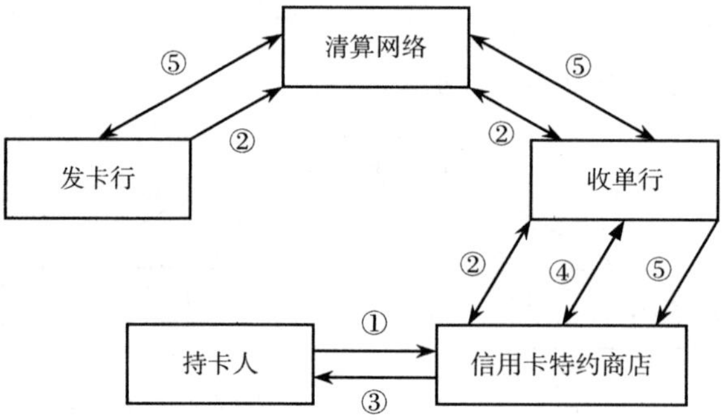


图 7-6　借记卡支付流程

① 持卡人到信用卡特约商店消费。

② 特约商店向收单行要求支付授权，收单行向发卡行验证卡号、密码及账户金额。

③ 特约商店向持卡人确认支付及金额。

④ 特约商店向收单行请款。

⑤ 收单行从发卡行的持卡人账户中划拨资金到特约商店。

## 7.2.4　智能卡

智能卡，又称集成电路卡（Integrated Circuit Card，IC 卡），是一种将具有微处理器及大容量存储器的集成电路芯片嵌装于塑料基片上而制成的卡片。它可以用来进行电子支付和存储信息。

### 1．智能卡的种类

智能卡是 IC 卡的一种，按所嵌的芯片类型的不同，IC 卡可分为三类。

（1）智能卡。卡内的集成电路包括中央处理器、可编程只读存储器、随机存储器和固化在只读存储器中的卡内操作系统。卡中数据分为外部读取和内部处理两部分，以确保卡中数据的安全与可靠。

（2）存储器卡。卡内的集成电路是可用电擦除的可编程只读存储器，它仅具有数据存储功能，没有数据处理能力；存储卡本身无硬件加密功能，只在文件上加密，很容易被破解。

（3）逻辑加密卡。卡内的集成电路包括加密逻辑电路和可编程只读存储器。加密逻辑电路可在一定程度上保护卡和卡中的数据安全，但只是低层次防护，无法防止恶意攻击。

### 2. IC 卡的相关规范

IC 卡是一种很规范的产品，不论其外形，还是其内部芯片的电气特性，甚至其应用方法都受到较严格的协议控制。最基础也是最重要的一套规范是 ISO/IEC 7816 协议。它不仅规定了 IC 卡的机械电气特性，还规定了 IC 卡（尤其是智能卡）的应用方法。

除了 7816 协议之外，在各个可能应用 IC 卡的特定领域内还有一些更为具体的协议。例如，在中国金融领域制定的《中国金融集成电路（IC）卡规范》（PBOC 规范）。交通管理体系、社会福利体系也都制定了一些规范。这些规范都是建立在 7816 协议的基础之上，而且将 7816 协议加以具体化形成的。

为了规范中国智能卡的发展、推广智能卡的应用，中国人民银行先后组织开发并制定了《中国金融集成电路（IC）卡系列规范》、《中国金融 IC 卡卡片规范》、《中国金融 IC 卡应用规范》和 POS 设备的规范。另外，国家金卡工程办也相继制定了《全国 IC 卡应用发展规划》、《IC 卡管理条例》、《集成电路卡注册管理办法》及《IC 卡通用技术规范》等。

### 3. 智能卡的优点

（1）智能卡使得电子商务中的交易变得简便易行。智能卡消除了某种应用系统可能对用户造成的不利影响的各种情况，它能为用户“记忆”某些信息，并以用户的名义提供这种信息。使用智能卡再也不用记住个人密码，如打电话、取现金、支付等。无须记住个人识别号码是智能卡的一大优点。

（2）智能卡具有很好的安全性和保密性。它省去了携带现金的麻烦，提供了优良的保密性能。使用智能卡，用户不需要携带现金，即可实现如信用卡一样的功能，而保密性能要高于信用卡，因此智能卡在网上支付系统中的作用重大。

**相关链接**

#### IC 卡的发展历史

IC 卡在有些国家也称为智能卡、智慧卡等。IC 卡的最初设想是由日本人提出来的。1969 年 12 月，日本有村国孝提出一种制造安全可靠信用卡的方法，并于 1970 年获得专利，那时叫 ID 卡。1974 年法国的罗兰·莫雷诺发明了带集成电路芯片的塑料卡片，并取得了专利权，这就是早期的 IC 卡。1976 年法国布尔公司研制出世界第一枚 IC 卡。1984 年，法国将 IC 卡用于电话卡，由于 IC 卡具有良好的安全性和可靠性，获得了意想不到的成功。随后，国际标准化组织与国际电工委员会的联合技术委员会为之制定了一系列国际标准、规范，极大地推动了 IC 卡的研究和发展。

### 7.2.5 电子支票

电子支票是一种借鉴纸张支票转移支付的优点，利用数字传递将钱款从一个账户转移到另一个账户的电子付款形式。电子支票使得买方不必使用写在纸上的支票，而是用写在屏幕上的支票进行支付活动。它几乎和纸质支票有着同样的功能。电子支票既适合个人付款，也适合企业之间的大额资金转账，故而可能是最有效率的电子支付手段。电子支票是客户向收款人签发的、无条件的数字化支付指令，它可以通过互联网或无线接入设备来完成传统支票的所有功能。

#### 1. 电子支票的特点

（1）电子支票适合作为小额付款的清算。加密的电子支票易于流通，收款人、收款人银行和付款人银行都可使用公开密钥来验证支票，而且数字签名也可以被自动验证。

（2）电子支票与传统支票的工作方式十分相似，客户容易理解和接受。

（3）公司企业可以使用公司支票，节省支付费用。电子支票容易与 EDI 相结合，用于基于 EDI 的订货和支付。

（4）第三方金融服务者可以从交易双方抽取固定交易费用或按一定比例抽取费用，由于电子支票存款账户很可能利率极低（甚至为零），因此给第三方金融机构带来了收益。

（5）电子支票技术可以将公共网络连入金融机构和银行票据交换网络，以达到通过公共网络连接现有金融付款体系的目的。

（6）电子支票还具有减少纸张传递、节省时间等特点。

#### 2. 电子支票系统的交易过程

使用电子支票进行支付，消费者可以通过计算机网络将电子支票发向商家的电子邮箱，同时把电子付款通知单发到银行，银行随即把款项转入商家的银行账户。这一支付过程仅在数秒内即可实现。那么，如何鉴定电子支票及其使用者的真伪呢？因此，就需要一个专门的验证机构对此做出认证，同时，该验证机构还应像认证中心那样能够对商家的身份和资信提供认证。其交易流程如图 7-7 所示。

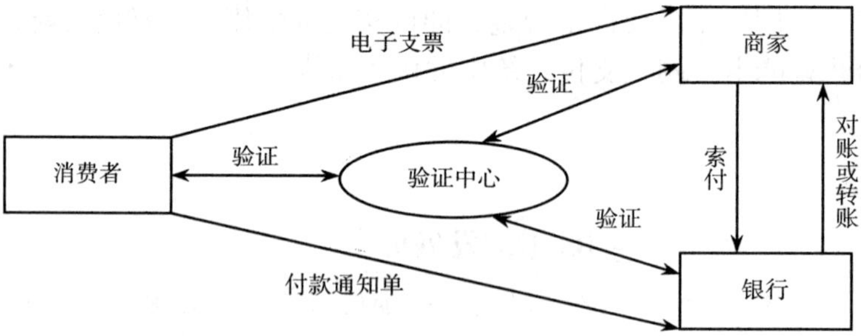


图 7-7 电子支票交易流程

电子支票交易的流程可分为以下几个步骤：

（1）消费者和商家达成购销协议并选择使用电子支票支付。

（2）消费者通过网络向商家发出电子支票，同时向银行发出付款通知单。

（3）商家通过验证中心对消费者提供的电子支票进行验证，确定无误后，将电子支票送交银行索付。

（4）商家索付时通过验证中心对消费者提供的电子支票进行验证，验证无误后即向商家兑付或转账。

**相关案例**

**FSTC 电子支票**

FSTC（The Financial Services Technology Consortium，金融服务技术联合会）成立于 1993 年，它是一个非营利组织，它的主要任务是在美国倡导电子支票服务，旨在提高美国金融服务业的竞争力。它有 60 多个成员，包括美洲银行和花旗银行等。FSTC 特别强调要发挥在线金融服务、支付系统和支付服务等新技术、新方法的优势，以促进金融机构效益的提高、风险和成本的降低，并不断扩展市场领域。而 FSTC 的电子支票在很大程度上推动了美国电子货币支付系统的发展。FSTC 的电子支票使用标准的电子邮件服务，利用电子邮件将支票传递给对方。该系统能够有效提高支付处理的速度；它使用数字签名和自动验证技术来确定其支付的合法性、保密性、真实性、完整性和不可否认性。其中，为了确保私有密钥的安全性，FSTC 还提供给客户使用智能卡来实现对私钥的保护，并进一步实现用户的防伪电子签名，以确保网上传递支票的安全性。

### 7.2.6　第三方电子支付平台

第三方电子支付平台是指一些和各大银行签约、具备一定实力和信誉保障的第三方独立机构，在银行监管下提供的交易支持平台。它采用规范的连接器，在商家和银行之间建立连接，从而解决买家、卖家、银行之间的货币支付、资金清算和统计查询等问题。

**1．第三方电子支付平台的运作原理**

第三方支付平台以第三方公司为信用中介来降低交易中的风险，并对交易双方进行约束和监督。它相当于买卖双方交易过程中的“中间人”，是信用缺位条件下的补位产物，其目的是防止电子交易过程中欺诈行为的发生。

**2．第三方电子支付平台的优缺点**

（1）优点：安全性高；支付成本低；界面专业、友好，使用方便；支付担保业务可以在很大程度上保障付款人的利益。

（2）缺点：支付模式虚拟性强，需要其他的“实际支付方式”辅助完成实际支付层的操作；付款人的银行卡信息将暴露给第三方支付平台，带给付款人相关风险；第三方结算支付中介的法律地位缺乏规定，参与支付方的资金安全无法切实保障；第三方平台作为非金融机构存在资金寄存的风险。

### 3. 第三方电子支付平台交易流程（见图 7-8）

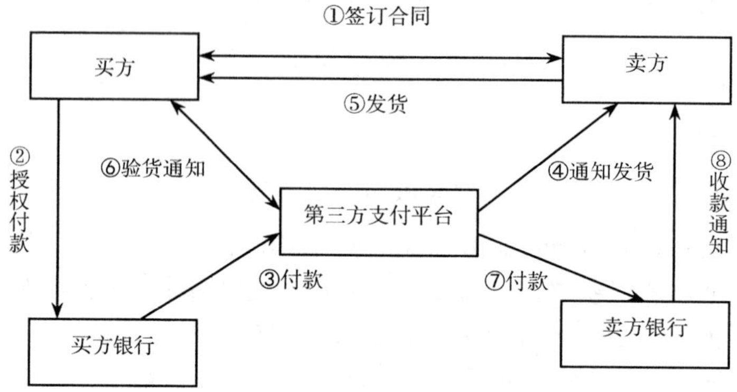


图 7-8 第三方电子支付平台交易流程

（1）买卖双方在网上达成交易意向，签订交易合同。

（2）买方授权买方银行付款。

（3）买方银行将货款付给第三方电子支付平台。

（4）第三方支付平台通知卖方发货。

（5）卖方向买方发货，卖方发货后不能立即收到货款，货款由第三方电子支付平台暂时保管。

（6）买方验完货后，给第三方支付平台发确定通知。

（7）第三方支付平台付款给卖方银行。

（8）卖方银行给卖方发通知，确定已经收到货款。

### 4. 第三方电子支付产品介绍

（1）财付通。[①]财付通（www.tenpay.com）是腾讯公司于 2005 年 9 月正式推出的专业在线支付平台，致力于为互联网用户和企业提供安全、便捷、专业的在线支付服务。财付通构建全新的综合支付平台，业务覆盖 B2B、B2C 和 C2C 各领域，提供卓越的网上支付及清算服务。针对个人用户，财付通提供了包括在线充值、提现、支付、交易管理等丰富功能；针对企业用户，财付通提供了安全可靠的支付清算服务和极富特色的 QQ 营销资源支持。财付通是一个专业的在线支付平台，其主要业务是帮助在互联网上进行交易的双方完成支付和收款。

使用财付通完成在线交易的流程如下：

1）网上买家和卖家分别开通自己的网上银行，拥有自己的网上银行账户。

2）买家和卖家登录财付通网站，开通自己的财付通账户。

3）买家向自己的财付通账户充值，资金从自己网上银行账户划拨到自己的财付通账户。

4）买家登录卖家网上商店，选择商品，确认购买，确认购买数量和金额，输入财付通账户，确认支付。买家财付通账户中的应付账款被冻结。

5）等待卖家发货。此时可以点击“交易管理”查看交易状态。

---

① 刘宏. 电子商务概论.北京：清华大学出版社，北京交通大学出版社.

6）财付通向卖家发出发货通知。

7）卖家收到通知后根据买家地址发送货物。

8）买家收到货物后，登录财付通确认收获，同意财付通拨款给卖家。

9）财付通将买家财付通账户冻结的应付账款转到卖家财付通账户。

10）卖家确认收款。

11）买家与卖家对对方相互进行评价。

（2）快钱。上海快钱信息服务有限公司是国内第一家提供基于电子邮件和手机号码的网上收付款平台的互联网企业，旨在为各类企业及个人提供安全、便捷和保密的综合电子支付服务。目前，快钱（www.99bill.com）是支付产品最丰富、覆盖人群最广泛的电子支付企业，其推出的支付产品包括但不限于人民币支付、外卡支付、神州行卡支付、联通充值卡支付、VPOS 支付等众多支付产品，支持互联网、手机、电话和 POS 等多种终端，满足各类企业和个人的不同支付需求。

如今，快钱正在与超过 139 万家商业合作伙伴一道，共同见证着信息化金融服务的巨大价值。快钱的流动资金解决方案不仅广泛应用于商旅、保险、电子商务、物流等现代化服务产业之中，也渗透到制造、医药、服装等传统领域；合作伙伴覆盖东方航空、南方航空、平安集团、中国人寿、京东商城、当当网、宅急送、百度、新浪、李宁、联想、戴尔、神州数码等各行业内领军企业。2011 年，快钱交易量总额突破了 12 000 亿元人民币。

快钱在线支付平台是以快钱账户为核心，具有多种支付平台、众多商家工具和增值服务的收付款平台。快钱支付的特点如下：

1）由于快钱账户是基于电子邮件的，不仅注册简单，而且方便管理和使用。拥有快钱账户，就拥有了网上通用钱包，具有网上充值、网上提现、网上付款、网上催款、账户管理等基本功能。

2）可以进行网上付款。可以向任何电子邮件付款或转账（无论事先是否是快钱注册用户）。

3）可以进行网上催账。

4）支持几乎所有国内银行卡支付。

5）支付邮局转账和银行转账支付。

6）满足传统付费方式的用户需求。

7）快钱支付系统可以帮助商家建立清晰的统计报表，并可追踪交易详情。

8）有国际卡支付网关，支付国际卡支付。

9）支持电话支付。快钱电话支付是指企业通过快钱接入各大银行的电话银行，使用户通过座机、手机直接拨打银行电话，就可完成支付的服务。

10）提供了很多工具，可以帮助商家更好地交易、收费和推广，包括快钱钮、快钱链、捐赠钮、批量付款、包月功能、快钱保、电子优惠券等。

（3）支付宝。浙江支付宝网络技术有限公司是国内领先的独立第三方支付平台，是由阿里巴巴集团 CEO 马云先生在 2004 年 12 月创立的第三方支付平台，是阿里巴巴集团的关联公司。支付宝（www.alipay.com）致力于为中国电子商务提供“简单、安全、快速”的在线支付解决方案。

支付宝公司从2004年建立开始，始终以“信任”作为产品和服务的核心。不仅从产品上确保用户在线支付的安全，同时让用户通过支付宝在网络间建立相互信任，为建立纯净的互联网环境迈出了非常有意义的一步。

支付宝以稳健的作风、先进的技术、敏锐的市场预见能力及极大的社会责任感，赢得了银行等合作伙伴的认同。国内工商银行、农业银行、建设银行、招商银行、中国银行、交通银行等各大商业银行以及中国邮政、维萨国际组织等各大机构均与支付宝建立了深入的战略合作，不断根据客户需求推出创新产品，成为金融机构在电子支付领域最为信任的合作伙伴。除了淘宝和阿里巴巴外，支持使用支付宝交易服务的商家已经超过30万家，涵盖虚拟游戏、数码通信、商业服务、机票等行业。

申请支付宝账号步骤如下：

1）进入支付宝网站点击“免费注册”按钮。

2）输入注册信息，请按照页面中的要求如实填写，否则会导致支付宝账户无法正常使用。注意：支付宝账户分为个人、个人商家和企业三种类型，请根据自己的需要慎重选择账户类型。公司类型的支付宝账户一定要有公司银行账户与之匹配。

3）正确填写注册信息后，点击“确认注册”，支付宝会自动发送一封激活邮件到注册时填写的邮箱中。

4）登录邮箱，点击邮件中的激活链接，激活注册的支付宝账户。

5）激活成功，即可体验网上安全交易的乐趣。

**相关链接**

### 使用支付宝注意事项

（1）在使用支付宝前，必须先注册成为支付宝的用户，并保持支付宝账户有足够的现金（可以通过网银充值实现）。

（2）如果没有支付宝账户，支付宝提供了各大银行的网上支付功能。

（3）在支付宝网站上购物，选择网上支付，然后选择支付宝支付即可，支付成功后支付宝就立即发货，在你收到商品后，需要在支付宝上确认收到商品，同时给予卖家评价。

（4）收到商品后根据运输方式（快递、平邮还是EMS）到达一定期限后，如果没有确认付款，货款会自动打入卖家的账户。

（5）使用支付宝支付，对消费者来说都不需要任何手续费。（非淘宝交易，每月超过5 000元后，要收取小额的手续费。）

**【课堂讨论题】**

目前，哪些电子支付方式比较成熟？存在哪些问题？实际生活中，你使用了哪些电子支付方式？讲述一下你的经历和感受。

# 7.3　电子货币

## 相关案例

**不用现金的英国小城**

斯温登是英国伦敦以西 120 公里处一个仅有 18 万名居民的小城。这里的居民一直过着平静的生活，即使欧洲第一家半导体工厂在此诞生，也没有因此而打破它的平静。1996 年 7 月，斯温登小城里发生了一件大事：万事达公司的电子现金卡取代了硬币和纸币成为这个城市的正式货币。这个消息立即传遍了全世界，使斯温登顿时成为世人关注的焦点，小城也变得热闹起来。

在斯温登，从超市到大街小巷的杂货店，从地铁、公共汽车站到停车场，从书报亭到银行……人们只要把一张小小的塑料卡片插入电子收款机，既不需要在收据单上签字，也不需要等待用电脑或电话来核准，就可以把存在卡里的“钱”从一个账户转到另一个账户。小城里还安装有 1 300 部可用于为电子现金卡充值的电话。人们只需把电子现金卡插入电话机，然后拨通开户银行，输入卡片密码和需要存入的钱数就可以为它充值了。

分析点评：提起电子现金，可能大多数人并不熟悉，它是指用一定的传统现金或存款从金融机构兑换代表相同金额的数据，并以可读写的电子形式存储起来。而斯温登小城使用的电子现金卡就是一种能存储电子现金的智能卡，它嵌入了一个微处理芯片，存储有大量关于使用者的信息。使用智能卡购买商品和服务时，不再需要银行确认每笔交易。其实，电子现金还能纯粹以数字形式，即数字现金，存于个人电脑上，与到现场购物用的电子现金卡不同，它主要用于网上购物。它们和信用卡的区别在于信用卡虽能给用户提供方便，但不能替用户保护隐私，而电子现金不仅使用方便，而且能保护用户的隐私，就像我们平时使用纸币那样，一般人不会知道你的姓名、年龄等个人隐私。

（资料来源：电子现金离我们有多远. 吉林日报）

### 7.3.1　电子货币概述

从 20 世纪 70 年代产生电子货币以来，其应用越来越广泛，电子货币已经成为电子商务实施的核心，建立电子货币系统是发展电子商务的基础和保证。

简单地说，电子货币就是电子（或数字）形式的货币。换言之，货币的形式不再是纸（纸币）和金属（硬币），而是电子载体中所包含的信息，即人们用计算机来储存货币和进行货币支付。

#### 1．电子货币的定义

电子货币是采用电子技术和通信手段，以电子数据形式存储的并通过计算机网络系统以电子信息方式实现流通和支付功能的货币。也就是说，电子货币是一种以电子脉冲代替纸张进行资金传输和储存的信用货币。

#### 2．电子货币与传统货币的关系

（1）共同点。电子货币是在传统货币基础上发展起来的，与传统货币一样都是固定充当一般等价物的特殊商品，这种特殊商品体现在一定的社会生产关系上。同时，二者都具有价值尺度、流通手段、支付手段、储藏手段和世界货币五种职能。它们对商品价值都有反映作用，对商品交换都有媒介作用，对商品流通都有调节作用。

（2）异同点。二者的区别主要表现如下：

1）电子货币是以计算机技术为依托，进行相应的支付处理和存储，没有传统货币的大小、重量和印记。

2）在支付电子货币时，其金额信息是以电子数据形式流动或通过网络系统送到网上银行或转移到收款人指定的账户，流通速度远远快于传统货币。

3）可广泛应用于生产、交换、分配和消费等各个领域，集储蓄、信贷和非现金结算等多种功能于一体。

4）电子货币的使用和结算不受金额限制、不受对象限制、不受区域限制，使用极为简便，能够处理以“分”或更小的货币单位出现的大量低价值的交易。

5）电子货币是由银行发行的，其使用只能宣传引导，不能强迫或命令，并且在使用中要借助法定货币来反映和实现商品的价值，结清商品生产者之间的债权和债务关系。而传统货币是由国家发行并强制流通的。

此外，信息加密、数字签名、数字时间戳等技术的应用使电子货币更具有安全性和可靠性。电子货币对社会的影响范围更广、影响程度更深。

## 7.3.2 电子货币的种类

电子货币基本上是各个发行者自行设计与开发的产品，其种类较多。目前，已经基本成形并在国际上流行的有四种类型的电子货币。

### 1. “信用卡应用型”电子货币

“信用卡应用型”电子货币是商业银行、信用卡公司等发行主体发行的贷记卡或准贷记卡。可在发行主体规定的信用额度内贷款消费，之后于规定时间还款。

### 2. “储值卡型”电子货币

“储值卡型”电子货币是最简单的电子货币，一般以磁卡或 IC 卡形式出现。其发行主体除了商业银行之外，还有电信部门（普通电话卡、IP 电话卡）、IT 企业（上网卡）、商业零售企业（各类消费卡）、政府机关（内部消费卡）、学校（校园 IC 卡）等。

发行主体在预收客户资金后，发行等额储值卡，使储值卡成为独立于银行存款之外新的“存储账户”。同时，储值卡在客户消费时以扣减方式支付费用，也就相当于存款账户支付货币。这种方式可使现金和活期储蓄需求减少。

### 3. “存款利用型”电子货币

“存款利用型”电子货币有借记卡、电子支票等，用于对银行存款以电子化方式支取现金、转账结算、划拨资金。

### 4. “现金模拟型”电子货币

“现金模拟型”电子货币主要有两种：一种是基于互联网环境使用的且将代表货币价值的二进制数据保管在计算机终端硬盘内的电子现金；另一种是将货币价值保存在 IC 卡内并

可脱离银行支付系统流通的电子钱包。

该类电子货币具备现金的匿名性，可用于个人间支付并可多次转手等特性，是以代替实体现金为目的而开发的。

### 7.3.3　中国电子货币发展中遇到的风险和挑战

尽管电子货币比传统货币更简便、安全、迅速、可靠，能够提高资金运行的效率，降低交易结算成本，但它在发展过程中仍存在许多亟待解决的问题。

**1．电子货币相关法律的不健全所带来的交易风险**

随着电子商务的发展，作为电子商务支付手段之一的电子货币在我国也得到了广泛的应用，但许多法律法规尚未明确。此外，电子货币的市场准入、交易者的身份确认、电子交易合同的有效性以及流通过程中将引起的纠纷的责任识别和解决办法裁定等问题都还没有相关的明确的法律规定。在网络金融立法相对落后和模糊的条件下，利用电子货币提供或接受金融服务，签订经济合同就会面临有关权利与义务等方面的相当大的交易风险，容易陷入不应有的纠纷之中。电子货币在法律上的缺失，也使得电子货币业务没有相应的监督管理机构，容易出现没有监督或监督不到位的情形，形成一些业务领域的规则和管理的真空，导致各种纠纷和侵害消费者利益的违法行为的发生，这极大地影响了电子货币业务的健康、蓬勃发展。因此，我们需要通过详尽的法律规定加以完善电子货币的监管问题。

**2．电子货币支付存在安全隐患**

电子货币的安全问题主要是指在使用电子货币进行支付，在交易信息传递过程中金额、密码、持卡人身份证等信息传递的安全问题。电子货币没有任何实体特征，其存在的实质只是储存在电脑里的一串数字或指令。交易双方通常无须见面，通过电子货币支付系统瞬时就可以完成交易。由于目前电子货币的管理尚缺乏成熟完善的体系和技术手段，一些不法的网络"高手"、黑客，可以利用技术漏洞，修改这些指令，盗取电子货币，或攻击电子货币系统，这使得用户手中的电子货币时刻处在危险之中。因此电子货币的安全性是在推广和应用电子货币过程中必须考虑和解决的问题。

**3．电子货币的高度匿名性增加了反洗钱监控的难度**

电子货币的出现突破了时空的限制，其交易具有高度的匿名性、数字化等特征。电子货币的应用给社会经济生活带来便利的同时，也给洗钱犯罪提供了便利。一方面，由于电子货币可以不受任何地域限制，世界上任何地方的人都可以使用电子货币通过网络采用匿名方式即时交易，使得金融机构很难鉴别客户身份，几乎不可能追踪到其使用者的个人信息和详细的交易记录，现有的反洗钱技术又难以做到在大量的交易数据中发现可疑交易。同时，加密技术的采用以及电子货币远距离传输的便利大大增强了电子货币的隐秘性，藏匿和转移赃款变得更加容易。在没有笔迹、签名等实质痕迹，数据定期更换的情况下，对交易记录的追踪非常困难，而要获得洗钱犯罪的证据就更为艰难，因此反洗钱工作面临新的挑战。另一方面，电子货币流通范围的跨国性使得反洗钱监控进一步复杂化。由于电子货币常常在国际层面操作，不同国家在对电子货币监管上存在差异，这样就难以实现对电子货币洗钱活动的有效监控，使得管辖问题变得非常复杂，对刑事管辖权的确立标准也提出了挑战。

# 7.4 网上银行

## 7.4.1 网上银行的概念与特点

### 1．网上银行的概念

网上银行，又称网络银行、在线银行，是指银行利用网络技术，通过网络向客户提供开户、销户、查询、对账、行内转账、跨行转账、信贷、网上证券、投资理财等传统服务项目，使客户足不出户就能够安全便捷地管理活期和定期存款、支票、信用卡及个人投资等。

可以说，网上银行是银行业务在网络上的延伸，是网络上虚拟的银行柜台。网上银行以一种全新的银行与客户的合作方式，即 3A（Anywhere—任何地点、Anytime—任何时间、Anyhow—任何方式）的方式，为客户提供服务。

网上银行，包含两个层次的含义。一个是机构概念，指通过信息网络开办业务的银行；另一个是业务概念，指银行通过信息网络提供的金融服务，包括传统银行业务和因信息技术应用带来的新兴业务。在日常生活和工作中，我们提及的网上银行，更多的是第二层次的概念，即网上银行服务的概念。

据统计，目前有 70%的美国家庭、40%的日本家庭使用电子银行提供的服务，银行在网上向客户提供服务，使经营成本大幅下降。据美国花旗银行统计，该银行网上业务与传统服务相比，客户的忠诚度和满意度分别提高了 33%与 27%。芬兰银行联合会 1998 年 4 月公布的一项统计结果表明，芬兰人通过计算机网络的收付款业务，已占银行总收付业务的 78．8%，与 1993 年相比，5 年内增加了近 20%。据美国银行家协会预测，在未来 15 年里美国将有 95%的家庭在互联网上办理银行业务。

### 2．网上银行的特点

（1）全面实现无纸化交易。以前使用的票据和单据大部分被电子支票、电子汇票和电子收据所代替；原有的纸币被电子货币，即电子现金、电子钱包、电子信用卡所代替；原有纸质文件的邮寄变为通过数据通信网络进行传送。

（2）服务方便、快捷、高效、可靠。通过网上银行，用户可以享受到方便、快捷、高效和可靠的全方位服务。使用网上银行的服务，不受时间、地域的限制，即实现 3A 服务。

（3）经营成本低廉。由于网上银行采用了虚拟现实信息处理技术，网上银行可以在保证原有的业务量不降低的前提下，减少固定营业点的数量，从而降低成本。

（4）简单易用。使用网上银行的服务不需要特别的软件，甚至不需要任何专门的培训。

## 7.4.2 网上银行的运作模式

目前，网上银行有两种运作模式：一种是建立完全依赖于互联网的全新网上虚拟银行，即纯粹的网上银行，它没有分支银行和自动柜员机，所有的银行业务服务全部通过互联网进行；另一种是网络分支机构，即传统银行在互联网上建立网站，有自己的网上分支机构，因此可以利用传统银行的柜台、ATM、电话、网络等多种渠道提供金融服务的银行。

### 1．纯粹的网上银行

纯粹的网上银行模式，是建立一个独立机构来经营网上业务。这个机构可以有独立的品牌、独立的经营目标，甚至可以与传统银行展开竞争。例如，花旗银行建立的 E-City、第一银行推出的 Wingspanbank.com、First Internet Bank of Indiana（FIBI）、Net.b@nk 就是这种模式的典型代表。

纯粹的网上银行的发展方向有两种：第一种是全方位发展，利用先进的科学技术全面开展银行业务，为客户提供所需要的一切金融服务，以取代传统银行；第二种是朝特色化方向发展，利用科技优势，为客户提供高品质的有特色的银行业务。

FIBI 是推出全方位发展的纯粹的网上银行的典型代表。1999 年 9 月 FIBI 推出针对中小企业的贷款服务，改变了纯粹的网上银行没有企业在线贷款的历史。FIBI 的主席 David Becker 坚信，随着科技的发展和网络的完善，纯粹的网上银行完全能够开发出新的电子金融服务品种，以满足客户的多样化需要。

Net.b@nk 是一家纯粹的网上银行的领头羊，有着特色化服务的典型形象。它认为，纯粹的网上银行具有局限性。与传统银行相比，纯粹的网上银行提供的服务要少得多。例如，因为缺乏分支机构，它们无法为小企业提供现金管理服务，也不能为客户提供安全保管箱。因此，纯粹的网上银行要想在竞争中获取生存空间必须为客户提供特色化服务。在他们看来，每个纯粹的网上银行的客户都是从其他银行吸引过来的，所以该行从一开始就推行以高利息吸引更多客户的经营理念。在这种理念的指导下，该行从 1996 年诞生以来，客户已接近 30 000 人，拥有超过 133 000 个客户账户，资产总值超过 170 万美元，而且增长速度还在加快。

纯粹的网上银行由于不受传统银行体制框架、技术框架的限制，它的崛起令众多传统银行巨头措手不及。纯粹的网上银行的成本低、利率高、广泛的市场信息和个性化的客户产品对传统银行业的发展已经构成了极大的威胁。但是，纯粹的网上银行是否最终会取代传统的商业银行，其前景并不乐观。

尽管这些纯粹的网上银行的交易成本较低，但其营销、技术和筹资成本相当高。以 Net.b@nk 为例，它所有的业务都通过电脑和电话实现，并直接提供绝大部分后台支持功能，使其营业费用同经营收入之比达到了 66.2%，这在同业中绝对属于高比例。

同时，这些纯粹的网上银行尽管在吸引存款方面有一定优势，但是在开发贷款和一系列其他营利性资产业务方面与传统银行相比，还是逊色不少。在纯粹的网上银行创业初期，人们发现在网上吸引存款比放出贷款容易得多，他们可以通过提供高存款利率带来巨大的现金流，但是他们却无法有效地在网上重新配置这些资源，将其转化为高收益资产，这也直接导致其只有微薄的利差，最终部分地抵消了低成本的优势。

另外，由于纯粹的网上银行不能提供方便办理存取款和现金的业务网点，因此，到目前为止，还不能十分确定地宣称纯粹的网上银行已经找到了稳定的主流客户群。尽管他们拥有共享的 ATM 网络系统，以及可以在网上充值的灵通卡，但是在目前纸币当道的时代，缺乏物理网点仍是使纯粹的网上银行难以真正深入平民大众的主要障碍之一。

#### 2. 网络分支机构

网络分支机构并不独立，它是传统银行网上业务的延伸，通过该机构可以极大地拓展客户群，拓展业务种类，拓展处理各种业务的渠道，并进而降低成本、提高效益。美国的国民银行、富国银行和我国的招商银行、中国建设银行、中国银行等都采用了这种模式。

这里我们以招商银行为例。

招商银行于1999年9月正式推出网上银行的业务，向全国提供"一网通——网上银行"服务。招商银行的网上银行服务，是通过互联网或其他公用信息网，使客户的电脑终端连接至招商银行，以实现将银行服务直接送到客户办公室或家庭中的网上银行服务系统。招商银行的"一网通"网站可以为客户提供"网上个人银行"、"网上企业银行"、"网上证券"和"网上商城"等全天候的网上银行服务。

（1）网上个人银行的主要功能。

1）招商银行"一卡通"和存折的综合理财业务。它包括：财务查询——可查询账户的当天交易和历史交易；转账——可在"一卡通"内的定期与活期账户之间，在"一卡通"和网上支付卡之间，以及在"一卡通"与存折之间相互转账；挂失——"一卡通"存折挂失后，可做暂时冻结账户处理，5日内客户须再到开户行办理正式书面挂失手续；修改密码——客户可修改账户查询密码和取款密码；财务分析——结合账户历史数据向客户提供理财分析服务。

2）网上缴费。客户可以用招商银行"一卡通"和存折缴纳手机费用。

3）网上支付卡申请。客户可申请"一卡通"网上支付卡，即时申请，即时开通。

4）支付卡理财。客户可查询网上支付账户余额和历史交易、网上购物订单，具有转账和修改密码功能。

5）按揭贷款月供计算。根据客户输入的贷款金额和年限，网上个人银行自动计算出客户的每月月供金额。

6）财务分析系统。该系统可帮助客户掌握自己的财务状况，做出适当的财务安排，以获取最大的收益。

（2）网上企业银行。招商银行的网上企业银行，是招商银行为企事业单位提供的新型金融工具，使企业能随时掌握自己的财务状况，处理支付和发放工资等业务。网上企业银行有严格的"客户终端"用户和用户权限管理功能。企业在做网上资金调拨时，不同金额范围需要经过不同权限的人进行确认。

招商银行的网上企业银行的主要功能包括：

1）财务信息查询。可为在招商银行开户的本单位账户进行资金划拨。

2）对外支付。可向在招商银行开户或其他行开户的其他企业付款。

3）发放工资。可向本单位员工发放工资。

4）金融信息查询。提供实时证券行情、利率、汇率、国际金融资讯等金融信息。

5）银行信息通知。银行通过"留言板"将信息通知特定客户，如定期存款到期、开办新业务、利率变动等。

6）子公司账务查询。集团/总公司可根据协议查看子公司的账务信息，方便财务监控，集团公司对子公司实行收付两条线管理。

（3）网上支付。招商银行的网上支付服务，包括"网上购物"和"网上支付"两项内容。招商银行"一卡通"客户要能获得招商银行的网上支付服务，还必须持有一张"一网通"卡。此卡客户在成功申请网上购物功能、领取"一网通"卡后，则在其"一卡通"账户下设立一个专用于网上结算的"网上支付"子账户，客户将"一卡通"中的资金转入其

"一网通"账户。此后，客户可用"一网通"账户中的资金进行网上购物和网上缴费。

网上支付的特点是安全和便捷。为确保网上交易的安全，招商银行采用了如下多种技术和业务措施：

1）网上支付卡和"一卡通"实行账户分立、密码分设。

2）网上传输的信息采用随机密码机制，每次传输都使用不同的密码。

3）支付卡信息直接发送银行。客户在招商银行的网页上输入网上支付卡信息，加密后直接发送到银行，无须经过商家转发，以避免支付信息的泄露。

4）商家不能从客户得到其支付信息，而只能从银行接受客户的订货信息，这可避免客户篡改已经被银行确认的订单信息。

5）网上传输采用国际通行的SSL协议，以加强信息传输的安全性。

6）设置每日网上消费限额。不同客户设置不同的最高限额。

7）客户一天登录错误次数达到五次，就不能再登录。

8）具有完善的事后追溯能力。

自从招商银行采取以上措施后，网上银行的"一网通"完成企业银行交易超过五万笔，个人支付交易一万笔，没出现一例安全问题。

（4）"一网通——金融信息"服务。为便于理财，客户可通过招商银行的"一网通——金融信息"服务，查询当天不同币种、不同存期的储蓄和对公利率，查询当日外汇汇率等金融信息。

（5）"一网通——网上证券"系统。招商银行账号"一网通——网上证券"系统通过了国际权威安全认证，存取方便、安全可靠。实现了客户"一卡通"或活期存折账户与证券保证金账户二合一功能，"一卡通"和招行活期存折可直接进行深圳、上海股市的证券买卖，并享有实时行情查询、资金清算、信息查询等多项服务功能。其主要功能如下：

1）实时行情查询。它包括自选股设置和查询、单只股票查询、批量查询和打印、走势查询、历史数据检索、股票排行榜、K线、移动平均线及成交量柱状图。

2）交易查询。可查询当天委托、资金股票、成交情况和历史交易。

3）委托。它具有买入、卖出、撤单功能。

4）转账。提供"一卡通"或存折活期账户与证券专户之间的双向转账功能。

5）智能配股信息。系统将根据客户目前拥有的股票自动判断是否有配股权，并列示详细的配股情况。客户如果想配股，只需输入想配售的股数即可。

6）新股申购。它包括新股信息、申购和配号查询业务。

7）修改密码。可以进行证券密码的修改。

8）特别提示。它包括当日的公司公告、深沪交易所信息等。

9）指定交易。客户可通过互联网完成指定交易。

### 7.4.3 使用网上银行应注意的问题

（1）网上银行用户名和密码必须易记但难被猜中，切勿使用出生日期、电话号码、家人的名字或常用的名字（如卡通人物名字）。

（2）为网上银行设置专门的密码，区别于其他场合中（如其他网上服务、ATM机、存折和银行卡等）使用的用户名和密码，避免因某项密码的丢失而造成其他密码的泄露。

（3）将网上银行登录密码和用以对外转账的支付密码设置为不同的密码，多重验证以保证资金安全。

（4）切勿向任何人（包括银行职员及警方）透露密码，或把密码记录下来。

（5）不要将登录网上银行的用户名和密码，用作电子邮箱或登录其他网站的密码。

（6）切勿经电子邮件内的链接或网上搜索引擎登录网上银行。每次应在浏览器上输入网址或将真正的网站网址收藏在电脑的收藏夹内，由此进入网上银行。

（7）登录网上银行前，应先关闭所有浏览器窗口，以免其他网站非法取得你的个人资料。

（8）取消浏览器提供的自动记忆功能，坚持每次重新输入用户名和密码。注意某些浏览器可以记录所输入的资料。

（9）每次使用网上银行后，切记要“退出”账户，不要简单地关闭窗口。

（10）切勿使用公用电脑（如网吧、图书馆中的电脑等）登录网上银行的网站。

（11）随时查阅银行账户余额及交易记录，如发现任何错漏或未经授权的交易，立即通知银行。

（12）定期留意和遵照银行提供的安全提示。

**相关链接**

**网上银行的欺诈与防范**

1．网上银行的欺诈方式

目前，网上银行客户资金欺诈案件发生的具体形式包括使用弱密码、将网银密码设为与其他网站密码相同的密码、登录假网站上当受骗、被木马病毒盗取密码等。网上银行欺诈的常见手法：一是发送欺诈邮件；二是短信引诱；三是假冒签约；四是套取网银信息。

2．防范欺诈的措施

目前，假冒银行网站是网银诈骗的一个重要途径，因此必须采取有效的防范措施。

（1）任何情况下不能将密码和身份资料透露给其他人，包括银行工作人员。而在任何情况下，银行工作人员也不会要求客户口头或书面提供密码，也绝对不要回复要求你确认密码的电子邮件，因为这可能是个圈套。

（2）网上银行要使用“个人客户证书”，这个证书可以复制在盘中随身携带，但在使用其他电脑后必须删除，以保证安全。所以，最好在自己家的电脑中使用。

（3）不要在网吧查询账户。输入密码，要用软键盘，这样可防止键盘记录。

（4）使用网银的电脑加装防火墙及木马克星等软件，并及时更新，定期查杀病毒。

（5）确认进入正确的网上银行网址，注意识别假冒的银行网页。

（6）密码的设置不要过于简单，以防黑客猜中和破解。

（7）在进行网上交易后，注意关闭电脑，不要让电脑处于休眠状态。

### 7.4.4　我国网上银行的发展趋势

1．网上银行业务将向多样化、创新化发展

网上银行利用现代金融技术，大力开展网上交易、网上支付和清单业务，拓宽业务范围、增加业务收入，利用网上银行为企业和居民进行资金余额查询、账户转移、第三方支持、银行业务通知等基本业务服务，还利用互联网作为营销渠道，交叉出售产品和服务，如存款产品、消费信贷、保险、股票交易、资金托管等高级业务，并且不断进行升级换代，拓宽技术创新空间和领域。

2．网上银行业务的创新将会推动金融市场网络化发展

随着网上银行业务的深入开展，迫切需求外汇市场、黄金市场、资本市场、货币市场、保险市场及金融衍生产品市场网络化长足发展；反过来，这些市场网络化的发展也能提升和促进网上银行的进一步发展。

3．网上银行全球化、国际化发展趋势明显

随着经济全球化和金融国际化发展步子的加快，世界各国银行业运用并购重组方式积极向海外扩张，采取“打出去，请进来”等多种途径、多种方式扩展业务，占领世界市场。目前，我国海外银行的分支机构多达 600 多家，引进外资金融机构 200 多家。

在金融危机之后，对于盈利能力受损的银行业而言，在复苏的经济中抢得先机、节约成本无疑是今后财务管理的关键。而以“降低柜面压力、减少运营成本”著称的网上银行，作为商业银行业务发展的新型分销方式，已成为银行业务经营的重要组成部分。加快网上银行和电子商务的进程则是银行的战略性选择。金融界网站举办的“2009 年电子银行业务及风险管理论坛暨颁奖盛典”上，业内专家一致认为，对于银行而言，只有用好网上银行来吸引客户，帮助消费者解决实际问题，才能在新的版图大战中抢占先机，才会开创多赢的局面。

## 7.5　中外著名电子支付系统

### 7.5.1　国外著名电子汇兑系统

21 世纪的中国经济，必然会以更快的速度融入国际经济中。我们一方面是要了解金融电子化的新进展、所采用的最新技术和发展趋势；另一方面要研究如何更好地使我国的金融电子化建设与国际接轨。下面介绍国际上著名的电子汇兑系统。

1．CHIPS

CHIPS（Clearing House Interbank Payments System，纽约清算所银行同业支付系统）是一个私有化的网络，是由纽约的清算行协会经营，是最重要的国际资金调拨系统。由于 SWIFT 系统只完成国际间支付结算信息的传递，真正进行资金调拨还需另外一套电子业务系统，这就是 CHIPS。所以，SWIFT 常与 CHIPS 配合使用。

国际银行间利用纽约的美元国际金融中心的地位，将外汇、欧洲美元和国际间的美元付款等交易，通过 CHIPS 达到快速准确清算其美元头寸的目的。目前，全球的美元交易约有 95%是通过 CHIPS 达成的。中国银行也利用其纽约分行的特殊地理位置的优势，将全行

美元清算，在纽约中行自己的自动化系统中通过 CHIPS 完成。

（1）资金调拨过程。例如，纽约的 A 行经国际线路，如 SWIFT 网接收到某国甲行的电报付款指示，要求 A 行于某日扣其往来账，并将此款拨付给在纽约 B 行设有往来账户的他国乙行。若 A 行和 B 行均为 CHIPS 的成员行，则这笔资金调拨可通过图 7-9 所示的方法完成。

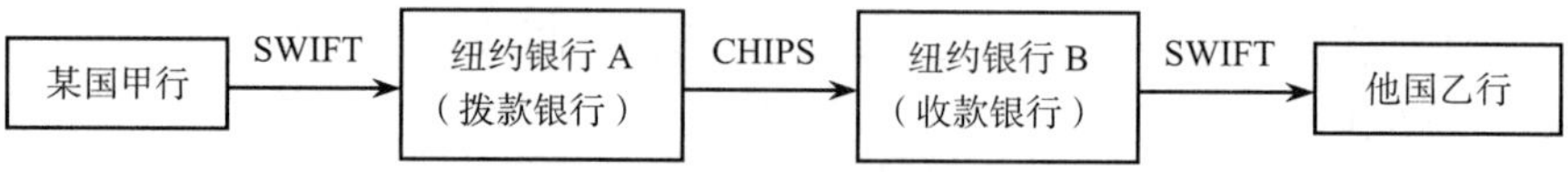


图 7-9　通过 CHIPS 完成的国际资金调拨过程

（2）资金清算过程。A 行从 SWIFT 网接到甲行的上述付款通知后，核对电文的信息识别码（MAC）无误后，甲行的操作员根据发来的电文，依据纽约清算所规定的标准格式，将有关数据（包括 A 行、B 行、甲行和乙行的编号、付款金额、生效日等）录入计算机终端。该电文经 CHIPS 网，传送到 CHIPS 中央计算机系统中存储起来。该中央计算机系统必须接到 A 行稍后下达的“解付”命令后，才会将此付款通知传送到 B 行的计算机终端上。

每个营业日终了，中央计算机系统对各参加银行当日的每笔交易进行统计，统计出各参加银行应借或应贷的净金额。中央计算机系统除了要给各参加银行传送当日交易的摘要报告外，并需于当日下午 4:30 后，通过 Fed Wire 网，将各参加银行应借或应贷的净金额通知纽约区联邦储备银行。纽约区联邦储备银行利用其会员银行的存款准备金账户完成清算。清算完成后，通知 CHIPS，CHIPS 则于下午 5:30 ~ 6:30，用一小时的时间轧平账务。

利用 CHIPS 进行国际间的资金转账是很方便的。面对日益增多的参加银行，由该所会员银行利用其在纽约区联邦储备银行的存款准备金账户，代理各参加银行清算。参加清算的银行，除了纽约清算所 12 家会员银行外，还有 Bank America 及 Continental Bank International 加入，总共 14 家。因此，在 CHIPS 清算体制下，非参加银行可由参加银行代理清算，参加银行又由会员银行代理清算，层层代理，构成了庞大复杂的国际清算网。

2．SWIFT

SWIFT（Society for Worldwide Interbank Financial Telecommunication，环球同业银行金融电讯协会）系统是国际上最重要的金融信息系统，成立于 1973 年 5 月，1977 年投入运行。它主要为国际电子商务的支付结算信息提供传输服务，即专为其成员机构传送各种与资金汇兑有关的信息。成员收到这种信息后，如果同意处理，则将其转送到相应的资金调拨系统或清算系统内，然后再由后者进行各种必要的财务处理。

根据协作关系为其成员国的共同利益而组织起来，按比利时的法律制度登记注册，总部设在比利时首都布鲁塞尔。目前，该网络已遍布全球 206 个国家和地区的 8 000 多家金融机构，提供金融行业安全报文传输服务与相关接口软件，支援 80 多个国家和地区的实时支付清算系统。在欧美，由 SWIFT 传输支持的业务占银行间清算业务量 80%以上。

中国银行于 1985 年成为中国在 SWIFT 的第一个会员银行。随后，中国工商银行等多家银行也相继加入 SWIFT。该系统的使用为银行的结算提供了安全、可靠、快捷、标准化、自动化的通信渠道，从而大大提高了银行的结算速度。

### 3. TARGET

TARGET（Trans-European Automated Real Time Gross Settlement Express-Transfer-System，欧洲间实时全额自动清算系统）于 1995 年开始建设，并于 1999 年 1 月 1 日开始正式启动。欧盟的支付清算体系是一个区域性的支付清算系统，具有鲜明的一体化色彩。

TARGET 系统的清算成员系欧元区内各国的中央银行，任何一家金融机构，只要在欧元区内所在国家的中央银行开立汇划账户，即可通过与 TARGET 相连接的所在国的实时全额清算系统（Real Time Gross Settlement Systems，RTGS），进行欧元的国内或跨国清算。欧洲中央银行及成员国中央银行负责监督 TARGET 的运营，并作为清算代理人直接参与 TARGET 运行。

TARGET 有以下特点：

（1）采用 RTGS 模式，系统在整个营业日内连续、逐笔地处理支付指令，所有支付指令均是最终的和不可撤销的，从而大大降低了支付系统风险，但对参加清算银行的资金流动性具有较高要求。

（2）由于资金可以实时、全额地从欧盟一国银行划拨到另一国银行，不必经过原有的货币汇兑程序，从而减少了资金占用，提高了清算效率和安全系数，有助于欧洲中央银行货币政策的实施。

（3）欧洲中央银行对系统用户采取收费政策，用户业务量越大，收费标准越低，这一收费规则似乎对大银行更加有利；此外，系统用户需在欧洲中央银行存有充足的资金或备有等值抵押品，资金规模要求较高；加之各国中央银行对利用该系统的本国用户不予补贴，故 TARGET 系统的清算成本高于其他传统清算系统。

TARGET 的业务范围包括与欧洲中央银行执行统一货币政策有关的资金收付、银行间的大额欧元清算、银行客户间的大额欧元收付结算等。

### 4. FedWire

FedWire（Federal Reserve Communication System，美国联邦储备通信系统），是美国境内第一个支付与清算系统，系统使用的资金为美国的各商业银行在联邦储备银行的储备准备金，是典型的由中央银行经营并管理的实时、有限透支的大额支付系统，也是通过各商业银行在联邦储备体系的储备账户存款实现同业清算的主要支付系统。这条通信系统是属于美国联邦储备体系所有并由其管理的。它是由国家中央银行建立的信息传输和支付系统，同 CHIPS 一起构成美元清算的两大支柱。

FedWire 清算与 CHIPS 清算不同，FedWire 属于对每笔收付交易进行逐笔交割、实时清算，只要付款行在美联储账户上有资金，银行收付双方清算经过网络处理后立即一进一出，不能更改。CHIPS 属于净差额清算，在日终轧差之前，支付可以删除或修改。

FedWire的资金清算流程如图7-10所示。

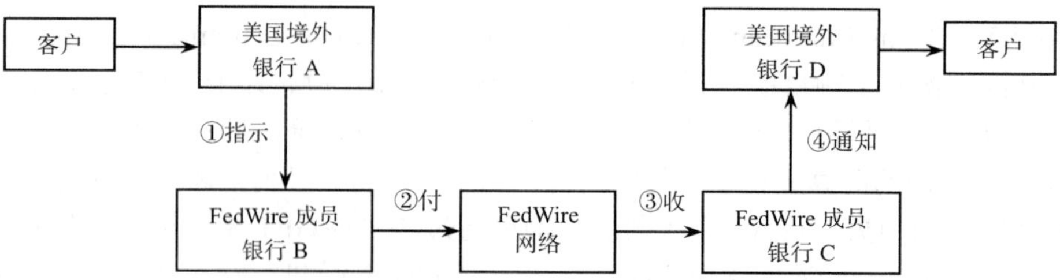


图 7-10 FedWire 的资金清算流程

### 7.5.2 中国著名支付系统

#### 1. 中国支付系统

目前中国存在八类支付系统，分别是全国手工联行系统、同城清算所系统、电子联行系统、电子资金汇兑系统、银行卡支付系统、网上银行系统、中国现代化支付系统及邮政储蓄和汇兑系统。其中，中国现代化支付系统是正在建设的系统，是中国支付系统的大动脉。

（1）全国手工联行系统。国有商业银行以前都有自己的手工联行系统，办理异地支付交易的清算和结算。截至 1996 年年底，四大国有商业银行全部用各自的电子汇兑系统取代了原先的手工联行系统。不过，中国人民银行仍然运行着全国手工联行系统，对跨行纸制票据提供清算和结算服务，并办理中央银行各分行之间的资金调拨。

中国人民银行的全国手工联行系统，分县辖、省辖和全国三个级别，是三级联行系统。其业务处理内容包括：

1）支付凭证的交换。一般是通过信汇或电汇在发起行和接收行之间进行直接交换。

2）资金结算。发起行和接收行根据支付项目的联行清算范围，将支付总金额记入相应账户。

3）对账监督。每天（有的五天）每个分/支行向其上级机构报告往来账户发生额，以便管辖行实施对账监督，并计算联行往来汇差净额结算金额。

（2）同城清算所系统。该系统是由中央银行拥有和运行的，其主要职责是处理同城范围内的借记和贷记支付，进行票据清分、结算和交换的支付系统，采用批量处理、净额结算、约时进账方式完成支付交易。我国有 300 多家城市清算所和 2 000 多个县城票据交换点。清算所的成员行把按接收行清算好的票据交给清算所，票据在成员行之间进行交换后，各成员银行按发生和收到的所有贷记、借记支付项目，计算出一个净结算金额，提交给中央银行城市分行营业部，以便当日过账到结算账户。

为提高同城清算的电子化程度，已有 15 个业务量的清算所采用票据清分机进行资金清算；近 130 个城市采用数据通信网传送支付数据，实现电子资金转账；近 160 个城市采用磁介质交换支付数据。这样，我国的同城清算所在逐步向自动清算所发展。

（3）电子联行系统。为了解决手工联行存在的效率低、在途资金多和安全性差等严重问题，中国人民银行于 1989 年开始建设全国电子联行系统（The National Electronic Inter-bank System，EIS），并于 1991 年年底正式投入运营。该系统对加快我国的资金周转、提高社会资金的运用效益、促进国民经济的发展发挥了重要的作用，是我国银行业异地资金划汇的主渠道。中国人民银行的全国电子联行系统是中国现代化支付系统的一个组成部分。

（4）电子资金汇兑系统。截至1996年年底，四大国有商业银行都先后建立了自己的全国电子汇兑系统，并取代了原先各自的手工联行系统。这些系统的各级处理中心在日终或次日营业前，就可为各成员分支机构计算出净额结算余额，大大加快了支付指令的处理速度。对于跨行交易，还需要通过中央银行系统（中国人民银行的手工或电子联行系统）才能完成资金的最终清算。除了四大国有商业银行外，其他商业银行也纷纷建立了各自的全国性或地区性的电子汇兑系统。

（5）银行卡支付系统。我国许多商业银行，先后建立了各自的地区性和全国性的银行卡授权和支付系统。为了促进银行卡的跨行信息交换网络的建立，推动跨行和跨地区的ATM交易和POS交易，从1993年起，全国“金卡工程”12个试点城市开始了跨行的银行卡信息交换中心的建设，并于1997年9月全部开通运行。全国银行卡信息交换中心也于1998年年底投入试运行。全国性和地区性的银行卡信息交换中心的建立和推广应用，推进了我国自助银行系统的发展。

（6）网上银行系统。20世纪90年代中后期，随着互联网的快速发展和电子商务的兴起，我国的银行开始建立网上银行系统，为客户提供网上支付和网上银行服务。例如，招商银行、中国银行、中国建设银行和中国工商银行等，都先后建立了自己的网上银行系统，并为客户提供网上支付和网上银行服务。当今的网上银行服务，主要是家庭银行和企业银行服务。进入21世纪后，电子商务将在全球范围内获得快速发展，从而网上支付和网上银行服务也将得到快速推动，银行电子化必会因此进入一个全新的发展时代。

（7）中国现代化支付系统。中国现代化支付系统（China National Advanced Payment System，CNAPS）是在中国国家金融通信网上运行的国家级的现代化支付系统，它集金融支付服务、支付资金清算、金融经营管理和货币政策职能为一体的综合性金融服务系统。CNAPS试点工程自1997年6月启动以来，已取得了重大的进展，计算机通信网络已经全部安装调试完毕，进入试运行阶段。CNAPS彻底建成后，将使我国的支付体系建设跨入世界先进行列。

（8）邮政储蓄和汇兑系统。除了银行外，我国的邮政系统也建立了自己的邮政储蓄和汇兑系统，为客户提供相应的金融服务。

### 2. 中国金融认证中心

中国金融认证中心（China Financial Certification Authority，CFCA）是经中国人民银行和国家信息安全管理机构批准成立的国家级权威的安全认证机构，是重要的国家金融信息安全基础设施之一。它由中国人民银行牵头，联合中国工商银行、中国银行、中国农业银行、中国建设银行、交通银行、招商银行、中信实业银行、华夏银行、广东发展银行、深圳发展银行、光大银行、民生银行12家商业银行联合共建。由银行卡信息交换总中心承建。

为了保证互联网上电子交易的安全性（保密性、真实完整性和不可否认性），防范交易及支付过程中的欺诈行为，除了在信息传输过程中采用更强的加密算法等措施之外，还必须在网上建立一种信任及信任验证机制，使交易及支付各方能够确认其他各方的身份，这就要求参加电子商务的各方必须有一个可以被验证的身份标识，即数字证书。数字证书是各类实体（个人/持卡人、企业/商户、银行/网关等）在网上进行信息交流及商务活动的身份证明，在电子交易的各个环节，交易的各方都需验证对方数字证书的有效性，从而解决相互间的信任问题。

中国金融认证中心作为一个权威的、可信赖的、公正的第三方信任机构，专门负责为金融业的各种认证需求提供证书服务，包括电子商务、网上银行、支付系统和管理信息系统等，为参与网上交易的各方提供安全的基础，建立彼此信任的机制。在中国电子商务发展中，其组织并参与有关网上交易规则的制定，以及确立相应的技术标准等，在不远的将来实现与国外认证中心的交叉认证。

金融认证中心为了满足金融业在电子商务方面的多种需求，采用 PKI 技术，建立了 SET 和 Non-SET 两套系统，提供多种证书来支持各成员行有关电子商务的应用开发以及证书的使用。

（1）CFCA 系统的体系结构，如图 7-11 所示。

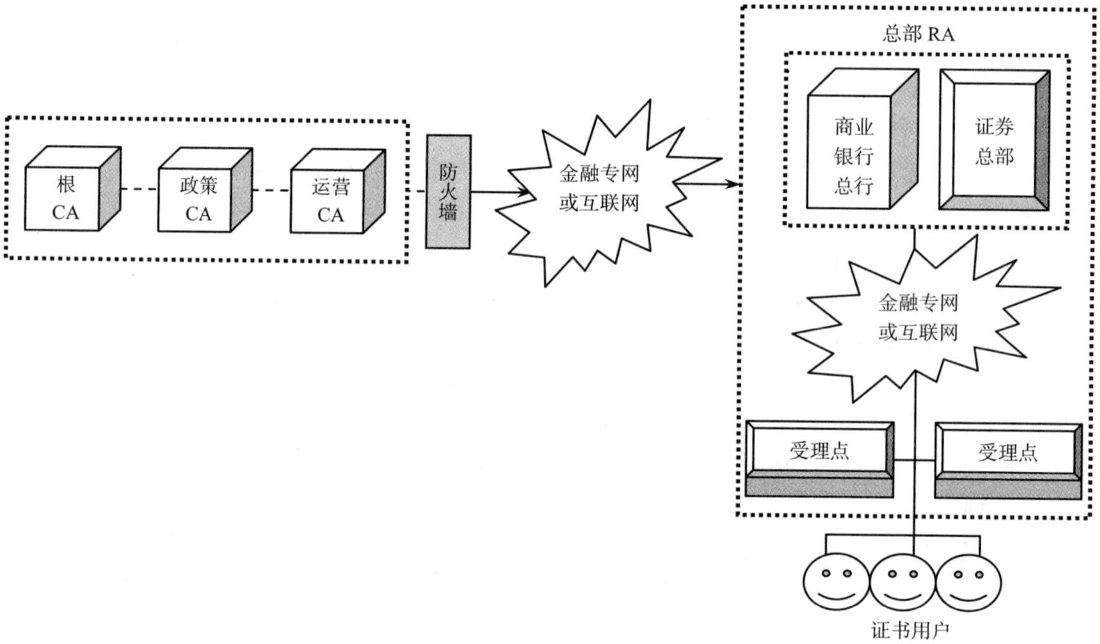


图 7-11　CFCA 系统体系结构示意图

CFCA 认证系统采用国际领先的 PKI 技术，总体为三层 CA 结构。

1）第一层为根 CA。

2）第二层为政策 CA，可向不同行业、领域扩展信用范围。

3）第三层为运营 CA，根据证书运作规范（CPS）发放证书。运营 CA 由 CA 系统和证书注册审批机构（RA）两大部分组成：

① CA 系统。承担证书签发、审批、废止、查询、数字签名、证书/黑名单发布、密钥

恢复与管理、证书认定和政策制定。CA 系统设在 CFCA 本部，不直接面对用户。

② RA 系统。直接面向用户，负责用户身份申请审核，并向 CA 申请为用户转发证书。一般设置在商业银行的总行、证券公司、保险公司总部及其他应用证书的机构总部，受理点（LRA）设置在商业银行的分/支行、证券、保险营业部及其他应用证书机构的分支机构，RA 系统可方便集成到其业务应用系统。

（2）CFCA 的目标。中国金融 CA 建立了 SET CA 及 Non-SET CA 两大体系。Non-SET CA 体系也称 PKI CA 系统。其宗旨是向各种用户颁发不同种类的数字证书，以金融行业的可信赖性及权威性支持中国电子商务的应用、网上银行业务的应用及其他安全管理业务的应用。

金融 CA 建设初期尚属试点工程，规模不大，但功能齐全，近期预计每年发放 15 万张 Non-SET 证书（其中企业证书 3 万张，其余为 Web、SSL 证书等）；SET 证书 10 万张，企业 2 万张，个人 8 万张，SET 证书支持 SET 1.0 扩充版功能，既支持信用卡，又支持借记卡及 PIN 的处理。当 CA 完善后，扩大其应用范围，可发放 S/MIME、VPN 及特制 X.509 证书等，还将发放支持无线 WAP 协议的证书。

中国金融 CA 所适应的业务应用模式，无论是网上银行还是网上购物都支持 B2C、B2B 以及 B2G 模式。

中国金融认证中心的建成和投入使用，充分地体现了“联合共建”的原则，既节约了资源、资金、人力、物力，又提高了证书的权威性，扩大了使用范围，是全国金融界携手合作的又一成果，为建立规范统一、布局合理的全国安全认证体系打下了良好的基础。

中信实业银行和中国光大银行已经建立了 CFCA 的证书审批系统。金融认证中心的建成和运行，奠定了我国发展电子商务最关键的网上安全支付基础，标志着中国电子商务进入了可以提供跨银行安全支付的新阶段。这对已经开展的“首都电子商务工程”提供了有力支持，进而为全国广大消费者及社会各界提供了安全、良好的电子商务交易环境。中国金融系统将以联合共建的中国金融认证中心为基础开展广泛的合作，推动我国电子商务进入一个高速发展的新阶段。

**相关链接**

**CFCA 数字证书**

1．CFCA 数字证书种类

包括企业高级证书、个人高级证书、企业普通证书、个人普通证书、服务器证书、手机证书、安全电子邮件证书、VPN 设备证书和代码签名证书等。

2．企业和个人如何获得 CFCA 证书

（1）用户先得到 CFCA 授权的证书审批机构 RA 申请证书；

（2）申请者一般需要提供有关开户账号、身份证/组织机构代码、邮件地址等有效信息；

（3）RA 审核通过后给用户参考号、授权码作为获得证书的凭据；

（4）用户得到参考号、授权码后，可自行登录 CFCA 网站获得证书。

### 7.5.3 我国电子支付中的政策与规范

#### 1. 电子银行业务管理新政策

2006 年 2 月 6 日，中国银监会颁布了《电子银行业务管理办法》(简称《管理办法》)，此法规的颁布在一定程度上为电子银行的业务安全、风险管理、风险控制、安全控制提供了一定的标准。

依据《管理办法》，银监会明确了监管权力，金融系统的整合力大大增加。银监会规定，金融机构申请电子银行时，必须提交业务说明、业务发展规划、安全评估报告等材料，从而可以从国家层面上安排电子银行业务的整体布局，增强银行间的业务协调，避免众多银行的同质化、低水平、高强度的竞争。同时，金融机构可能会联合起来，以整体身份与移动运营商谈判，增加合作的砝码。

#### 2. 加强对电子支付的法律监管

对于金融机构的监管主要从两方面进行监督。一方面，要通过对其进入和退出金融市场进行审核，确保只有具有良好信用度和雄厚资金实力的机构进入电子支付系统，以防网络欺诈。另一方面，要加大对金融机构电子货币的发行资格、电子货币流通过程中安全支付标准的审查和监督、电子货币流通法规的制定、电子货币风险系统的控制的监管力度。

#### 3. 对安全电子支付的规范与引导

为了促进支付服务市场的健康发展、规范支付清算行为、提高清算效率、防范清算风险、维护金融市场的稳定，中国人民银行根据有关法律法规，通过对我国支付服务市场情况的调查研究，于 2005 年 6 月出台了《支付清算组织管理办法(意见征求稿)》，正式文件尚未出台，该文件主要针对第三方支付平台进行规范。

2005 年 10 月，中国人民银行发布了《电子支付指引(第一号)》(简称《指引》)，对银行从事电子支付业务提出了指导性要求，以规范和引导电子支付的发展。《指引》规范的主体主要是银行及接受其电子支付服务的客户。

《指引》要求银行在物理上保证电子支付业务处理系统的设计和运行，避免电子支付数据在传输、处理、存储、使用和修改过程中被泄露和篡改；采取有效的内控措施为交易数据保密；在法律法规许可和客户授权的范围内妥善保管和使用各种信息和交易资料；提倡由合法的第三方认证机构提供认证服务，以保证认证的公正性；以调整银行与客户之间的关系为主线，引导和规范境内发生的银行为客户提供的电子支付业务。

## 本章小结

电子支付是实现网上交易最重要的一个环节。它是消费者、商家和金融机构之间使用安全电子手段把支付信息通过信息网络安全地传送到银行或相应的处理机构，以实现货币支付或资金流转的支付系统。

电子支付工具主要分为三大类：第一类是电子货币类，如电子钱包、电子现金等；第二类是智能卡类，包括银行卡、购物卡等；第三类是电子支票类，如电子支票，电子汇款等。这些方式各有各的特点和运作模式，适用于不同的交易过程。

电子货币就是一种以电子脉冲代替纸张进行资金传输和储存的信用货币。

网上银行也称网络银行、在线银行，它利用网络技术，通过网络向客户提供开户、销户、查询、对账、行内转账、跨行转账、信贷、网上证券、投资理财等传统服务项目，使客户足不出户就能够安全便捷地管理活期和定期存款、支票、信用卡及个人投资等。网络银行的运作模式分为纯粹的网上银行和网络分支机构两种。

国外著名电子汇兑系统包括 SWIFT、CHIPS 和 FedWire；目前国内的支付系统包括八类支付系统，分别是全国手工联行系统、同城清算所系统、电子联行系统、电子资金汇兑系统、银行卡支付系统、网上银行系统、中国现代化支付系统及邮政储蓄和汇兑系统。其中，中国国家现代化支付系统是正在建设的系统，是中国支付系统的大动脉。

## 复习思考题

### 一、选择题

1．电子支付是指电子交易的当事人，使用安全电子支付手段，通过（　　）进行的货币支付或资金流转。

A．网络　　B．开户银行　　C．发卡银行　　D．中介银行

2．在支付全过程的两个层次中，既参与支付服务系统的活动，也参与支付资金清算系统的活动的是（　　）。

A．商业银行　　B．客户　　C．中央银行　　D．人民银行

3．下列关于网上理财的优势的描述不正确的是（　　）。

A．不受时间和地点的限制　　B．具有交互式双向信息交流模式

C．推动企业的国际化进程　　D．增加券商和投资者的运作成本与周期

4．有关电子钱包说法错误的是（　　）。

A．一个在 SET 交易中运行在银行卡持卡人端的软件

B．不能帮助持卡人管理用于 SET 购买的银行卡账户并存储购买信息

C．持卡人的银行卡信息和与卡对应的证书都存放在电子钱包里

D．电子钱包是与浏览器一起工作的应用程序

### 二、判断题

1．支付与结算可以直接理解为支付结算或支付。（　　）

2．借记卡是指具备透支功能的银行卡。（　　）

3．电子货币反映国家信用。（　　）

4．SWIFT 只完成国际间支付结算指令信息传递。（　　）

### 三、多选题

1．电子银行业务包括（　　）。

A．网上银行　　B．电话银行　　C．手机银行　　D．自助银行

2．智能卡的应用包括（　　）。

A．传统的电子支付　　B．互联网上的网络支付

C．电子身份识别　　D．信息存储

3．SET 是一个在互联网上实现安全电子交易的协议标准，它是（　　）。

A．会话层的网络标准协议

B．规定了交易各方进行交易结算时的具体流程和安全控制策略

C．通过使用公共密钥和对称密钥方式加密保证了数据的保密性

D．通过使用数字签名来确定数据是否被篡改，保证数据的一致性和完整性，并可以完成交易防抵赖

**四、简答题**

1．什么是电子支付？电子支付系统由什么构成？

2．简述电子货币的定义及种类。

# 第8章　无线网络与移动电子商务

## 引导案例

### 银泰百货的无线网络新变革

作为国内一流的百货连锁企业之一，银泰商业集团近年发展迅速。随着其业态的逐渐丰富，以O2O模式提升银泰线下百货业务能力的需求日渐凸显；同时，为顾客打造VIP式专属购物环境也成为银泰集团提升服务品质的关键一环。针对以上需求，银泰集团急待部署一套高性能并且带有自动感知识别能力的无线网络。经过对多家无线网络解决方案供应商的考量与评测，银泰商业集团最终选择采用摩托罗拉系统与合作伙伴北京易和讯科技有限公司共同为其量身打造的无线网络解决方案满足到店顾客日渐增长的网络需求，并为构建O2O经营模式新平台打下基础。首批进行部署的银泰商业集团杭州文化广场店采用了摩托罗拉系统旗下由RFD7000交换机、AP622接入点及AirDefense基础设施管理所构成的解决方案，全面覆盖其近4万平方米的营业面积，进一步完善了网络稳定程度与信号接收灵敏度，并实现网络设备的集中式管理，确保网络高效、稳定与安全运行。北京易和讯科技有限公司CEO黄晓艺说："作为银泰商业集团的无线网络增值服务提供商，我们结合摩托罗拉系统优秀的硬件设备，为银泰集团提供基于无线网络的感知、分析、沟通、整体解决方案，助其提供线上线下统一的用户体验，使得银泰集团在未来的竞争中保持自己的优势。"

摩托罗拉系统高性能无线接入点的自动感知优势还可以对该用户的无线体验信息进行监测，与无线网络分析解决方案相结合，从而帮助银泰商业集团增加实体店销售业绩的同时，保持其与网上商城的竞争力。另外，银泰商业集团的营销部门也由此提升了商品促销的精准度，根据不同购物习惯的消费者选购商品的喜好，将最及时和经济的购物信息直接通过无线网络推送给消费者，同时增加他们留点的时间，进而获得更多顾客消费的时间和机会。摩托罗拉系统的无线网络解决方案的无线网络架构摒弃了传统的无线控制器和无线AP之间的诧异，实现了控制器管理控制器、控制器管理AP。整个网络无论何种规模均可实现集中、统一、便捷的管理。无论银泰商业集团参与无线部署的购物中心面积多大，通过简单的Profile调整即可实现对全网所有AP、安全策略、射频策略的变更，从而确保网络的运营成本最小化。同时，该解决方案里所采用的AP622无线接入点还完全支持标准以太网供电技术，无须进行成本高昂的基础设施升级，保障了日后的网络维护与拓展成本。作为首批运行该项目的商场之一，银泰商业集团杭州西湖文化广场店目前已经部署了摩托罗拉系统无线网络并投放使用。

（资料来源：银泰商业集团携手摩托罗拉系统无线网络业务打造O2O商务新平台，IT APPLY）

## 本章学习目标

- 了解无线网络的概念、分类、连接设备，移动通信介质、移动通信技术的发展，移动电子商务的优势、发展现状、应用；
- 掌握无线网络的基本概念和特点，移动通信技术原理，无线应用协议 WAP 通信模型，移动电子商务的概念。

# 8.1 无线网络

无线通信技术的发展使得人类通信经历了极大的变革，无线通信技术正向着各个方向发展，人们对于无线通信的需求也促使了无线网络的发展。伴随便携式计算机、个人数字助理及智能手机的普遍使用，无线网络得到了广泛的应用。

## 8.1.1 无线网络的概念和特点

无线网络的概念是相对于有线网络提出的，可以认为有线网络的延伸。传统网络是基于网线或其他网络传播媒介的，无线网络是区别于传统有线网络的新型网络组建方式。无线网络在一定程度上摆脱了传统有线网络对于网线等传输介质的依赖。相较于有线网络，无线网络开发运营成本低、时间短，受地形影响小，组建方便，但无线网络的稳定性和安全性要弱。

第一代无线 LAN 技术传输速度很低，但无线带来的灵活性和自由性为早期的无线专有产品提供了广泛的市场。随着无线网络技术的爆发性普及，多家无线供应商意识到必须为无线网络建立类似于有线网络的标准，1997 年 IEEE 802.11 标准问世。随着 IEEE 802.11 标准的制定和执行，无线网络的传输率也在不断变快。

无线网络具有如下特点：

### 1. 无线传输

无线网络采用微波传输数据，极大减少了需要架设光缆和电缆的数量。在室内可以通过室内全向天线覆盖 500 平方米的开放式办公环境，在室外可以通过室外全向天线进行通信，还可以采用室外高增益定向天线提高通信半径。无线网卡采用的扩展频谱技术工作频段对其他微波设备没有任何干扰，也不需要申请无线电频专用许可。无线传输的这一特点使得用户无论身处于何地，只要在附近几米甚至几十公里内有无线基站，都可以随时随地接入网络。

### 2. 自动速率选择

无线网络提供了四种传输速率选择，即高速模式、中速模式、标准模式和标准低速模式。所谓自动速率选择（Auto Rate Selection，ARS）机制，即系统可以根据传输距离、环境噪声等诸多因素自动调节传输速度。ARS 能自动将系统速率调节适当，确保持续有效的覆盖面，从而设计出最优化的方案，以达到低成本、高密度和高吞吐量。ARS 弥补了无线网络不如有线网络快速高效的缺陷，更增加了用户所需要的灵活性。

### 3．带宽共享

无线网络与由集线器构建的有线网络一样是共享的，即网络的带宽由所有接入网络的设备共享。同一时间接入网络的设备越多，每个设备分配到的带宽就越少。很多无线网络用户反映，在用网高峰时段网络传输速度很慢。造成这种现象的原因正是无线网络的带宽共享这一特点造成的，因此，当用户需要进行网络视频会议、拨打 IP 电话等对传输速率要求较高的网络任务时，并不太适合使用无线网络。

### 4．加密传输

在无线网络中进行传输的数据都是经过加密的，以确保用户传输的数据不被劫持和破译。加密存在于无线网络传输的各个阶段，加密措施有 DSS 扩频技术、总站监控管理、硬加密、用户和高级数据加密算法。

**【课堂讨论题】**

无线网络与有线网络的区别到底有哪些？

## 8.1.2　无线网络的分类

与有线网络类似，无线网络按照覆盖范围、传输速率和用途的不同，可以分为无线广域网、无线城域网、无线局域网和无线个人区域网络。

### 1．无线广域网（Wireless Wide Area Network，WWAN）

通过移动通信卫星进行的数据通信，覆盖范围最大，通常是一个国家或一个洲，目的是连接分布较远的各局域网。代表技术为 3G、4G 及 5G 等，一般数据传输速率在 2Mbps 以上。

### 2．无线城域网（Wireless Metropolitan Area Network，WMAN）

通过移动电话或车载装置进行的移动数据通信，可以覆盖城市中大部分地区，是城市无线接入的一种新型手段。由于当前较多的无线通信技术接入速率低、覆盖范围小、移动速度慢，无线城域网应运而生，其代表技术是 IEEE 802.20，主要研究移动宽带无线接入（Mobile Broadband Wireless Access，MBWA）技术和相关标准的制定，这一标准更强调地域上的全面覆盖性和高速的移动性。

### 3．无线局域网（Wireless Local Area Network，WLAN）

无线局域网的覆盖范围较小，一般用于区域间的无线通信。无线局域网按照是否有固定基础设施可以分为两类。固定基础设施是指预先建立的、能够覆盖一定地理范围的一批固定基站，如移动电话基站。对于有固定基础设施的无线局域网，IEEE 制定了 802.11 协议标准系列。802.11 标准非常复杂，它采用星形拓扑结构，以其中心作为接入点，在介质访问控制层使用 CSMA/CA 协议，初期的 802.11 标准数据速率低，因此后形又推出了 802.11a、802.11b、802.11g 和 802.11n 等。新的协议和设备使得无线局域网具有更高的数据传输速率和数据吞吐量，无线局域网也凭借着其优越的灵活性和便捷性在网络应用方面占据着举足轻重的地位。

值得一提的是，我们在日常生活中经常提及的 Wi-Fi 与无线局域网并不是同一个概念，所谓的 Wi-Fi，全称这 Wireless-Fidelity，意思为无线保真度，是指使用 802.11 系列协议的无线局域网。由于 802.11 协议使用范围广，因此 Wi-Fi 也几乎成为无线局域网的同义词。

#### 4．无线个人区域网（Wireless Personal Area Network，WPAN）

无线个人网提供了一种小范围内无线通信的手段，传输距离在 10 米左右，典型的技术是 IEEE 802.15 和蓝牙，数据传输速率在 10Mbps 以上。

### 8.1.3 无线网络连接设备

无线网络中的连接设备主要有无线 AP 设备、无线网卡、无线路由器和天线等。

#### 1．无线 AP 设备

无线 AP 设备提供了有线网络和无线终端互相访问的桥梁，凡是在 AP 设备覆盖范围内的无线终端都可以通过该设备进行通信。AP 设备具有有线网络接口，也具有网桥功能，支持外置天线和定向天线。一般的无线 AP 设备覆盖范围从几十米到上百米不等。当前无线局域网应用广泛，AP 产品也多种多样，各自具有其特点和应用，按照应用场合不同可以分为室内型 AP 和室外型 AP，按照功能特点不同可以分为宽带接入型 AP 和基本型 AP。图 8-1 为室外型无线 AP 设备。

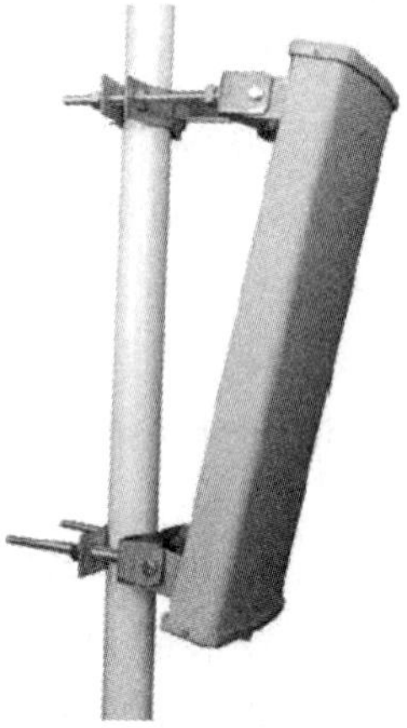

图 8-1　室外型无线 AP 设备

#### 2．无线网卡

无线网卡是用于信号收发的设备，其功用相当于有线网络中的调制解调器。不同传输速率的无线网卡对应着不同的 802.11 系列协议。根据不同的接口类型，无线网卡可以分为 PCMIA 无线网卡、PCI 无线网卡、Mini-PCI 无线网卡、PCI-E 无线网卡、USB 无线网卡。CF/SD 无线网卡等，其中，Mini-PCI 无线网卡和 PCI-E 无线网卡是内置网卡，目前，市面上销售的绝大部分上网本或笔记本电脑等都配制了内置无线网卡，并不需要另外购买。图 8-2 为 USB 无线网卡。

图 8-2　USB 无线网卡

### 3. 无线路由器

无线路由器是计算机网络中带有无线覆盖功能的节点设备，其作用是连接多个子网并选择信息传输线路，应用于用户接入网络，目的是提高通信效率，节约网络资源。无线路由器支持防火墙、VPN、WEP 加密，支持认证技术，支持 IEEE 802.11 系列标准，能够存储用户名称和密码，适用于大规模网络和较为复杂的网络拓扑结构，安全性较高。流行于市场上的无线路由器一般都支持专线 XDSL/CABLE、动态 XDSL、PPTP 等接入方式。此外，还具有一些其他的网络管理功能，如 DHCP 服务及 MAC 地址过滤等功能。图 8-3 为无线路由器。

图 8-3　无线路由器

### 4. 天线

天线是用来收发电磁波的设备，主要有全向天线和定向天线两种。全向天线主要用于覆盖范围大、距离较近的场所，定向天线主要用于覆盖范围小、距离较远的场所。一般而言，每个无线设备都有天线。

**【课堂讨论题】**

信息从卫星上传回地面，一定是无线的，那么卫星是如何把地球上的信息（特别是位置信息）传到地面网络上再传到你的手机上呢？

## 8.2 移动通信

移动通信是指沟通移动用户与固定点用户之间或移动用户之间的通信方式。移动手机和智能化终端的实现使得越来越多的用户习惯于移动通信。移动通信灵活性极强，市场潜能大，各大移动通信运营商、制造商及内容提供商也都积极投入移动通信技术之中。移动通信技术得到了迅速发展。

### 8.2.1 移动通信介质

移动通信系统由空间系统和地面系统两部分组成。地面系统包括卫星移动无线电台、天线、关口站、基站等。用于移动通信的介质可以分为有线介质和无线介质两大类。有线介质主要指双绞线、同轴电缆和光纤等，无线介质主要指无线电波。无线电波的使用频段遍及低频、中频、高频、甚高频、特高频和微波，我国陆地移动电话通信系统常采用 160、450、800 及 900MHz 频段；地空之间的航空移动通信系统常采用 108～136MHz 频段；岸站与船站的海上移动通信系统常采用 150MHz 频段；国际上，海事卫星移动通信系统采用 1.5GHz/1.6GHz 的 L 频段；陆地的卫星移动通信系统有采用 L 频段的，也有用 11/14、12/14GHzKu 频段的。

### 8.2.2 移动通信技术的发展

1971 年美国贝尔实验室在技术报告中第一次全面论证了蜂窝移动系统的可行性；1895 年 9 月马可尼成功实现无线电报传输，利用电磁波进行信息传输的无线通信技术得到了各国的广泛关注；20 世纪 20 年代初，美国底特律警察局将 2MHz 频段的无线电台安装在警车上用作调度通信，随后无线通信得到了广泛普及和应用。其发展经历了以下几个阶段。

第一阶段是 20 世纪 20 年代初至 50 年代初，主要用于舰船及军队，这一阶段主要采用短波频及电子管技术，这一阶段末期才出现 150MHz 单工汽车公用移动电话系统 MTS。

第二阶段是 20 世纪 50～60 年代，频段扩展至 UHF450MHz，硬件技术已经向半导体过渡，移动电话与公用电话网的接续问题也得到了解决。

第三阶段是 20 世纪 70 年代初至 80 年代，此时频宽扩展至 800MHz，以贝尔系统为主开展的高级移动电话成功上市，其他移动通信系统也相继上市，这是第一代移动通信系统（1G）。1G 主要采用模拟技术和频分多址（Frequency Division Multiple Access，FDMA）技术。在各国研究出的模拟移动通信系统中，以美国制定的 AMPS 和 TACS 影响最大，这些普遍被称为第一代移动通信系统。这一代移动通信技术在电子商务中的主要体现是在 SMS 上，但这种 SMS 技术信息回馈慢，并不能支撑电子商务业务。

第四阶段是 20 世纪 80～90 年代中期，这一阶段第二代移动通信技术（2G）兴起并发展，逐渐向个人通信业务方向迈进。第二代移动通信系统是数字移动通信系统（Global system for Mobile Communication，GSM），核心技术是数字语音传输技术。GSM 最先由欧洲提出，随后迅速被多国使用。数字移动通信系统相对于模拟移动通信系统有着非常明显的优越性，移动终端主要是初期的智能终端和非智能终端，主要的增值业务也是基于 WAP 的应用、短信和彩信。为满足人们对不同信息形式的追求，2G 也从单纯的语音通信发展为可以提供语音、图像及文字等综合信息的传输，并且可以通过无线接入互联网，但受到各方面条件的制约。2G 在网页访问中展示出来的交互能力较差，因此，虽然 2G 实现了用户通过手机浏览网页可以获取信息，基于 2G 的电子商务也相应地得到了发展，但移动电子商务的灵活性和方便性仍然受到极大的制约。

第五阶段为 20 世纪 90 年代中至今，这一阶段以支持高速数据传输的蜂窝移动通信技术为核心技术，也是第三代移动通信技术（3G）。3G 服务能够同时传送声音及数据信息，速率一般在几百 kbps 以上。3G 的代表特征是高数据传输率，这保证了声音和数据信息的同时传送。同时，3G 可以实现用户在全球漫游，在不同的运动状态下得到 3G 服务质量的保证，并且支持多媒体业务，适用于多种环境，综合当前多种系统（如地面移动通信系统、卫星通信系统以及公众电话交换网等）提供无缝覆盖，这使得移动电子商务也迅速发展起来。

4G 是第四代移动通信技术。4G 可以使用户不限时间和地点的接入网络，不仅继承并提升了 3G 技术的所有优点，而且在数据传输速率上有了极大的突破，是 3G 传输速率的 50 倍，能够承载视频通话等多媒体通信，市场潜力巨大。4G 优化了网络结构和终端接入模式，还通过智能天线等核心技术整合多种通信网络，使得系统能够方便地进行切换，实现全面兼容的"云共享"、"云通信"等技术。此外，4G 技术的抗干扰能力强，修复速度快，安全性能和保密性能都十分优秀。当前，我国正处于 3G 到 4G 的过渡期，4G 移动通信技术正在改变着中国社会，也必然成为影响人们生产生活和工作的又一重大变革，移动电子商务也会伴随着移动通信技术的发展而展现出更为广阔的市场空间。当然，4G 并不是终点，第五代移动电话通信标准，即 5G 已经在研究中，三星和华为都已投入大量的精力。

### 8.2.3　移动通信技术

#### 1．GSM

GSM（数字移动通信系统）提供多种服务，如语音、数据、短消息、补充等业务，其中主要提供的是语音业务，也是最重要的业务。GSM 由一系列功能单元构成，一般来说，GSM 可以分为基站子系统（BSS）和网络子系统（NSS）两个主要部分。具体结构如图 8-4 所示。

基站子系统包括移动台和基站。移动台是用户设备，所有在系统中的移动台都可以利用 SIM 来识别移动用户，保证合法用户使用移动网络。基站在 GSM 网络的固定部分和无线电部分之间提供中继。

网络子系统的核心是 MSC。MSC 提供交换功能，连接移动用户与固定用户、移动用户与移动用户等。

#### 2．GPRS

GPRS（通用分组无线服务）系统利用 GSM 系统的全部基础设施，覆盖 GSM 的全部功能并提供分组服务。GPRS 的系统结构较 GSM 系统结构仅增加了 GGSN（GPRS 网关支持功能模块）和 SGSN（GPRS 服务支持功能模块）。网关支持功能模块主要在移动网络与其他网络通信时起到网关作用，服务支持功能模块将无线信道上的数据转化为分组数据形式。

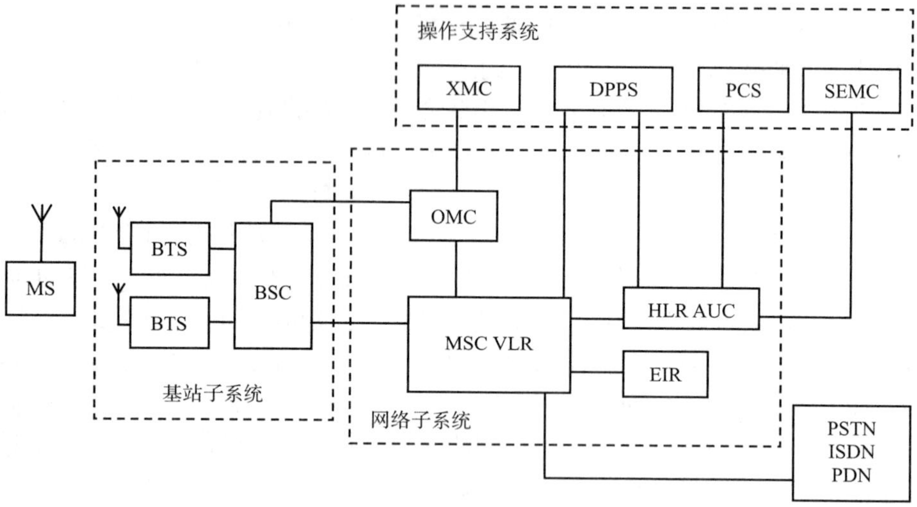


图 8-4　GSM 网络结构

注：BTS—基站收发信号；EIR—设备识别器；NMC—网络控制中心；
BSC—基站控制器；IWF—交互工作功能；OMC—操作和维护中心；
MS—移动台；MSC—移动业务交换中心；VLR—拜访位置寄存器；
HLR—归属位置寄存器；EIR—移动台设备识别寄存器；NMC—网络管理中心；
DPPS—数据后处理系统；PCS—用户识别卡个人化中心；SEMC—安全性管理中心；
PSTN—公用电话网；ISDN—综合业务数字网；PDN—公用数据网。

虽然在硬件方面与 GSM 相比 GPRS 改动不大，但在协议层上有着较大的改变。GPRS 支持互联网上应用最广泛的 IP 协议和 X.25 协议，从而使 GPRS 可以与多种网络交互，促进通信和数据网络的融合。数据终端通过移动台与局域网进行数据分组通信时，首先通过移动台 BTS、BSC、SGSN 进入 GPRS 骨干网，然后经过 GGSN 网关的作用后，达到互联网，在通过路由器与局域网中的终端进行通信。

GPRS 主要提供点对点（PTP）服务和点到多点（PTM）服务。PTP 服务在两用户之间提供一个或多个数据包传输。PTP 可以分为两类：一类是点到点面向连接的网络服务（PTP2CON），指的是多个数据包在用户之间传输，这种服务需要在用户之间建立逻辑连接；另一类是点到点无连接的网络服务（PTP2CLINS），这种服务属于数据报类型，主要为突发业务提供服务。在无线接口，PTP2CLINS 提供应答方式的服务，并且提供可靠传输。

**【课堂讨论题】**

基站主要完成什么工作？你家附近有基站吗？学校附近有基站吗？

### 3. CDMA

CDMA（码分多址）系统的各信源的发射信号在码结构上各不相同，且相互具有正交或准正交性以区别地址，但在频率时间和空间上都有可能重叠，发射信号占有相当宽的频段。相应地，在接收信号时，只有与某一地址码对应的接收机利用正交特性才能检测出来。

CDMA 系统具有容量大、抗干扰性强、电磁污染小、保密性好等优点，在军事通信中取得了很好的应用。

CDMA 数字移动通信系统的网络结构与 GSM 类似，由 BTS（基站收发信号）、BSC（基站控制器）、MSC（移动业务交换中心）、OMC（操作的维护中心）组成，还包括两个存储器用于记录本地用户信息等。单个 MSC 可控制多个 BSC，BTS 接受 BSC 的命令发射信号。

#### 4．IMT-2000 标准

IMT-2000 是 1997 年国际电信联盟（ITU）提出的第三代移动通信标准，即 3G 标准。图 8-5 是 3G 系统参考模型。IMT-2000 的功能主要有控制所有系统接入、管理和控制无线资源、信道编码和切换、数据编码和压缩、用户终端加密、网络安全、移动呼叫处理、位置管理和地理位置寻找，以及为计算机用户数据管理、短信息服务等其他功能。

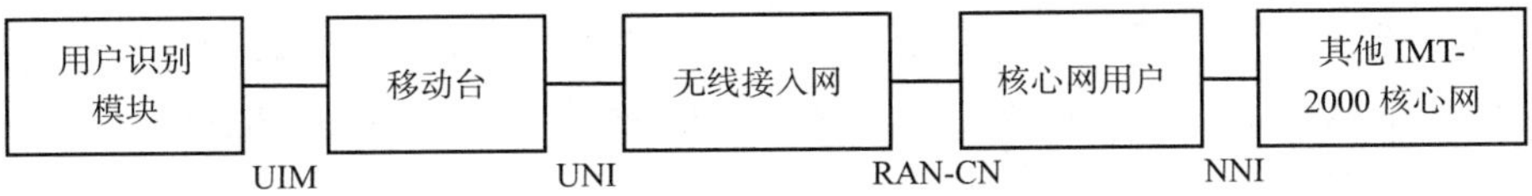


图 8-5　3G 系统参考模型

IMT-2000 的频带为 1885-2025MHz，其中 1980-2010MHz/2170-2200MHz 是卫星通信频段，还有区域扩展频段以备个别地区需要。IMT-2000 的室内通信频率为 2Mbps，车载通信率为 144Kbps，步行通信速率为 384Kbps。IMT-2000 无线接口技术规范建议分为地面部分、卫星部分、发射限制建议等七个部分。其中，地面部分建议分为 CDMA 和 TDMA 两类体制。第三代无线传输技术的主流有日本 ARIB 提出的 W-CDMA、美国高通公司提出的 CDMA2000 与我国自主提出的 TDS-CDMA。

W-CDMA（宽带码分多址）是以 UTRAN（UMTS 陆地无线接入网）为无线接口的第三代移动通信系统。W-CDMA 采用直接序列扩频码分多址（DS-CDMA）、频分双工（FDD）方式。目前，W-CDMA 有 Release 99、Release 4、Release 5、Release 6 等多个版本。基于 Release 99/Release 4 版本，可在 5MHz 的带宽内，提供最高 384Kbps 的用户数据传输速率。W-CDMA 能够支持移动/手提设备之间的语音、图像、数据以及视频通信，速率可达 2Mbps（局域网）或者 384Kbps（宽带网）。

CDMA2000 灵活性极强，提供了多个可选实施方案，支持从 9.6Kbps 到超过 2Mbps 的数据率（电路与分组数据业务）。CDMA2000 采用天线技术并且支持其他系统不能提供的业务，可以在不同环境下以性价比最高的方式工作，被广泛应用于室内办公环境、无线本地环路、车载环境以及混合型车载与室内/室外环境。CDMA2000 继承了第一代 CDMA 蜂窝系统（IS-95）的大量内在特性，基于该系统的运行经验和新兴技术增加了较多的新性能。其中，无线性能中的软切换已经成为 CDMA 系统的最重要性能之一，IS-95B 及 CDMA2000 都提出了动态软切换阈值原理用于解决过多软切换的方案。

TD-SCDMA（时分同步码分多址）是被 3GPP（3$^{rd}$ Generation Partnership Project，第三代合作伙伴计划）认可的世界第三代移动通信的三个主要标准之一。TD-SCDMA 采用智能天线、软件无线电、联合检测、接力切换、下行包交换高速数据传输等一系列高新技术。它具有频谱利用率高、系统容量大、适合运营商开展数据业务、系统成本低并易于升级维护等优势。TD-SCDMA 采用时分双工（TDD）、TDMA/CDMA 多址方式工作，基于同步CDMA、智能天线、多用户检测（JD）、正交可变扩频系数、Turbo 编码技术、CDMA 等新技术，工作于 2010MHz 到 2025MHz，一共占用 15MHz 频谱，基于 GSM 网络，使用现有的 MSC，对 BSC 只进行软件修改，使用 GPRS 技术。可以通过特定接口直接连接到现有GSM 移动交换机支持基本业务，再通过另一特定接口支持数据包交换业务。

【课堂讨论题】

在用户使用无线网络时，都不会去关注上述这些概念，那么了解这些概念有什么用处？

5. 3G 后技术

由于 3G 系统的核心网还没有完全脱离上一代系统的核心网结构，所以，普遍认为第三代仅仅是一个从窄带向未来移动通信系统过渡的阶段。人们早已经把目光越来越多地投向三代以后的移动通信系统，旨在使其可以容纳市场庞大的用户数，改善现有的通信品质，以及达到高速数据传输的要求。从技术层面上看，第三代主要以 CDMA 为核心技术，三代以后的移动通信系统以正交频分复用（Orthogonal Frequency Division Multiplexing，DFDM）为核心技术。业界对第四代移动通信系统（4G）已达成共识，可归结为：核心技术为正交频分复用 OFDM；业务以数据通信和图像通信为主；数据通信速率比第三代大大提高，室外移动通信速率 20Mbps 以上，室内移动速率 100Mbps 以上；将会是全 IP 网络，通信以 IP 协议为基础，与互联网结合；可能是没有基站的，完全与第一、二、三代不同的网络结构。

比较详细的解释是：第四代移动通信系统的概念可称为广带接入和分布网络具有非对称的和超过 2Mbps 的数据传输能力，它包括广带无线固定接入、广带无线局域网、移动广带系统和互操作的广播网络。此外，第四代移动通信系统将是多功能集成的宽带移动通信系统，也是宽带接入 IP 系统。第四代移动通信系统的结构如图 8-6 所示，其中对于公用电话网和 2G 及未实现全 IP 的 3G 网络等通过特定的网关连接，使得整个网络呈现广域网、局域网等互联、综合和重叠。

### 8.2.4 无线应用协议

1997 年，诺基亚、爱立信、摩托罗拉和 Unwired Planet 共同组成了 WAP 论坛，旨在将互联网中的资源及业务引入无线数字通话机及终端中。1998 年，为解决各厂家自主提出的网络增值服务无线标准互不兼容这一问题，WAP 应运而生。WAP 规范针对无线网络低带宽、高延迟的特点进行优化设计，不仅把互联网的一系列标准引入，还进行了优化和扩展。WAP 服务可用来支持特定商业程序，它使信息服务逐渐由纯信息的提供向更加交互化与电子商务化的方向发展。

无线应用协议（Wireless Application Protocol，WAP）是一个协议栈，由一系列标准化协议组成。WAP 标准的提出使得无线通信设备可以方便地访问互联网上的各类资源，也提供了一种与网络类型、运营商和终端设备都独立的、无地域限制的移动增值业务。利用这种技术，用户只要通过 WAP 手机，就可以不限时间地点的浏览网上信息，使用网上信息资源。

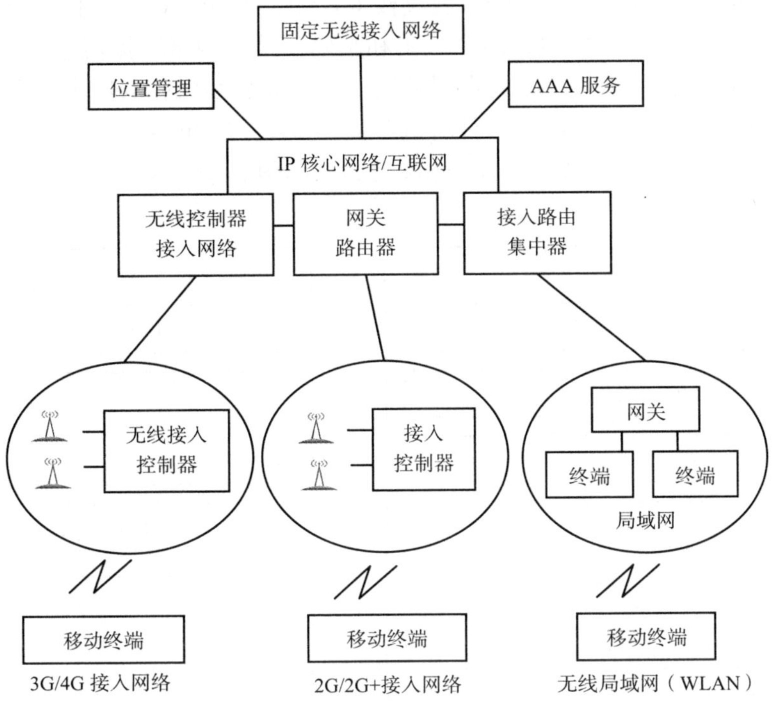


图 8-6　4G 系统结构

WAP 也采用客户机/服务器结构，但与传统的 WWW 不同，WAP 模型中多了一个 WAP 网管，客户机通过 WAP 网关后，再与资源服务器通信。典型的 WAP 应用体系结构由三类实体构成：移动设备、WAP 网关和内容服务器。WAP 应用的基本过程是 WAE 用户代理将编码后的 HTTP 请求通过无线接口经由无线通信网络送给 WAP 网关，网关解码请求后将其转换为标准的 HTTP 请求提交给内容服务器。响应消息从内容服务器返回到 WAP 网关后，网关再对响应信息进行编码返回给移动客户端。WAE 用户代理负责解释并显示响应数据。网关可以同内容服务器集成在一起，也可以单独设立。WAP 通信模型如图 8-7 所示。

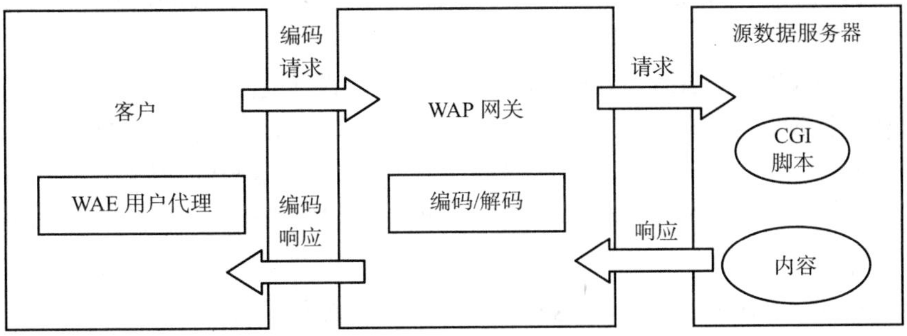


图 8-7　WAP 通信模型

具有 WAP 用户代理功能的移动终端（如 WAP 手机）相当于互联网中的 PC，它可以帮助用户实现 WAP 业务请求，并以无线方式发送和接收所需要的信息。WAP 终端使用 WML（Wireless Markup Language，无线标记语言）显示各种文字图像。WAP 网关又叫作

WAP 代理。其功能主要有：实现 WAP 协议栈（WSP、WTP、WTLS 和 WDP）与互联网协议栈之间的转换，与数据库接口，内容编码和解码，减少网络数据流量，保证最大限度地利用无线网络提高数据传输速率。内容服务器（如支持 WAP 的 Web 站点）中存有用 WML Script 编写的 WAP 应用。这些应用可以根据 WAP 移动终端的需要而被下载，不需要时用户可以自行从 WAP 终端中卸载。WAP 协议栈结构如图 8-8 所示。

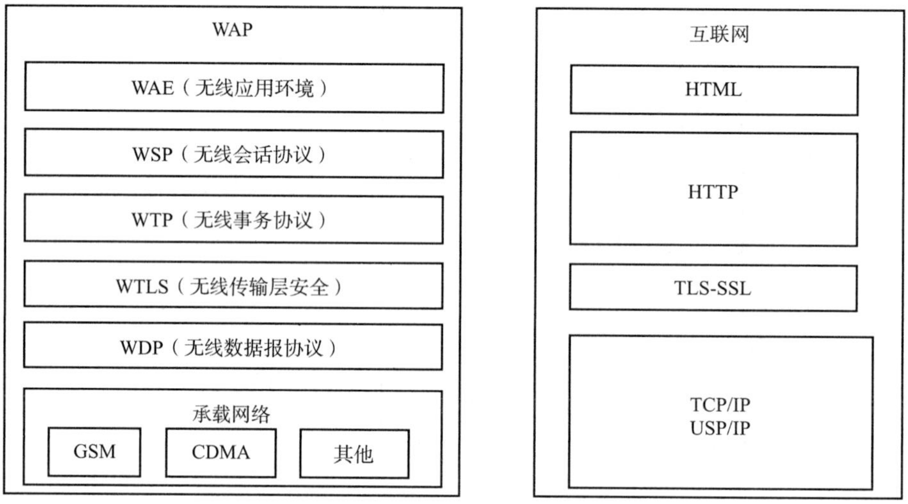


图 8-8 WAP 协议栈结构

WAE（Wireless Application Environment，无线应用环境）是为了满足在无线通信网络上开发应用和服务而制定的工业标准及规范。它为无线设备制定了一个应用框架，该框架扩展和使用了 WAP 技术及互联网技术，在各种不同的无线平台上建立一个可双向操作的通用应用环境，使网络经营者和服务提供者可在上面建立应用与服务。WAE 模型包括内容生成器、WAE 用户代理和 WTA（无线电话应用）三个部分。

WSP（Wireless Session Protocol，无线会话协议）向 WAP 应用层提供两种会话服务的统一接口，这两种会话服务是操作在事务处理层协议 WTP 之上的面向连接的服务和操作在数据报协议 WDP 之上的无连接服务。

WTP（Wireless Transaction Protocol，无线事务协议）运行在数据报服务之上，提供适合移动终端和无线网络的有效的基于交互式事务型应用的传输服务。WTP 针对移动终端受限的计算环境和无线网络受限的通信环境做了优化，并且还特别兼顾了网页浏览等交互式事务型应用（具有非对称性、数据传输的单向性、持续时间短、传输分组少和面向报文等特征）的通信需求。

WTLS（Wireless Transfer Layer Security，无线传输层安全）工作在数据报运输协议之上，它保留了运输服务的接口，由于安全功能是可选的，因此 WTLS 是运行在无线事物层和无线数据报层之间的一个可选协议。WTLS 提供的安全功能包括数据完整性、私有性、鉴别和拒绝服务保护等。

WDP（Wireless Datagram Protocol，无线数据报协议）工作在由不同无线网络类型所支持的数据承载服务之上提供不可靠数据报服务，向上层协议提供一致的服务和在可用载体服务上透明的通信功能。

WAP 协议能工作在各种不同的承载业务之上。这些业务包括短报文业务、基于电路交换的数据业务和分组数据业务。由于对吞吐量、误码率和延迟的要求不同，承载业务也具有不同级别的服务质量，而 WAP 协议能适应各种不同质量的服务。

【课堂讨论题】

在我们周围的空间中，存在着各种各样的电磁波，只有少量的会被手机（包括移动网络）接收，这就取决于协议。有人说协议就是一种规定，协议就是发送电报的密码。这些说法合理吗？

## 8.3 移动电子商务

20 世纪 90 年代后期移动通信业飞速发展，有线网络的应用业务正在逐步向无线网络扩展，移动通信业从以前的语音业务为主逐渐向数据业务为主过渡。虽然传统电子商务已经改变了人们的生活方式，为人们带来了诸多方便，但仍然局限于台式电脑不易携带这一缺陷，而电子商务与移动网络结合使得企业通过无线网络向无线设备提供大型 Web 服务成为可能，移动电子商务在这样的背景下应运而生并随之发展和逐渐成熟。

### 8.3.1 移动电子商务的概念

关于移动电子商务的概念，众说不一，但本质上大致相同。总的来说，移动电子商务是电子商务发展到一定阶段的产物，是以有线电子商务技术为基础，通过移动终端设备连接无线通信网络进行的电子商务交易。对于移动电子商务，有狭义和广义两种层次的理解。狭义上讲，移动电子商务的核心是通过手机、PDA（个人数字助理）等移动通信设备与互联网有机结合所进行的信息查询、商务交易及对信息、服务和商品的价值交换。广义上讲，除了这一核心内容之外，还包括有包装和支持这一核心交易活动的一系列服务，包括在售前、售后提供给顾客的信息及客户的个性化服务等。

移动电子商务分为核心交易、包装服务和交易支持三个层次。核心交易是商家向最终用户提供的核心服务，也就是狭义的移动电子商务，如银行交易或网上购买商品等。包装服务提供商业活动的环境，包括广告、营销、内容整合和搜索服务等对核心交易活动辅助服务。交易支持服务是支持交易活动所必需的业务流程，如安全认证等。

移动电子商务的主要特点是灵活、简单、方便。移动电子商务不仅能提供在互联网上的直接购物，还是一种全新的销售与促销渠道，全面支持移动互联网业务，并且可以实现电信、信息、媒体和娱乐服务的电子支付。移动电子商务可以根据消费者的个性化需求和喜好定制，设备的选择以及提供服务与信息的方式完全由用户自己控制。通过移动电子商务，用户可以随时随地获取所需要的服务、应用、信息和娱乐。采购和商业决策都可以立即实施，付费也可以通过多种方式进行，以满足不同需求。

### 8.3.2 移动电子商务的优势

移动电子商务的优势是显而易见的。

首先，移动电子商务的交易和支付不受时间和地点的限制，能够实现在任何地方通过无线技术直接把电子商务能力提供给用户，真正做到随时随地。现在只要用户拥有能够连接无线网络的移动设备就可以进行交易，支付也十分便捷。就淘宝购物来说，用户只要持有能够连接无线网络的手机，访问购物网站就可以选购商品。就上网订火车票而言，用户只要在火车票开售时在个人移动终端打开应用程序或访问无线网络即可购买相应的车次，无须到火车站排队购票，极大地提高了用户的交易效率。移动电子商务的这一优势也使得移动电子商务在用户之间以最快的速度扩散，直接促进了移动电子商务的发展。

其次，移动电子商务效率高，能够大幅度地节约交易时间。

再次，移动电子商务比互联网上的电子商务更具安全性。由于移动终端具备了强大的内置认证的特征，因此比互联网更适合做电子商务。移动终端中手机所用的 SIM 卡唯一地标识了每个用户，SIM 卡中储存着用户的所有信息，这是认证安全的基础。

最后，移动电子商务可以提供与位置相关的交易服务。现在市场上流行的打车软件就是最典型的应用。该应用软件通过获取用户的当前地理位置为用户发送打车需求信息给临近的出租车司机，再将出租车司机的地理位置实时反馈给用户。

互联网与移动技术的结合为服务提供商创造了新的机会，使之能够根据客户的位置和个性提供服务，从而建立和加强与其客的户关系。有了移动电子商务技术就可以实现流动办公，大大节约成本，提升企业和个人的效率。移动电子商务的这些优势为用户带来方便、快捷、优质的信息服务，为企业增加了有效客户，减少了交易成本。

### 8.3.3 移动电子商务的发展现状

当前，我国电子商务行业发展迅速，产业规模扩张，电子商务交易、信息和技术等服务企业不断涌现。我国移动通信业务无论是通信设备、基础设施还是用户规模都保持着较快的发展速度。据 CNNIC 第 34 次《中国互联网络发展状况统计报告》(简称《报告》) 显示，截至 2014 年 6 月，中国网民规模达到 6.32 亿人，其中手机网民规模达到 5.27 亿人，互联网普及率达到 46.9%。网民上网设备中，手机使用率达 83.4%，首次超越传统 PC 整体 80.9%的使用率，手机作为第一大上网终端的地位更加巩固。移动商务类的应用在移动支付的拉动下，正历经跨越式发展，在各项网络应用中的地位越发重要。

据第 34 次《报告》显示，手机购物在移动商务市场发展迅速，用户规模达到 2.05 亿人，半年增长率为 42%，是网络购物市场整体用户规模增长速度的 4.3 倍，手机购物的使用比例由 28.9%提升至 38.9%。企业大力推广移动端购物，移动端便捷的支付功能和比 PC 端更大的优惠幅度都是推动移动端购物快速发展的重要原因。

手机团购的发展更为迅速，手机团购用户规模达到 1.02 亿人，半年度增长率为 25.5%，手机团购的使用比例由 16.3%提升至 19.4%。与此同时，手机支付也在迅速增长，用户规模达到 2.05 亿人，半年度增长率为 63.4%，网民手机支付的使用比例也由 25.1%提升至 38.9%。

当前，因移动电子商务可以为用户随时随地提供所需的服务、应用、信息和娱乐，同时满足用户及商家从众、安全、社交及自我实现的需求，使得人们对移动性和信息的需求急速上升，移动互联网已经渗透到人们生活、工作的各个领域。

**【课堂讨论题】**

移动电子商务与电子商务是什么关系？你认为移动电子商务有前途吗？

### 8.3.4　移动电子商务的应用

由互联网、移动通信技术和其他技术的有机结合创造了移动电子商务，但真正推动市场发展的却是多样的服务。移动商务的应用领域非常广阔，目前，移动电子商务主要提供的应用有以下几个方面。

**1．移动信息服务**

移动信息服务是移动电子商务的主要应用内容之一。由于移动通信真正消除了时空限制，同时手机等移动通信设备可以随身携带，移动用户通过无线技术和 WAP 协议可以真正随时随地获取所需的个人信息服务。提供这种移动信息服务的方式主要有短信息（SMS）、彩信（MMS）以及通过互联网方式提供的服务。

**2．基于位置的服务**

基于位置的服务也称移动位置服务，是移动电子商务的一项创新应用。通过无线通信的定位技术，移动用户不仅可以方便地获知自己目前所处的确切位置，还能根据所处的场景用手机搜索附近各种场所的资讯。基于位置的服务在紧急救助、野外医疗、亲友定位、汽车导航、车辆调度、移动广告及位置相关信息查询（如查询附近商店、银行、加油站、名胜古迹）等方面都发挥着出色的作用。东南亚发生海啸后，救援中心就利用手机定位等高技术手段进行救援，通过跟踪位置来限定搜寻范围，成功达成救援。随着 3G、4G 等移动通信技术的发展，移动定位业务的应用也更加广泛，包括智能交通、车辆跟踪以及与位置有关的计费等移动增值业务。

**3．移动娱乐**

移动娱乐是移动电子商务应用中利润最为丰厚的一项应用。用户可以通过移动门户下载音乐、视频、屏保、手机图铃到移动设备上，还可以进行博彩、交互游戏和看手机电视等。移动娱乐的需求是拉动移动商务应用普及最为可能的因素。

**4．移动支付**

移动支付是在交易活动中用手机、掌上电脑、笔记本电脑作为交易手段，通过短信、WAP、IVR 等方式，使用移动话费或信用卡资金完成购物、缴费、银行转账等商务活动。经过手机投注、网上购买游戏卡、移动梦网和手机支付水电费、燃气费等商务活动。例如，广州推出的首张“手机地铁票”，通过免费安装手机支付卡，乘客凭借一部手机就能坐地铁，乘客可以在地铁闸口刷手机，免除了随身携带小额零钱的麻烦。[①]

---

① 案例来自略论移动电子商务的应用，汪琪。

【课堂讨论题】

移动电子商务的发展取决于移动网络的发展。随着移动网络的发展，移动电子商务是否可以成为电子商务的主体？移动电子商务是否可以成为电子商务的全部，或者说以后提到电子商务就是移动电子商务，或者说移动电子商务的运营规范将会成为电子商务的运营规范？

## 相关案例

### 杉杉服饰：线上线下+社区模式开启新时代电子商务

商品交易从未像今天这样便捷过。中国电子商务的发展从单纯的线上电子商务发展出了 O2O 模式，而 2014 年“双十一”数据显示，移动端支付占全天支付的 40%以上，这意味着继 O2O 趋势之后，移动电商的时代也已来临。

根据相关数据，2010 年中国移动电子商务交易规模为 26 亿元，三年后，中国移动电子商务交易规模达到了 2 325 亿元。2014 年上半年这个数字为 2 542 亿元，同比增长 378%。早在 2013 年，杉杉服饰就开始了相关应用的研发。2014 年服装大会，杉杉股份有限公司董事长庄巍以“拥抱移动电商”为题进行了主题演讲，“在移动互联网时代，传统电商的‘搜索—比较—下单’模式将转变为‘线上线下+社区’模式，订单成交的关键在于口碑、推荐和 O2O，电子商务在很大程度上缩短了供应者和最终消费者之间的距离。”

移动电商的一个重要特征是去平台化。传统电商模式下，品牌运营商对电商平台有很大的依赖性，需要在流量方面支付高昂的成本。在移动电商的特定环境下，品牌运营商完全可以通过其他手段进行推广，降低品牌运营商进入电子商务的成本。除此之外，线上线下的融合将使服装企业重新认识线下店铺。现在的电商大平台数据中并没有线下数据。而移动电商的兴起将解决这一问题，更详细的数据将帮助行业解决高库存和同质化两大难题。

庄巍认为，移动电商会首先使整个产品服务和供应从生产者主权走向消费者主权，这是移动电商特性所决定的；其次，移动电商的出现，可能使得利益纠葛转化为一种融合共赢；再次，如果传统的电商是草根的狂欢，移动电商可能真正带给我们一个全民盛宴；最后，传统电子商务改变的是人们的购买习惯，移动电商使得消费者生活方式有了真正意义上的变化。

目前，已有多家服装企业制作了移动电商应用，如优衣库、Zara、劲霸男装等，而应用的样式也各有不同。虽然应用样式不尽相同，但可以看出服装企业未来的发展必然离不开对移动电商的建设。

（资料来源：开启薪新时代之门——服装零售“移动”时代来临，马亮，2015 年 2 月）

## 本章小结

无线网络是有线网络的延伸，是区别于传统有线网络的新型网络组建方式，具有无线传输、自动速率选择、带宽共享、加密传输等特点，可以分为无线广域网、无线城域网、无线局域网、无线个人区域网等。无线网络中的连接设备主要有无线接入点设备、无线网卡、无线路由器和天线等。这些设备支持无线网络的建立传输以及正常运作。

移动通信介质分为两大类。有线介质主要指双绞线、同轴电缆和光纤等，无线介质主要指无线电波。移动通信技术的发展经历了几个阶段，未来将发展到 5G，其技术也在不断更新换代。WAP 标准的提出使得无线通信设备可以方便地访问互联网上的各类资源，也提供了一种与网络类型、运营商和终端设备都独立的、无地域限制的移动增值业务。利用这种技术，用户只要通过 WAP 手机，就可以不限时间地点地浏览网上信息，使用网上信息资源。

移动电子商务是移动通信及无线网络发展到一定阶段的产物，分为核心交易、包装服务和交易支持三个层次。移动电子商务的交易和支付不受时间和地点的限制，效率高，能够大幅度地节约交易时间，比互联网上的电子商务更具安全性，还可以提供与位置相关的交易服务。因此，移动电子商务的应用也十分广泛，并以一种爆发式的增长速度发展着。

## 复习思考题

### 一、选择题

1. 无线局域网使用的技术主要是（　　）。

A. Wi-Fi　　B. WCDMA　　C. GPRS　　D. 以上都不对

2. GPRS 属于（　　）移动通信技术。

A. 1G　　B. 2G　　C. 2.5G　　D. 3G

3. 20 世纪 90 年代中至今，以支持高速数据传输的蜂窝移动通信技术为核心技术的是（　　）。

A. 2G　　B. 3G　　C. 4G　　D. 5G

4.（　　）是用于信号收发的设备，其功用相当于有线网络中的调制解调器。不同传输速率对应着不同的 802.11 系列协议。

A. 无线网卡　　B. 无线接入点设备　　C. 无线路由器　　D. 无线天线

### 二、判断题

1. 我们在日常生活中经常提及的 Wi-Fi 与无线局域网是同一个概念。（　　）

2. 移动通信是指沟通移动用户与移动用户之间的通信方式。（　　）

3. 移动电子商务可以提供基于位置的服务。（　　）

4. 无线路由器应用于用户接入网络，目的是提高通信效率，节约网络资源。无线路由器支持防火墙、VPN、WEP 加密，支持认证技术，适用于大规模网络和较为复杂的网络拓扑结构，安全性较高。（　　）

### 三、多选题

1. 第三代移动通信技术（3G）服务能够同时传送声音及数据信息，速率一般在几百 kbps 以上。目前 3G 较为主流的标准有（　　）。

A. CDMA2000　　B. W-CDMA　　C. GSM

D. GPS　　E. TD-SCDMA

2. GSM（数字移动通信系统）提供多种服务，其中包括（　　）等。

A．语音业务　　B．数据业务　　　　C．短消息业务
D．可视通话业务 E．邮件业务

3．用于连接无线网络的设备有（　　）。

A．无线接入点设备　　　　　　　B．无线网卡
C．无线路由器　D．天线　　　　E．网桥

四、简答题

1．举例说明移动电子商务的主要应用。

2．什么是移动支付？它与网上支付有什么关系？

# 第 9 章　电子商务法律

## 引导案例

**2013—2014 年度十大电商领域典型法律案例**

国内知名第三方电子商务研究机构——中国电子商务研究中心（100EC.CN）发布了《2013—2014 年度中国电子商务法律报告》。报告涉及的电商/互联网企业包括天猫/淘宝网、当当网、大众点评网、亚马逊中国、窝窝团、酒仙网、也买酒、乐蜂网、百度、携程网、艺龙网、优酷、金山网络、铁友网、酷讯、快播等。

报告发布包括：天价 QQ 号归属案，离职空姐海外代购走私案终审，网购消费维权诉天猫卖家“假一赔万”案，当当网销售不达标保健品被判十倍赔偿案，大众点评网告百度侵权与不正当竞争索赔达 9 000 万元案，亚马逊中国“删除订单案”败诉，首例比特币交易平台诈骗案，“太平洋直购网”网络传销案，天猫、酒仙网、也买酒等知名电商售卖假酒，“赖茅”案，完美诉窝窝团侵犯注册商标专用权索赔 55 万元案在内的“2013—2014 年度十大电子商务领域典型法律案例”；行业垄断、信息泄露、网络打假、网店征税、毒快递、网络传销、海外代购、微信购物诈骗、网络虚假宣传、不正当竞争在内的“2013—2014 年度十大电商法律涉案热点领域”，以及网购后悔权、网络发票、金融支付、比特币叫停、网规、罚单、快递实名制、非法经营罪、店铺转让、移动支付在内的“2013—2014 年度十大电商法律关键词”。

（资料来源：《2013—2014 年度中国电子商务法律报告》）

## 本章学习目标

- 了解电子商务法的基本概念、基本分类、基本特征，电子商务立法现状；
- 掌握电子商务交易的法律规范、对网络犯罪的法律制裁。

## 9.1　电子商务法律概述

### 9.1.1　电子商务法的概念

电子商务法是指调整以数据电文方式进行的商事活动的法律规范。电子商务首先是一种商事行为，应当遵循传统商法的一般规则，所以电子商务立法并不是试图涉及所有的商业领域，重新建立一套新的商业运作规则，而是将重点放在探讨因交易手段和交易方式的改变而产生的特殊商事法律行为，这就界定了电子商务法的研究范围，即电子商务法主要研究商业行为在互联网环境下的特殊问题。

### 9.1.2 电子商务法的基本分类

依照电子信息在电子商务中所起的作用，可将电子商务分为两大类型，即交易形式意义上的电子商务与交易内容意义上的电子商务。前者是指以电子邮件、网页信息等方式代替传统的书面形式来表达交易条款或条件以达成交易的情况，电子信息在其中仅充当交易当事人意思表达的形式，如电子订单。后者则是指以电子信息方式履行交易内容，实现交易人的权利，即全部或部分地在线完成交易的情况，如通过网络银行划账支付货款、在线下载软件或数据、网上信息咨询等。

与电子商务的上述类型相对应，电子商务法至少可分为调整交易形式的电子商务规范和调整交易内容的电子商务规范两大类。前者主要是对电子信息、电子签名、电子认证等方面进行规范和调整，如联合国国际贸易法律委员会制定的《电子商务示范法》、新加坡制定的《电子交易法》、中国制定的《电子签名法》等，学术上又称之为狭义的电子商务法；而后者（交易内容意义上的电子商务规范）主要包括电子支付制度、电子信息交易制度和有关物流服务的制度，其实例更是不胜枚举，如联合国国际贸易法律委员会制定的《电子资金传输示范法》、美国制定的《计算机及信息交易统一法》等。随着电子商务应用领域的不断扩大，这类规范将会大量产生。例如，中国人民银行于 2005 年 10 月 26 日公布的《电子支付指引》就是涉及交易内容的电子商务规范。

### 9.1.3 电子商务法的特征

#### 1. 国际性

电子商务主体面对的是全球市场，需要高度一体化的商业规则。互联网技术标准的全球性，也对电子商务法规的全球化和国际化提出了要求。任何国家制定的国内电子商务法规都很难适用于跨国界的电子商务交易，因此电子商务的立法一开始是通过国际组织制定国际性法规而推广到世界各国的。国际性电子商务法规推动了资源在全球范围内进行配置，同时对各国的电子商务立法具有引导和示范作用。

#### 2. 技术性

电子商务的产生和发展是以科学技术为基础，以科技创新为先导的，这决定了电子商务法律的许多规范都是直接或间接地由技术规则演变而成的。例如，一些国家将运用公开密钥体系生成的数字签名规定为安全的电子签名，这样就将有关公开密钥的技术规范转化成了法律要求，对当事人之间的交易形式和权利义务的行使与履行，都有极其重要的影响。电子商务的技术特性使得对电子商务进行规范调整时更加需要相应的技术支持。因此，电子商务立法应当遵循和反映一定的技术规则，否则将阻碍电子商务的发展。

#### 3. 开放性

电子商务法是关于以数据电文进行意思表示的法律制度，而数据电文在形式上是多样化的，并且还在不断发展之中。因此，必须以开放的态度对待任何技术手段与媒介，设立开放型的规范，让各种有利于电子商务发展的设想和技术都能发挥作用。目前，国际组织及各国在电子商务立法中，大量使用开放性条款和功能等价性条款，其目的就是开拓社会各方面的资源，以促进科学技术及其社会应用的广泛发展。

4．复合性

电子商务交易关系的复合性源于其技术手段上的复杂性和依赖性，它通常表现为当事人必须在第三方的协助下完成交易活动。例如在合同订立中，需要有网络服务商提供接入服务，需要有认证机构提供数字证书等，网上支付中需要有银行提供网络化服务。实际上，每笔电子商务交易的进行，都必须以多重法律关系的存在为前提，这是传统口头或纸面条件下所没有的，它要求多方位的法律调整以及多学科知识的应用。

【课堂讨论题】

电子商务法对传统立法具有挑战性吗？

## 9.2　电子商务中的权益保护

随着近年来我国电子商务市场的快速发展，电子商务新模式和市场监管老机制之间的矛盾日益突显，特别是在 C2C 领域（包括交易主体真实性、假冒伪劣商品、消费者权益保护、知识产权保护、个人信息安全）问题比较突出。在相关部门出台的政策法规和电子商务市场主体制定的网规基础上，制定电子商务的基本法律迫在眉睫。

加快电子商务立法极其重要，但同时也要坚守公平公正原则，尤其要注重保护消费者合法权益。立法的基本原则，肯定涉及利益的问题，如果电商都唯利是图，就会造成整个互联网行业制度混乱、互不信任，也会影响到消费者对电商的信任度，所以建立互联网电子商务信任机制非常重要。

1．知识产权保护

电子商务中涉及的知识产权保护问题主要有版权授权、域名纠纷、网络服务商的法律责任及网上法律合同问题等。

（1）域名和商标权保护。由于域名在互联网上是唯一的，一个域名一经注册，其他任何机构就不能再注册相同的域名，所以大部分机构、企业等单位都采用自己单位名称的缩写或自己的商标来定义自己的域名。于是，域名实际上就成为企业、商标或其他标识物的代名词。在电子商务时代，域名不仅仅是一个网络地址，而且还牵涉无限的商机。直接根据商家商号或者产品商标来命名域名，域名在一定程度上体现了其特有的商业价值。由于域名是按照“等级在先”的原则进行登记的，因此又具有一定的商业价值。抢注者希望借助于被抢注者的良好名誉得到网络用户的访问，一旦抢注成功，网络用户将无法访问到该域名真正代表的被抢注企业的站点，而访问到抢注者的站点。法律应当制止这种恶意抢注行为，保护被抢注者的域名名称或者商标利益。

我国的商标法只规定可受保护标识为“文字、图案或其组合”，而没有把在网上出现的某一动态过程作为商标来保护。在网络环境下的商业活动，已使人们感到用“视觉可感知”去认定，比起用“文字、图案”认定商标更能适应商业活动的发展的需要。当前在我国最突出的问题是在网络环境下，“域名注册”与商标权的冲突。虽然 1997 年 5 月国务院部门发布了《中国互联网络域名注册暂时规定》，但其中只规定了“不得使用不属于自己的已注册商标，申请域名注册”，并没有禁止以他人的商标和商号抢注域名。因此“域名”已实际上成为商誉乃至商号的一部分受到了保护，并作为无形资产被交易着。

商标法允许同样的商标可以被不同商品和服务的销售者使用，只要这些商品和服务在市场上不会引起混淆。而与此相反，互联网由于其全球性的特点，仅仅允许一个主题使用一个特定的域名。因此，当使用同一商标的不同商品和服务的销售者在申请域名时，都希望以这一商标作为自己域名的名称，这样就有可能发生冲突。对于所谓的“域名盗版者”可以通过商标法或者其他商业标识法来制止和反对，从而保护所有人的利益。但是，如今却很少有法律对使用同一标记的不同产品或服务的人，想利用标记作为自己域名名称的争议提出妥当的解决办法。我们可以考虑通过制定域名的多级设计规则来缓解冲突。例如，“多个标记所有人，一个域名”的问题，在以字母代码为基础设置高阶域名的国家，将不会显得特别严重。最后，如果域名仍在不同所有人之间有冲突，就只能按照域名的等级规则——“先申请先注册”的原则来解决问题。

（2）版权保护。所谓版权，有时也称作者权，在我国被称为著作权，是基于特定作品的精神权利以及全面支配该作品并享受其利益的经济权利的合称。

由于数字化后的作品具有“可复制性”和“独创性”等特征，因此已有作品数字化应属于著作权人的一项专有权利，应该受到著作权法的保护。将作品数字化本身就是一种“复制”行为，应受“复制权”的制约。因此对著作权法修正案（草案）第十条著作权包括下列人身权和财产权中的第（五）项“复制权”应修改为“复制权，即以印刷、复印、临摹、拓印、录音、录像翻录、翻拍转换等数字化或者非数字化方式将作品制作一份或者多份的权利”。

作品的网络传播，既不完全是作品的发行，也不完全是作品的播放，它是一种全新的作品传播方式。因此从保护著作权人的利益出发，将作品上载到互联网上向公众发送是对作品的使用，它属于著作权人的一项专有权利，应受到著作权法的保护。因此建议在第十条著作权包括下列人身权和财产权中，增加一项“信息网络传播权”。即：“信息网络传播权，即在网络上向公众提供作品，使公众中的成员在其选定的地点和实践获得这些作品的权利”。这对于电子商务是重要的，虽然在网络上销售的版权保护作品以数字化形式存在，但并没有改变其版权所有权，在电子商务活动中，应注重作品版权主题的认定。著作权法与网上版权保护，在网络传输的电子商务中，已经涉及版权产品的无形销售，产生了版权保护的新问题；特别是已经产生了，在网上的商标及其商业标识保护、商誉保护、商品化形象保护等与传统保护根本不同的新问题。因此电子商务在网络环境下，已对我国著作权法和商标法产生了较大的影响。

我国国务院有关部门现已对现行《著作权法》进行全面修订，并将《著作权法》修订草案送审稿报请国务院审议。在此之前对作品的数字化、作品的网络传播都没有做出相应的法律规定。第一，这种状况使网络环境下作品的主体和客体发生了变化。开放式的作品的著作权主体难以认定，而信息网络作品、多媒体作品和由工具生成的衍生作品等的存在，给作品的分类带来困难。这就影响了电子商务活动中主体资格的认定。第二，使出版、传播行为得到扩展。在网络环境下，传统意义出版的环节是不存在的，承担作用的是信息内容提供者和网络服务者以及从事电子商务互动的商家；由于出版地域的不确定性，给地域的确定带来困难；因此必须研究网络传播服务提供者和信息内容提供者以及电子商务的商家的权利和义务。第三，个人合理使用作品的界线很难界定。特别是在网络环境下，经济利益获取与作品形式的分离，使营利与非营利的界线很难划清。第四，用户合法权利的保护受到影响。在网络环境下，存在用户对作品被动获取的条件和环境，极可能使用户合法权利受到侵害。所以，为了保护著作权利人的利益，同时有利于推动电子商务的发展，我国著作权法的保护原则和重点应当有所调整；并随着计算机网络技术和应用的进展，不断增加调整力度。

**相关链接**

全国人大教育科学文化卫生委员会 2015 年 3 月透露，国务院有关部门已对现行《著作权法》进行了全面修订，并将《著作权法》修订草案送审稿报请国务院审议。

据悉，在 2014 年 3 月举行的十二届全国人大二次会议期间，姜健等 31 位代表提出关于修改《著作权法》的议案。代表议案提出，现行《著作权法》没有全面概括侵犯著作权的所有行为形态或者类型，著作权集体管理的规定有待完善。代表建议科学界定侵犯著作权的行为范围，扩大侵犯著作权的民事责任适用范围，建立适应数字环境下的著作权保障机制。

修改《著作权法》为十二届全国人大常委会立法规划第一类项目。国务院法制办已就法律草案进行了两次大范围的征求意见，目前正在抓紧对意见分歧较大的问题进行研究。教科文卫委员会已多次组织开展《著作权法》修改工作专题调研，并对重点问题进行了研究。

（3）专利保护。专利，专利权的简称，是指一种法律认定的权利。它是指对于公开的发明创造所享有的一定期限内的独占权。专利制度并非一成不变，它必须随着科学技术的发展所提出的新问题不断变化。网络技术对专利领域也提出了大量问题。例如，计算机软件能否成为专利制度保护的客体；专利的电子申请方式中涉及的法律问题；等等。

在关贸总协定《与贸易有关的知识产权协定》的附录中对授予专利的事物这样描述：任何一项发明创造，无论是产品还是程序，无论在任何技术领域，只要它们是新颖的，具有创造性的和具有工业实用性的，都可以被授予专利。可见，专利制度成为保护计算机软件的一种法律手段已经成为一种趋势。

在专利法中一般都规定，授予专利的发明创造必须具有新颖性，新颖性是授予发明或实用新型专利的实质要件之一。传统的专利法并没有规定在互联网上公开发明创造应采取什么样的原则，因此在互联网上公布的发明是否还具有新颖性就是一个值得探讨的问题。专利的电子申请问题，电子申请就是以电子文件的形式，向国家知识产权主管行政机关提交有关专利的申请。而传统的做法是以纸质文件为载体进行的。

### 2．隐私权保护

隐私权一般是指自然人享有的对自己的个人秘密和个人私生活进行支配并排除他人干涉的一种人格权。隐私权的概念于 1890 年由美国学者正式提出，之后伴随着世界性人权运动的发展，隐私权理论逐渐得到各国的重视，并建立起较为完备的权利保护制度。应当说，隐私权制度的确立和发展是人格权制度发展到一定阶段的必要产物，也是人类文明进步的重要标志。传统的隐私权保护着重保护个人不受他人干涉的权利。

进入信息时代，利用信息技术进行个人数据的收集、处理和传输变得十分简单，网上个人隐私权的侵害不再简单地表现为对个人隐私的直接窃取、扩散和侵扰，而更多地通过收集大量的个人资料（这些资料单独看起来可能并非完整的个人隐私），通过计算机软件等高级技术分析出个人并不愿他人知道的个人信息。因此可以说，目前隐私权问题是电子商务发展的一大障碍。

（1）电子商务中涉及侵犯消费者隐私权行为的类型。网上的个人隐私由大量的个人数据体现出来，因此，个人数据的保护是目前网上隐私权保护最为重要的内容。网上关于个人信息的数据以各种各样的令消费者不安的方式被大量利用，使得人们对通过网络这种新媒介进行的活动感到不舒适并且极不放心。据统计，在网上浏览的潜在消费者中有 45%由于担心个人隐私得不到保障而放弃了网上购物的希冀。电子商务中涉及的隐私权保护问题主要有三类：过度收集个人数据、个人数据分析利用和个人数据交易。

① 过度收集个人数据。在电子商务中，过度收集个人数据是指为了商业上的需要，商家采用多种形式收集的个人信息。一是通过填写各类表格，二是通过利用先进的电脑追踪技术收集个人数据。目前的电子商务流程有一种很普遍的模式：当个人在网上浏览、咨询或购物时，总要填一系列表格以确定浏览者的身份，如姓名、生日、身份证号、银行账号、家庭地址、电话号码、工作单位、邮箱地址等内容。由于互联网的全球性，从理论上说，任何人的信息一旦上了网，就有可能被网上的任意机构获得。当这些机构面对浩如烟海又唾手可得的信息时，很可能不一一征得当事人的同意就收集他们的个人信息。一些商家利用 Cookie 先进的电脑追踪技术，以识别网际网络使用者，在未经同意的情况下收集网络浏览者的个人资讯、非法取得并贩卖消费者私人数据。商家对消费者个人资料的收集应征得其同意并在相关的合法范围内使用，任何通过欺诈、胁迫、乘人之危等不正当手段收集消费者的个人数据的行为都应被视为侵犯隐私权的行为。

② 个人数据分析利用。个人数据分析利用是指商家利用自己所掌握的个人信息建立的综合数据库，从中分析出一些个人并未透露的信息，获得有商业价值的信息并用于生产经营。许多人有这样的经历，如果你曾经在网上购物，接下来相关的广告邮件几乎占用了你的整个邮箱，给你造成了不必要的麻烦。商家所用的个人数据只能用于特定的使用目的，要有不可传递性，更不可深度加工侵害消费者的隐私权。

③ 个人数据交易。个人数据交易目前有两种形式。第一种形式是公司之间相互交换个人信息。两个公司之间通过协商各取所需，互相交换双方所掌握的个人信息。一般情况下，商家的合作伙伴不止一个，如果共享范围得不到有效控制的话，个人信息极有可能被极多的商家知晓。第二种形式是个人资料买卖。在网络上，有提供各种商品与服务的公司，其中有一类就是出售个人资料的公司，它们通过各种渠道收集了许多人的个人资料，而后明码标价公开出售。个人数据交易的根源是对个人数据的过度收集，交易往往未经所涉及的个人同意并完全在其不知情的情况下进行的。这完全违背了保护个人隐私权的原则，而且对电子商务的顺利开展也是一个威胁。

（2）欧盟和美国对电子商务中隐私权的保护方式。美国在 1974 年就制定了《联邦隐私权法》，作为保护隐私权的基本法，但一直没有制定特别法来管理电子商务中的个人资料。1995 年以后，美国政府发布了许多政策性指导文件来指导电子商务领域内的活动，如《个人隐私与国家信息基础结构》（1995）、《全球电子商务政策框架》（1996）。指导文件强调行业自律，通过建议性行业指引，规范企业的隐私权保护行为，如 1998 年在线隐私联盟（OPA）、1997 年 TRUST 的《保护个人隐私计划》、1999 年美国商务促进会的《BBBOnline 个人隐私计划》。所以，美国主要通过行业自律的形式，对个人隐私进行保护。与美国的做法不同，欧盟采取了立法方式。欧盟委员会于 1995 年发布了《个人数据处理和自由流动中个体权利保护指令》，1996 年通过了《欧盟电子通信资料保护指令》。这两个法令详细规定了对电子商务中个人隐私权的保护。按照这两个指令的规定，商家处理个人资料负有三项主要义务：第一，资料的处理必须经过个人同意，除非为维护社会公益目的所需要；第二，对个人的敏感性资料原则上禁止处理；第三，在处理个人资料时应当告知当事人资料处理的目的、资料的接受者以及当事人享有的权利，同时，资料当事人也有接触、更正、删除、封存资料以及异议的权利。美国推行对电子商务的扶助政策，鼓励企业和消费者上网从事交易的信心，反对电子商务的隐私立法，认为这样会限制电子商务的发展，所以采用行业自律形式；欧盟则以社会稳定为前提，首先考虑保护个人隐私，故采用立法方式。当然，电子商务是全球性的商业活动，为了消除保护障碍，美国政府也采用双层隐私保护战略，建立了“安全港”机制，在安全港内采用欧盟的游戏规则，凡愿意遵守该规则的美国企业都可以进入安全港，并获得欧盟企业提供的数据，而欧盟企业也只和进入安全港的美国企业进行数据交流。虽然在隐私权保护的方式、程度上有所差异，但欧美都是以承认网络环境下的个人隐私需要保护为前提的。只是由于经济发展和社会发展的意识形态不同，故采取了两种不同的保护方式。中国目前还是一个发展中国家，在电子商务中隐私权保护问题上，应当根据本国经济发展和电子商务现状，因地制宜地采取灵活的保护方式。

（3）我国电子商务中隐私权保护的基本原则。虽然中国电子商务网站的发展起步时间和美国相差不长，但发展程度却大相径庭。在美国亚马逊网上书店创建不久，中国便有了“8848”和“当当”，如今“8848”早已不在，“当当”还在经营着图书和音像制品，而亚马逊却早已成为网上超级市场。探其原因，在于两国电子商务发展基础平台的差异。美国经过多年信息化建设，具备了信用、安全认证、隐私保护、售后服务等一系列社会保障体系，电子商务的发展环境比较完善，而我国电子商务的发展与基础平台的打造几乎同时开始。我国有 13.6 亿人口，网民规模从不到 1 亿人增加到 6.32 亿人。我们的电子商务企业现有的商务模式还不能称为真正意义上的“电子商务”，看似一片大好前景，但内部的许多体制不健全，物流配送、电子银行、商品种类都和国外的电子商务企业有较大的差距。这成为我国电子商务发展的瓶颈制约。电子商务是世界经济发展的一大趋势。在先天不足的情况下，我们有必要给以电子商务发展特殊的支持。在电子商务隐私权保护问题上，一方面，应当尊重消费者的个人隐私，消费者享有对个人数据的控制和处理权；另一方面，考虑到我国电子商务发展的实际情况，对个人数据的保护也不能一概而论，保护应当有一定的针对性。具体而言，应当遵循以下几个原则。

① 公开原则。人资料的收集目的应当在收集前公开，必须事先确定资料使用的范围，不得在目的外使用，如果要在目的外使用，必须履行特定的程序；资料应该在特定的载体上公示有关数据记录系统的存在及特征、资料系统的名称和保存地点、资料的内容和用途；此外，资料的开发、利用也应当公开。

② 个人参与原则。个人应有权从数据库资料管理人或者其他人处取得其是否保有自己的数据资料的确认，有权在合理期限内以可以理解的方式接触到有关自己的数据资料，并有删除、修改、补充资料的权利。如果个人的这种要求遭到拒绝，个人有提出异议的权利。个人要求接近数据资料和对数据资料提出异议是保护个人隐私的关键环节。

③ 安全保护原则。资料的收集和使用机构必须采用一切可能的措施，保障所收集的个人资料在存储和传送过程中的安全。例如，在存储的个人资料上安装防火墙；在资料传送过程中使用加密技术，以免个人资料遭受损失、不正当地接近、破坏、非法利用、篡改或披露。

④ 差别对待原则。差别对待是指对不同的主体，隐私权保护的程度有所不同，对特殊主体应当予以更全面的保护。所谓特殊主体，是指13周岁以下的儿童。儿童因为身心发育不成熟、自制能力比较差，容易受到外界的引诱，所以对于儿童的资料应当全面保护，不能随意收集和泄露。

⑤ 适当保护原则。适当保护原则是指在个人隐私保护上，并非所有个人数据都是隐私权的保护范围，也并非所有未经消费者同意收集、处理资料的行为都属于侵权，只有敏感性资料并且对其收集、处理行为不符合正常的商业目的的行为才属于侵权。从数据内容上看，个人数据包括一般性数据和敏感性数据。一般性数据往往只是反映个人的自然状况，如姓名、性别，他人无法通过这些数据直接识别具体的消费者；而敏感性数据直接反映了个人的社会地位、联系方法，如个人收入、联系电话、电子邮箱、家庭住址等，通过了解这些数据很方便地将消费者具体化并能与之取得联系。当然，敏感性数据还因电子商务性质不同而有所区别，一些看似普通的资料，在一些特殊的电子商务活动中就是敏感资料。例如性别，在医药类电子商务中就应当是敏感性资料。所以，判别资料敏感性的标准应当是从消费者的常识角度，如果该资料的泄露将对该消费者的正常生活产生重大影响，应当属于敏感性资料。

从侵权行为方式上看，只有对敏感资料的不正当的处理才构成侵权。这里的不正当处理，是从是否超出了一般的商业目的使用的角度考虑的。在电子商务中，商家利用电子邮件的方式进行商业广告和促销，虽然可能会干扰消费者正常的生活，但这应当属于消费者网上商业活动必须付出的交易成本。如果这种交易成本也作为隐私权的保护对象，则商家将无法开展商业活动。但发送的垃圾邮件或投放伤害社会风俗、影响民族情绪的商业广告，则完全不符合正常的商业目的，并且会对个人私生活造成严重影响，应属侵权。

**3．网上消费者权益保护**

（1）电子商务环境下的消费者。所谓消费者是指为了生活消费需要而购买、使用商品或接受服务的人，包括自然人、法人或其他社会组织。网络消费者则是指通过网络购买、使用商品或接受服务的人。严格地说，消费者应该包括网络消费者。换言之，网络消费者与消费者之间并没有本质区别，只不过是两者购买、使用商品或接受服务的方式不同而已。

正是从这个意义上说，在电子商务交易中发生消费纠纷时，合法权益受到侵害的消费者可以援用《消费者权益保护法》所主张的权利。消费者与网络消费者所不同的是，后者一方面要为接受网络经营者提供的服务支付一定的服务费用；另一方面还要为在网上选购的商品支付其相应的价款。与传统消费者相比，网络消费者具有以年轻人力主、文化程度高、平均收入比较高的特点。

（2）电子商务环境下的消费者权益保护。网上交易的兴起开拓了新的市场领域，给消费者提供了便捷的消费方式，但是不可避免地增加了消费者权益受损害的可能性，给消费者权益保护增添了新的难题。

首先，网上交易中损害消费者的行为往往比传统交易方式下要多一些，而且难以识别、难以控制。网络的虚拟性可以很好地掩饰不法分子的欺诈行为，网络这种新型技术也较容易被利用创造出新的欺骗方式。与此同时，网络的匿名性也导致准确查明违法行为人以使其承担法律责任的难度大大增加。

其次，网络的超地域性加大了网上交易管理的难度。一些在传统交易中不易发生的问题，在电子商务环境下日益突显出来。第一，经营者在线经营时，可能受到各国法律的管辖。经营者一旦在线经营，对于谁能够获知其广告和销售信息就无从控制，并且各国对销售对象、折扣、产品安全和要求的披露程度差别极大，即使在一国之内也会有这种情况，而且常常变动，更何况一些网上交易本来就具有很大的不可预见性。第二，消费者在线消费发生纠纷时，最难以解决的便是消费者权益保护的国际管辖问题，消费者可能丧失本国消费者权益保护法的保护。消费者熟悉保护其权益的国内法及其适用情况，但不一定熟悉其他国家的法律。如果进行网上跨国消费，从遥远的他国购买商品，往往对销售方所在国的法律一无所知。同时也可能由于旅途费用、时间跨度、不熟悉当地法律及救济方式等原因，就会主动放弃或被客观因素制约放弃主张权利，因此得不到任何救济。这种由消费者的网上跨国消费行为所产生的问题需要国际间的合作与协调来加以解决。

（3）电子商务中消费者权益的保护内容。电子商务中消费者权益的保护，应该包含五个方面的内容：网络接入服务中的保护、消费者网络隐私的保护、消费者交易安全的保护、杜绝网络交易中的欺诈、消费者评论权的保护。

① 网络接入服务中的保护。消费者选择电子商务的消费方式，需要连接网络，这本身就是一种电子商务消费。许多网络服务的提供者对如何保护消费者权益方面重视度不够，使得消费者的合法权益受到损害。消费者在进入网络服务时，经常遭到投诉，这在很大程度上打击了消费者在电子商务中的消费信心。传统法律已经不能解决网络中的侵权问题。要想加强消费者的权益保护力度，必须强化这方面的立法事项，加大执法力度，增强消费者在电子商务中的消费信心。

② 消费者网络隐私的保护。电子商务中的消费者，因其连入网络的方式，使得自身的隐私安全受到威胁，有些不法分子，往往通过网络盗取消费者的某些信息，甚至金钱方面的安全信息，严重危害了消费者的隐私。法律在网络隐私方面的保护力度不大，因此要加强这方面的法律建设，切实保护消费者的以下信息：身份和住址、财产状况、浏览习惯、交友偏好、电子邮箱、计算机内存储的数据信息。一旦加强了这些方面的网络监管和执法力度，消费者会很大程度上减少隐私泄露的担心。

③ 消费者交易安全的保护。网络交易是与电子商务发展的产物。网络交易往往与消费者的网上银行挂钩，存在很大的交易安全问题。而消费者在电子商务过程中，担心的内容也就是网上银行的交易安全和保密程度。如果消费者的网上银行安全得不到保证，消费者将会面临较大的金钱损失。电子商务的服务商要加强对这方面的监控力度，一旦发现系统漏洞要及时解决，利用加密手段，严防黑客侵入，确保消费者的交易安全。特别是相关的法律，要对网络交易问题给出清楚的保护条例，对于违反者要坚决打击，执法力度要强，以法律的威严保护消费的合法权益。

④ 杜绝网络交易中的欺诈。网络欺诈问题主要是一些商家发布虚假广告，欺骗消费者购买，用虚假产品或者次品代替正品售给消费者，损害消费者的利益。法律没有这方面明确的规定导致了许多商家钻了法律的漏洞，因此法律应该严格规定假冒、欺诈的法律后果，并明确规定商家的法律责任，对售后问题进行明确的法律归类，切实保护消费者的合法权益，努力打造一个安全的网络交易平台，为消费者带来方便。

⑤ 消费者评论权的保护。消费者享有言论自由的权利，对购买的产品质量和售后服务质量有权利进行评价，我国法律已经有了明确规定，但是由于网络的特殊性，使得商家可以随意删除某些评价，处于主导地位，使得传统的评论权受到挑战。要想确保在电子商务中消费者同样享有评论权，法律要保护消费者的评论权，同时要保护商家的合法权益不被损害，明确规定哪些做法是违法的，应该承受这样的法律制裁，让消费者能够行使合法的评论权。

### 相关案例

宫某原是一家高尔夫公司的市场策划兼产品宣传经理，对公司产品的品牌推广做出过一定贡献，逐渐变得自大而我行我素，后终因工作严重失职被公司解聘。但宫某不是反省自己，反而以掌握公司内幕为幌子，在业内几家网络媒体上发表文章或者在论坛上发帖散布不实信息，恶意中伤原公司，严重影响了公司品牌在高尔夫用品市场上的信誉。一时间，该公司的国内外客户纷纷致电或来函询问情况，有些甚至直接撤销订单。最后，公司上下经过努力，通过与相关网络媒体和客户的广泛沟通，澄清了事实，给外界还原了真相。

【专家解答】本案涉及网络名誉侵权问题。同传统媒体相比，网络融合了单向与双向的信息传播的特征而成为个人传播、组织传播与大众传播的统一体。进入网络，用户往往以电脑为屏障，通过匿名或者其他隐匿真实身份的方式，从而相对于现实世界而言，其言行就不是那么谨小慎微而变得自律程度大大降低。同时，网络上信息之海量和更新之神速，使得网站经营者由于技术手段的限制不可能对自己网站上的内容进行完全有效控制。在这样的前提下，网络侵权就变得非常容易，也给一些恶意侵犯他人名誉的行为提供了一个广阔空间。因此，网络被公认为名誉侵权案的多发区。

（资料来源：中顾法律网，www.9ask.cn）

# 9.3　电子商务交易的法律规范

## 9.3.1　电子合同法律制度

### 1. 电子合同的概念和特征

我国《合同法》规定，合同是平等主体的自然人、法人、其他组织之间设立、变更、终止民事权利义务关系的协议。合同具有如下特征：

（1）合同是一种民事法律行为，合同以意思表示为基本要素。

（2）合同是平等主体之间的协议，双方当事人的法律地位是平等的。

（3）合同主体的范围具有广泛性，是双方以上当事人意思表示一致的民事法律行为。

（4）合同的内容是以设立、变更、终止权利义务关系为目的的民事法律行为。

（5）合同客体具有多样性。

电子合同是在电子商务环境下平等主体的自然人、法人、其他组织通过电子形式和手段设立、变更、终止民事权利义务关系的协议。具体来说，电子合同的特征有：

（1）电子合同主体的虚拟性。订立电子合同的双方当事人一般是在网络的虚拟市场中进行交易磋商和签订合同的，双方的身份难以确定。因此，在网络法律中规定双方当事人可以通过密码辨认和认证机构的认证来确认对方的身份。

（2）电子合同订立的快捷性。由于电子合同的订立过程都是数据电文的传输，电子技术的快捷性大大加快了交易洽谈的速度，使电子合同的订立趋向于电子化、无纸化。

（3）电子合同对象的无形性。电子合同标的物一般是无形的电子数据信息，这不同于传统合同一般以有形的货物作为交易的对象。

（4）电子合同信息的标准化。在交易磋商和电子合同的订立中，数据电文的传输要符合一定标准。

（5）电子合同效力确定的特殊性。首先，电子合同生效的方式由传统的签字盖章变成数字签名；其次，电子合同的生效地点为数据电文接收人主营业地或其居住地。

（6）电子合同内容的易篡改性。

（7）电子合同的易保存和易复制性。

电子合同的分类如下：

（1）按合同内容不同可分为有形商品交易合同、无形商品交易合同、信息技术合同、合作协议、商务开发合同、市场策划合同等。

（2）按合同订立方式的不同可分为以 EDI 方式订立的合同、以电子邮件方式订立的合同、电子格式合同。

### 2. 电子合同的订立

（1）电子合同的书面形式。合同的形式是缔约当事人达成协议的表现形式，是合同内容的外在载体。我国合同法规定合同形式一般有书面形式、口头形式和其他形式三大类。根据合同形式的分类，我们可以将电子合同的形式分为两种：一种是不完全的电子商务模式，即以网络为信息传递手段进行合同的订立，再结合现实的物流配送、支付机构帮助合同的履行；另一种是完全的电子商务模式，即电子合同从订立到履行，都是在网上完成的，合同以数据电文的形式存在。

（2）电子合同的要约与承诺。在网络交易环境下，电子合同是以数据电文方式订立的。订立的各项内容都是经由网络进行自动化处理的。特定的交易环境、交易手段都使双方当事人之间的意思表示产生很大的不确定性，对传统合同理论产生了很大冲击。

一方面，表现在意思表示的真实性很难确定。网络交易中，消费者和商家常常通过“点击合同”进行。通常由网络商家事先在网页上载明合同条款，消费者以鼠标按下“同意”后才可进行“下一步”的程序，最后完成交易。而许多网络商家又多会附带声明，一旦消费者按下鼠标，即视为同意网络商家就合同所订的条件，但是，实践中往往是消费者在按下鼠标前，其实对合同的详细内容并未详细阅读，而这种点击又往往是消费者进行下一步注册的前提条件，此时，消费者的意思表示是否真实，连消费者自己都很难确定。

另一方面，电子错误造成意思表示真实性的偏差。在法律实践中，因合同内容被计算机网络系统自动加以处理后产生错误，引发合同效力及责任承担的。

（3）要约的撤回。由于网络信息传输的迅捷性，要约人不易在要约到达受要约人前撤回其要约。从理论上讲，要约人在遵守法律适当限制的条件下行使其要约撤销权是其一项应有的权利。尽管在电子商务中，这种撤销的可能性极小，但并不能因为这种极小的可能而完全否认这种已获得普遍认同的法律权利。只要受要约人并未对要约做出承诺，要约人即可撤销其要约。当然，这种撤销权的行使只有借助发达的技术手段才能使其成为可能。

（4）电子合同的承诺。

① 电子合同承诺生效的时间。在网络环境中，承诺生效的时间直接决定合同的成立时间。我国《电子签名法》第二章第十一条规定：“数据电文进入发件人控制之外的某个信息系统的时间，视为该数据电文的发送时间。当事人对数据电文的发送时间、接收时间另有约定的，从其约定。”

② 电子合同承诺的地点。我国《合同法》第三十四条规定：“承诺生效的地点为合同成立的地点。采用数据电文形式订立合同的，收件人的主营业地为合同成立的地点；没有主营业地的，其经常居住地为合同成立的地点。当事人另有约定的，按照其约定。”

③ 电子合同承诺的撤回。在网络交易中，承诺在极短时间内被传送并且到达要约人处，意思表示瞬间完成，撤回承诺的可能性极小，但是只要技术上撤回是可行的，则也应对撤回承诺予以肯定。

**3．电子合同的履行及违约救济**

（1）电子合同的履行。合同的履行是指当事人按照合同的约定履行自己的义务，从而使债权人的合同债权得以实现。我国电子合同的基本履行方式有：在线付款，在线交货；在线付款，离线交货；离线付款，离线交货。

（2）电子合同的违约救济。我国《合同法》规定了承担违约责任的基本原则，即当事人一方不履行义务或者履行合同义务不符合约定的，应当承担继续履行、采取补救措施或者赔偿损失等违约责任。这个原则也适用于电子合同的履行。电子合同作为合同的一种特殊形式，其当事人不履行合同义务或者履行合同不符合约定的，也同样适用以上原则，即违约方应当承担继续履行、采取补救措施或者赔偿损失等违约责任。

【课堂讨论题】

如何规范电子信息交易关系的主体?

## 9.3.2 电子签名法律制度

### 1. 电子签名的含义

签名，一般是指一个人用手亲笔在一份文件上写下名字或留下印记、印章或其他特殊符号，以确定签名人的身份，并确定签名人对文件内容的予以认可。传统的签名必须依附于某种有形的介质，而在电子交易过程中，文件是通过数据电文的发送、交换、传输、储存而形成的，没有有形介质，这就需要通过一种技术手段来识别交易当事人、保证交易安全，以达到与传统的手写签名相同的功能。这种能够达到与手写签名相同功能的技术手段，一般就称为电子签名。

我国《电子签名法》对电子签名的概念做了与联合国《电子签名示范法》很类似的规定，电子签名是指数据电文中以电子形式所含、所附用于识别签名人身份并表明签名人认可其中内容的数据。通俗地说，电子签名包括用于识别签名人身份并表明签名人认可其中内容的程序或者符号、声音等数据，签名人加密后把签名文件发送给交易对方，交易对方收到的签名文件是一堆“乱码”，需要解密后验证。电子签名的概念包含以下内容:

（1）电子签名是以电子形式出现的数据;

（2）电子签名是附着于数据电文的;

（3）电子签名必须是能够识别签名人身份，并表明签名人认可与电子签名相联系的数据电文的内容。

电子签名活动遵循意思自治原则。当事人意思自治的核心是尊重当事人自主的意思选择，从法律上承认当事人可以自由决定相互之间的法律关系。网上民事领域的活动虽然通过电子形式进行，但在本质上与一般的民事交易活动并没有区别，因此同样应当遵循意思自治原则，由当事人自主约定是否使用数据电文、电子签名。

### 2. 电子签名的形式与条件

（1）电子签名的形式。电子签名具有多种形式，如附着于电子文件的手写签名的数字化图像，包括采用生物笔迹辨别方法所形成的图像；向收件人发出证实发送人身份的密码、计算机口令；采用特定生物技术识别工具，如指纹或眼睛虹膜透视辨别法等。无论采用什么样的技术手段，只要符合《电子签名法》规定的要件，就是该法所称的电子签名。

（2）电子签名可靠的条件。《电子签名法》本着技术中立的原则，并不指出哪种技术更为先进，哪种技术是安全的，只要求该技术满足下面四个标准，当事人可以自行选择。

① 电子签名制作数据用于电子签名时，属于电子签名人专有;

② 签署时电子签名制作数据仅由电子签名人控制;

③ 签署后对电子签名的任何改动能够被发现;

④ 签署后对数据电文内容和形式的任何改动都能够被发现。

当事人也可以选择使用符合其约定的可靠条件的其他电子签名。

（3）电子签名的功能。因为数字化信息，富有其本质上的特点，即容易篡改且不留痕迹，在网络传递信息的同时亦有遭第三人截取的可能，因此通过加密技术中的密码学建立公开密钥基础设施，以确认数字信息传递者的真实身份及数字文件的真实性。所以，从电子签名的功能性来看，其目的也是确保：电子文件的证据性——不可否认性与完整性；电子签名的签署者同意的意思表示——确认相对人的功能；电子文件的安全性——不可被篡改及截取性。

### 3．电子签名的实现方法

目前，可以通过多种技术手段实现电子签名，在确认签署者的确切身份后，电子签名承认人们可以用多种不同方法签署一份电子记录。具体方法有：基于公钥基础设施（PKI）的公钥密码技术的数字签名；以生韧特征统计学为基础的识别标识；手印、声音印记或视网膜扫描的识别；一个让收件人能识别发件人身份的密码代号、密码或个人识别码；基于量子力学的计算机等。目前，比较成熟的、使用方便且有可操作性的、在世界先进国家和我国普遍使用的电子签名技术是基于 PKI 的数字签名技术。基于 PKI 的电子签名被称作“数字签名”。有人认为“电子签名”就是“数字签名”，这种认识是错误的，数字签名只是电子签名的一种特定形式。

### 4．数字签名的技术实现

对一个电子文件进行数字签名并在网上传输，其技术实现过程大致有：首先要在网上进行身份认证，然后再进行签名，最后是对签名的验证。

（1）身份认证。PKI 提供的服务首先是认证，即身份识别与鉴别，即确认实体即自己所声明的实体。认证的前提是甲乙双方都具有第三方认证中心所签发的证书，认证分为单向认证和双向认证两种。单向认证是甲乙双方在网上通信时，甲只需要认证乙的身份即可。这时甲需要获取乙的证书，获取的方式有两种。一种是在通信时乙直接将证书传送给甲，另一种是甲向认证中心的目录服务器查询索取。甲获得乙的证书后，首先用认证中心的根证书公钥验证该证书的签名，验证通过说明该证书是第三方认证中心签发的有效证书。然后检查证书的有效期限及检查该证书是否已被作废（LRC 检查）而进入黑名单。双向认证是甲乙双方在网上通信时，甲不但要认证乙的身份，乙也要认证甲的身份。其认证过程的每一方向都与上述单向认证过程相同，即乙方也用同样的过程认证甲方证书的有效性。甲乙双方在网上查询对方证书的有效性及黑名单时，均采用轻型目录访问协议（Light Directory Access Protocol，LDAP）。

（2）数字签名与验证过程。网上通信的双方，在互相认证身份后，即可发送签名的数据电文。数字签名的全过程分两大部分，即签名与验证。发送方将原文用哈希算法求得数字摘要，用签名私钥对数字摘要加密得到数字签名，发送方将原文与数字签名一起发送给接收方；接收方验证签名后，即用发送方公钥解密数字签名，得出数字摘要；接收方将原文采用同样哈希算法又得一新的数字摘要，将两个数字摘要进行比较。如果二者匹配，说明经数字签名的电子文件已传输成功。

### 5．数字签名的作用

如果接收方对发送方数字签名验证成功，就可以说明以下三个实质性的问题：

（1）该电子文件确实是由签名者的发送方所发出的，电子文件来源于该发送者，因为，签署时电子签名数据由电子签名人所控制。

（2）被签名的电子文件确实是经发送方签名后发送的，说明发送方用了自己的私钥做的签名，并得到验证，达到不可否认的目的。

（3）接收方收到的电子文件在传输中没有被篡改，保持了数据的完整性，因为签署后对电子签名的任何改动都能够被发现。

以上三点就是对《电子签名法》中所规定的“安全的电子签名具有与手写签名或者盖章同等的效力”的具体体现。

#### 6. 原文保密的数字签名的实现方法

在上述数字签名原理中定义的是对原文作数字摘要和签名并传输原文，然而在很多场合传输的原文是要求保密的，是不准被别人看懂的。那么，要求对原文进行加密的数字签名方法是如何实现的呢？这里就要涉及“数字信封”的概念。这个处理过程稍微复杂一些，但与数字签名的基本原理还是一样的。

### 9.3.3 电子商务认证法律制度

电子签名只是从技术手段上对签名人身份做出辨认及对签署文件的发件人与发出的电子文件的所属关系做出确认的一种方式，但如何解决判定公开密钥的确定性以及私有密钥持有人否认签发文件的可能性等问题，则是技术本身无法解决的问题。关于私有密钥持有人信用度的问题有两种可能性：一是密钥持有人主观恶意，即有意识地否认自己做出的行为；二是客观原因，即发生密钥丢失、被窃或者被解密等情况，使发件人或收件人很难解释归责问题。所以需要电子认证来保证电子商务交易的安全。

#### 1. 电子认证的含义

电子认证有狭义和广义之分。狭义的电子认证仅指电子认证行为，即由认证机构采用电子方法以证明电子签名人真实身份或电子信息真实性的行为，广义的电子认证则包括认证机构、电子认证行为和数字证书在内的一整套法律制度。

这里，电子认证是指特定的机构对电子签名及其签署者的真实性进行验证的具有法律意义的服务。电子签名主要用于数据电文本身的安全，使之不被否认或篡改，是一种技术手段上的保障；而电子认证主要应用于交易关系主体的信用安全方面，保证交易人身份的真实与可靠，主要是一种组织制度上的保障。

#### 2. 电子认证的程序

电子认证的具体操作程序为：发件人在做电子签名前，签署者必须将他的公开密钥送到一个经合法注册、具有从事电子认证服务许可证的第三方，即认证中心（CA），登记并由该认证中心签发电子印鉴证明；然后，发件人将电子签名文件同电子印鉴证明一并发送给对方，收件方经由电子印鉴佐证及电子签名认证，即可确信电子签名文件的真实性和可信性。由此可见，在电子文件环境下，认证中心扮演的角色与传统书面文件签字（如盖章）环境下的第三者（如户籍管理部门）的角色有异曲同工之妙。认证中心起到了一个行使具有权威性公证的第三人的作用。而经认证中心颁发的电子印鉴证明就是证明两者之间的对应关系的一个电子资料。该资料指明及确认使用者名称及其公开密钥。从公开地方取得证明书后，只要查验证明书确实由认证中心所发，即可推断证明书内的公开密钥确实为该证明书内相对应的使用者本人所拥有。如此，该公开密钥持有人无法否认与之相对应的私有密钥为他所有，进而亦无法否认经该私有密钥所验证通过的电子签名为他所签署。

### 3．电子认证的作用

电子认证为交易参与者提供了一种可靠的服务。其作用主要表现在：一是防止欺诈，即防范交易当事人以外的人故意入侵；二是防止否认，即防范交易当事人之间可能产生的误解或抵赖。

### 4．电子认证的分类

（1）按照目前电子商务领域中已有的认证功能及其认证的对象为不同，认证的形式主要有站点认证、数据电文认证、身份认证。

（2）按照目前认证机构提供的不同等级的服务，认证可以分为身份认证、授权认证、执行认证、时间标识。

（3）认证体系呈树形结构，按照认证的结构层次不同，可以将认证分为根认证、品牌认证、地域认证、持卡人认证、商户认证和支付网关认证。最上层是根认证中心，然后是品牌认证中心（可选，在我国如 CFCA），再下面是地域认证中心，最下层分别是持卡人认证中心、商户认证中心、支付网关认证中心。

（4）依据认证的主体不同，还可以分为双方认证和第三方认证。双方认证又称相互认证，一般用于封闭型的网络通信，因为此时通信各方相互了解，认证比较容易。第三方认证主要是指通过可信赖的第三方，即认证机构，对交易双方或多方当事人身份的认证。

### 5．电子认证机构业务中的法律问题

（1）电子认证机构与证书持有人之间的法律关系。认证机构与证书持有人之间是合同关系。双方的法律地位是平等的，是否需要订立认证合同，其内容如何，均由当事人协商确定。双方当事人的合同关系主要表现在认证证书上。当事人在线或离线申请证书，认证机构允诺，合同即可成立。双方的权利义务载明在认证证书上，因此，证书本身虽不是合同，但它是合同存在的证明。

（2）电子认证机构与证书依赖人之间的法律关系。证书依赖人是指依赖认证证书所载的信息真实从而与证书持有人进行交易的人。认证机构与证书依赖人之间的关系，有多种说法。一般认为，认证机构与证书依赖人之间应该是利益依赖关系，这种关系的基础源于法律的规定，而非当事人之间的约定。由于网络交易当事人的虚拟性，使得双方无法有足够的了解，任何一方的信息均由自己提供，其真实性如何，不得而知。在安全电子商务中，为达成交易所需，由独立的认证机构为当事人提供交易的真实性，是极其重要的，否则交易的信心与安全均无法建立。因此，认证机构在虚拟社会扮演着公用事业单位的角色，它在电子商务信用体系中起到了核心作用。基于这样的情况，法律规定认证机构的某些法定义务必须涉及所有从事电子商务交易的人。

（3）电子认证机构的法律责任范围。如上所述，认证机构与证书依赖人之间是法律上的依赖关系，认证机构对证书依赖人的法定义务即其承担责任的基础。该义务集中表现在认证机构的担保上。据此，认证机构的主要责任范围应是：认证机构对证书的疏漏和虚假陈述承担责任；认证机构对未按其认证业务说明的要求或程序进行的操作承担责任。我国《电子签名法》对电子认证服务提供者的法律责任规定如下：电子签名人或者电子签名依赖方依据电子认证服务提供者提供的电子签名认证服务从事民事活动遭受损失，电子认证服

务提供者不能证明自己无过错的，应该承担赔偿责任。

（4）电子认证机构的法律义务。认证机构的义务大致可概括为安全、真实、及时、公开、谨慎、保密等。我国《电子签名法》和《电子认证服务管理办法》规定电子认证服务机构应当履行下列义务：保证电子签名认证证书内容在有效期内完整、准确；保证电子签名依赖方能够证实或者了解电子签名认证证书所载内容及其他有关事项；妥善保存与电子认证服务相关的信息。

（5）电子认证机构的法律责任。我国《电子签名法》对电子认证服务提供者的法律责任规定如下：

第二十八条：电子签名人或者电子签名依赖方因依据电子认证服务提供者提供的电子签名认证服务从事民事活动遭受损失，电子认证服务提供者不能证明自己无过错的，承担赔偿责任。

第三十条：电子认证服务提供者暂停或者终止电子认证服务，未在暂停或者终止服务六十日前向国务院信息产业部门报告的，由国务院信息产业主管部门对其直接负责的主管人员处一万元以上五万元以下的罚款。

第三十一条：电子认证服务提供者不遵守认证业务规则、未妥善保存与认证相关的信息，或者有其他违法行为的，由国务院信息产业主管部门责令限期改正；逾期未改正的，吊销电子认证许可证书，其直接负责的主管人员和其他直接责任人员十年内不得从事电子认证服务。吊销电子认证许可证书的，应当予以公告并通知工商行政管理部门。

### 9.3.4 电子支付法律制度

资金流是商务运作模式的核心环节，是政府、商家、客户最为关心的对象，其运作得好坏直接影响商务处理的效果，因此政府、企业以及个人对资金流的运作效率和服务质量的要求越来越高。资金流是决定电子商务能否安全顺利、方便快捷、低成本开展的关键环节，其流动与处理的效率、成本高低直接关系到电子商务的开展效果，这就对支撑电子商务资金流动的支付结算方式提出了更高的要求。中国政府高度重视网上支付的发展，2005 年 1 月，国务院在《加快发展中国电子商务市场》的文件中明确提及了进行网上支付的关键性，并给予高度重视。2005 年 4 月 1 日起正式实施《中华人民共和国电子签名法》，为网上支付业务提供了法律保障。中国的网上支付业务迎来了历史上最好的发展契机。

#### 1. 电子支付的概念

电子支付又称网上支付，指的是支付命令发送方将存放于银行的资金，通过传输线路划入收益方开户银行，收益方开户银行再支付给收益方的一系列资金转移过程。这一概念主要指的是电子资金的划拨业务，可以视为狭义的电子支付。广义的电子支付指的是电子交易的当事人，包括消费者、厂商和金融机构，使用安全电子支付手段通过网络进行的货币支付或者资金流转。

#### 2. 电子支付的法律要素

（1）电子支付当事人及其法律关系。电子支付法律关系的当事人主要有付款人、收款人、银行和认证机构。付款人即电子支付中的消费者或者买方。其与商家、银行各自存在独立的合同关系。即消费者和商家的买卖合同关系和消费者与银行的金融服务合同关系；

收款人即接受付款的人，通常为商家或卖方。同样也存在两个相互独立的合同关系；一是与消费者的买卖合同关系；二是与银行的金融服务合同关系。银行是电子支付的信用中介、支付中介和结算中介，其支付的依据是银行与电子交易客户订立的金融服务协议。在电子支付系统中，银行同时扮演发送和接收的角色。认证机构为参与电子商务各方的各种认证要求提供证书服务，建立相互的信任机制，使交易及支付各方能够确认其他各方的身份。一方面，认证机构不仅要对电子商务的各方负责，而且要对整个电子商务的交易秩序负责；另一方面，买卖双方又有义务接受认证机构的监督管理。

（2）商家在电子支付中的权利和义务。商家在电子支付中一般扮演收款人的角色，在电子支付法律关系中，收款人不能基于电子支付行为向指令接收银行主张权利，收款人只是基于和付款人之间的基础法律关系与付款人存在电子支付权利义务关系，这一点反映了电子支付与票据支付的法律关系类似。商家在电子支付中享有两项基本权利，即得到支付的权利和得到通知的权利。

（3）金融机构在电子支付中的权利和义务。金融机构的基本权利包括：接受或拒绝支付指令；要求付款人或指令人按时支付所指令的资金并承担因支付而发生的费用；只要能证明由于指令人的过错而致使其他人假借指令人通过了安全程序和认证程序，就有权要求指令人承担指令引起的后果。

（4）消费者在电子支付中的权利和义务。消费者在电子支付中的基本权利是：有权要求接收银行按照指定的时间及时将指定的金额支付给指定的收款人。如果接受银行没有按指令完成义务，消费者有权要求其承担违约责任，赔偿因此造成的损失。

消费者在电子支付中的基本义务：签发正确的支付指令，并按照接收金融机构的程序，检查指令有无错误和歧义，并有义务发出修正指令，修改错误或者有歧义的指令；支付的义务；在符合商业惯例的情况下接受认证机构的认证义务；不得以易于识别的方式记录其个人识别码或其他密码的义务；挂失和通知的义务。

### 9.3.5 电子商务税收法律法规

税收作为国家财政收入的主要来源，不仅是国家履行社会管理职能的物质基础，也是国家进行宏观调控的重要方式之一。而电子商务的迅猛发展，使传统的贸易形式发生了巨大的变化。一方面，它为各个国家和地区提供了新的经济增长点，开拓了一个潜在的广阔的税源空间；另一方面，它对传统的税收理论、税收制度等产生了不同程度的冲击，给国际社会带来了一个全新的课题。

#### 1．税收与税法

税收是国家为了实现其基本职能，凭借政治权力，依照国家法律规定的标准，对一部分社会产品或国民收入进行强制的、无偿的分配，取得财政收入的一种形式。

税法的调整对象是税收征纳关系。所谓税收征纳关系，就是代表国家的税务机关，负有纳税义务的社会组织和个人在征纳税过程中发生的社会关系。这些关系包括：国家权力机关、国家行政机关、税务机关之间的税收管理权限关系；税务机关、纳税人之间的税收经济关系；税务机关、纳税人之间的税收征收管理程序关系。税法构成要素主要包括征税主体与纳税主体、征税客体、税种和税目、税率。

2．电子商务对税制要素的影响

（1）纳税主体。在传统交易方式下，纳税主体都以实际的物理存在为基础，税务机关可以清晰地确定其管辖范围内的纳税人及其交易活动。但是在网络环境中，交易双方往往都以虚拟方式出现，无法查证真实身份，而网址与现实生活中的地址也没有任何对应关系，并不能提供交易主体的实际处所。因此，税务机关无从判定纳税主体，传统的税源控制方法亦无法有效发挥作用。

（2）征税对象。征税对象是征税的依据，也是不同税种之间区分的首要标志。税种不同，征税对象便不同，相应的税收政策也不同。在传统经济活动中，各个税种的征税对象很容易分辨，但是在网络交易中则出现了数字化产品的界定问题。原先作为有形商品的书籍、CD、软件等，现在都可以用数字化信息的形式进行在线传送，而不必交付实物。那么，这种数字化产品究竟是商品还是服务，这种网络交易是属于商品销售应征收增值税，还是属于提供劳务应征收营业税，抑或属于转让无形资产而征收营业税，根据现行税收理论，难以做出准确判断。

（3）征税环节。现行税法对征税环节的规定是基于有形商品的流通过程和经营业务活动，主要适用于对流转额征税，因此其确定必须考虑商品及劳务价格的实现阶段。但是网络交易具有虚拟性、隐蔽性的特点，销售、流通等各个阶段无法确切区分，因此征税环节也往往难以判定。

3．电子商务税收征管

对电子商务征税，征税机构必须首先实现电子化、网络化，并使自己的网络与银行、海关、工商、网络营销者的私人网络甚至国外税务机构的网络联通，建立完善的计征和稽核网络体系，实现征税自动化。因此，电子商务税收征管有必要做到：建立专门的电子商务税务登记制度；严格实行财务软件备案制度；使用电子商务交易专用发票；确立电子申报纳税方式；确立电子账册和电子票据的法律地位；界定征税范围和税收管辖权；采用独立固定的税率和统一税票；推行消费地银行扣缴义务；开展网上宣传咨询和监控；加强国际情报交流和协调等。

## 9.4　对网络犯罪的法律制裁

### 9.4.1　网络犯罪的概念

关于网络犯罪的概念，可谓众说纷纭，目前法律界尚未统一提出具体的定义。一般而言，网络犯罪是计算机犯罪中的一类，而且是较为高级的一类。严格来说，网络犯罪与计算机犯罪既有相同之处又有区别。相同之处表现在，两者都是智能型高科技犯罪，犯罪手段有极强的隐蔽性，犯罪结果有极大的危害性，行为人都以计算机为工具等。但是，他们之间有着明显的区别。计算机犯罪是指针对和利用计算机系统，通过非法操作或者以其他手段对计算机系统的完整性或正常运行造成危害后果的行为。其犯罪对象是计算机系统内部的数据，包括计算机程序、文本资料、运算数据、图形表格等在计算机内部的信息，它是对计算机内部的数据进行未经许可的处理并造成社会危害后果的行为。可见，计算机犯罪的概念比较广，只要是侵害了计算机数据就可能构成计算机犯罪，而网络犯罪是以互联网为依托进行的犯罪行为，它是计算机技术发展到互联网时期出现的新的犯罪类型，是计算机犯罪在未来相当长时间的一个最重要分支。在我国现行《刑法》中，有三条直接涉及计算机犯罪的，它们分别是第 285、286 条的“违反国家规定，侵入国家事务、国防建设、尖端科学技术领域的计算机信息系统的”和“违反国家规定，对计算机信息系统功能进行删除、修改、增加、干扰，造成计算机信息系统不能正常运行，后果严重及特别严重的”和第 287 条“利用计算机实施金融诈骗、盗窃、贪污、挪用公款、窃取国家秘密或者其他犯罪的”。《刑法》中规定的计算机犯罪情况也包括网络犯罪，从刑法规定的范围来看，网络犯罪是在网络上实施的严重社会危害性的行为。根据我国现行《刑法》的有关规定，结合网络犯罪的本质，可将网络犯罪界定如下：网络犯罪是利用计算机技术对计算机网络信息系统的完整性或正常运行造成危害结果、构成犯罪的行为。当然，任何概念和法律都要适应当代的科学技术水平，网络犯罪也不例外。网络犯罪只是一定历史时期的概念，随着科学技术以及网络的发展，网络犯罪的内涵必将更随之发生变化。

### 9.4.2 网络犯罪的表现形式

目前，网络犯罪有两个显著特点：一是传统领域犯罪逐步向互联网渗透；二是计算机病毒和黑客攻击对信息网络的破坏日益严重。最为常见的形式及动向为：

#### 1. 网络色情

利用计算机网络制作、复制、传播色情、淫秽物品等。这类案件几乎占所有计算机案件的一半。据有关调查表明，互联网上目前大约有 100 万个黄色电脑文件，其中大部分是图片、短篇小说和录像剪辑，或在网站上提供性服务的信息，以此进行卖淫嫖娼等活动。

#### 2. 网络盗窃

利用计算机更改程序和数据，或非法获取信用卡资料，以达到非法获得他人财产所有权的目的。目前，网络盗窃活动包括偷窃信息和数据，偷窃密码和数据及偷用服务等。

#### 3. 网络诈骗

利用技术，采用各种非法手段，非法获取利益的犯罪行为。它的类型包括假冒、仿造、发布虚假信息，编制或篡改程序、数据库文件等。

#### 4. 网络破坏

制造和传播网络病毒；进入他人计算机系统并对其中关键信息进行破坏，干预或阻碍合法的电脑使用；设置破坏性程序，攻击计算机系统及通信网络，致使计算机系统及通信网络遭受损害的行为。

#### 5. 网络知识产权侵犯

在网络上对已有的、他人的知识产权（包括商标、音像、图示、文字）等方面的不告知使用或超出授权范围的使用，以求非法牟利。例如，通过计算机网络可以未经权利人授权拷贝信息，包括软件、图片和书籍等用于销售。

#### 6. 网络教唆

利用互联网宣传、鼓吹暴力，提供犯罪策划、方法、手段以至于具体的犯罪工具，怂恿指使他人进行犯罪活动，甚至危害国家安全的行为。例如，法轮功邪教组织及其顽固分子、民族分裂分子、一些受境外敌对组织和敌对分子的蛊惑和影响的违法分子等利用互联网宣传煽动、相互勾结，进行非法活动、危害国家的行为。

可见，网络犯罪作为一种新的犯罪现象，具有传统犯罪不可能有的一些特点。首先，它的犯罪手段技术含量高，属于智能型犯罪。犯罪行为人往往都具有丰富的专业知识和较高的计算机技能，有的犯罪甚至只有计算机“高手”才可能实施。其次，其涉及面广，危害程度严重。由于互联网具有全球性，所以网络犯罪的危害面前所未有地大。再次，由于网络超越了国界限制，所以很容易实施跨国犯罪。最后，网络犯罪具有极高的隐蔽性，基本上是一种“无形犯罪”的模式，查处困难。网络本身是个虚拟的空间，一个人、一个组织只要一个任意选取的账号就可以上网，可以隐藏真实身份、地址，随意在网络世界妆扮自己，这使一些不法之徒有了可乘之机，也增强了他们犯罪活动的欺骗性、隐蔽性。

## 相关案例

### 被告人肖克臣绑架、强奸案

1. 基本案情

被告人肖克臣与肖生坤（另案处理）预谋用网络实施绑架，并租赁广东省佛山市南海区里水镇一房屋用于作案。2013 年 6 月 13 日晚，肖克臣以外出游玩为名，将通过手机微信“摇一摇”结识的被害人梁某某（女，时年 15 岁）骗出后，与肖生坤一起将梁某某骗至租赁房屋内。二人持美工刀威吓并用胶带捆绑梁某某，肖生坤从梁某某的手提包内搜得现金 350 元、小米手机一部。其间，肖克臣强行奸淫了梁某某。而后，二人打电话联系梁某某的母亲，索得赎金 2 万元后即逃离现场。

2. 裁判结果

广东省佛山市南海区人民法院经审理认为，被告人肖克臣结伙以勒索财物为目的绑架他人，绑架过程中又违背被害人意志，强行与被害人发生性关系，其行为分别构成绑架罪、强奸罪，依法应当数罪并罚。肖克臣曾因诈骗罪被判处有期徒刑，刑满释放后不到半年又犯罪，系累犯，依法应当从重处罚。依照刑法有关规定，认定被告人肖克臣犯绑架罪，判处有期徒刑十一年，剥夺政治权利三年，并处罚金人民币一万元；犯强奸罪，判处有期徒刑四年六个月，决定执行有期徒刑十四年，剥夺政治权利三年，并处罚金人民币一万元。宣判后，被告人肖克臣提出上诉。佛山市中级人民法院经依法审理，裁定驳回上诉，维持原判。

3. 典型意义

本案是一起利用网络交友实施绑架、强奸犯罪的案件。随着网络应用的发展和日渐普及，网络社交平台，特别是网络聊天工具，为人际交往带来了极大便利。与此同时，因其公共性、匿名性、便捷性等特点，网络交友也成为不法分子实施犯罪的新平台，由此引发的刑事案件呈上升趋势。一些年轻女性和青少年缺乏防范意识和能力，往往容易成为不法侵害的对象。本案中，被告人肖克臣伙同他人预谋绑架，事先租赁作案场所，通过微信搜索功能，选定尚未成年的女网友作为作案对象，借外出游玩之名骗出后绑架、强奸，犯罪性质恶劣，情节后果严重，社会危害性大，又系累犯，人民法院依法对其所犯之罪从重处罚，一方面显示了人民法院严厉打击利用网络实施犯罪的坚定立场，另一方面通过真实案例警示公众，网络交友要保持警惕，不要轻信陌生人，特别是广大青少年和年轻女性，要不断提高防范意识和能力，保护自己及家人的人身和财产不受侵犯。

（资料来源：最高法公布7起网络实施侵犯妇女未成年人犯罪典型案例中国法院网，www.chinacourt.org）

### 9.4.3 防治网络犯罪的法律对策

我们不能无视网络犯罪的存在，也不能对网络犯罪过于恐惧，面对网络犯罪的泛滥，人类并非束手无策。当然，对网络犯罪的防治是异常复杂的，单从某一方面入手都不能起到防治的作用。只有综合运用法律、技术及道德伦理等几方面的措施，防治网络犯罪才有可能取得成功。本文仅从法律角度，对其法律对策进行探讨。

**1．尽快完善现行有关法律、法规**

打击犯罪的法律主要是刑法、刑事诉讼法等，我国现行刑事法律对计算机犯罪的规定比较简单，这些法律目前都存在不适应互联网迅猛发展形势的问题。这些规定相对于不断扩大和翻新的网络犯罪已显得力不从心，已经不能很好地适应网络犯罪发展变化的需要。

为了对付日益严重的网络犯罪，进一步加强网络安全立法势在必行。在刑法方面尚存在着“盲区”。例如，入侵计算机网络对计算机功能进行删除、修改、增加等操作构成犯罪，但假如侵入了网络并偷看、复制了资料，或未经权利人同意对其进行了网络跟踪、调查，虽也可能获得巨大利益给权利人造成危害，却没有相应的处罚依据。再如，根据现行刑法，对于年龄在16周岁以下的计算机神童实施的犯罪，因其责任年龄不够，还不具备刑事责任能力，现在还不能追究其刑事责任，是否可以针对网络犯罪呈低龄化的趋势，适当降低此类犯罪主体的刑事责任年龄。

**2．应制定统一、专门的互联网管理法律制度**

一方面，要有《通信监察法》，允许国家有关部门对利用网络设备发送、储存、传输或接收符号、文字、影像、声音或其他信息的行为进行监察，以打击网络犯罪。这种监察应限于合理的范围内，仅适用于某些特定犯罪，并应遵守严格的审批程序。另一方面，也要有《通信安全保障法》对互联网上的个人资料进行保护，电子商店、学校、医院、中介机构、广告发布者等可能掌握个人资料者，对其掌握的个人职业、家庭、婚姻、财务、病历、身份证号不得披露、使用。通过上述法律对互联网进行规范的管理，可以减少、预防网络犯罪的发生。

**3．建立专门化的网络执法机构**

目前，这类执法机构主要是指网络警察。鉴于电脑犯罪大幅上升，目前西方很多国家已成立独立的网络犯罪侦查部门，集中精力打击网络犯罪。我国香港特区警方也已成立了一个由18人组成的“电脑罪案组”，专职侦查电脑罪案。成立专门的网络执法机构最主要的职能在于运用高超的电脑网络技术，侦破形形色色的网络犯罪。实践证明，这些网络犯罪侦查部门已经成为侦破网络信息技术犯罪的前沿阵地。虽然我国已经存在那种主要靠鼠标和键盘侦缉犯罪的“网警”，但直到现在，还没有专门化网络警察队伍，更没有成立专门的网络执法机构。形成一种专门化的网络执法队伍、成立专门的网络执法机构将是我们打击网络犯罪能够信赖的力量。

**4．加强网络犯罪立法的国际协调，加强打击网络犯罪的国际合作**

网络无国界，网络犯罪无国界。但各国对网络犯罪的态度、法律规定有较大的区别，这给了犯罪分子可乘之机。全面有效打击网络犯罪，没有世界范围的联合行动是无法实现的。各国必须联合起来，清醒地认识到打击网络犯罪是全人类的共同责任和利益所在。在此基础上，一方面加强国际磋商与谈判，为互联网管理制定世界范围统一的法律框架，对各国能够形成共识的重大问题进行规范，以便共同遵守、联合行动；另一方面，在打击网络犯罪的具体措施行动上进行充分的合作，各国犯罪防治机构信息共享、协同一致，形成防治网络犯罪的全球网络。

## 9.5　电子商务立法

### 9.5.1　国际电子商务立法情况

国际电子商务立法主要是指有关的国际电子商务条约、国际电子商务惯例及重要国际组织的决议、指南和示范法，内容主要涉及规范国际电子商务的交易性内容的商事法律规范和对国际电子商务进行管理的管理法律规范。其中，规范国际电子商务的交易性内容的商事法律规范是其核心组成部分。

联合国国际贸易法委员会（简称贸易法委员会）于 1984 年向联合国秘书长提交了名为《自动数据处理的法律问题》的报告，1985 年编写了名为《计算机记录的法律价值》的报告，这些报告被认为揭开了电子商务国际立法的序幕。

为了推动国际间电子支付的广泛应用，1992 年贸易法委员会颁布了《国际贷记划拨示范法》，贸易法委员会起草的《电子资金划拨示范法》也于 1996 年在贸易法委员会大会通过并于 1997 年正式发布。1996 年，贸易法委员会经过五年时间起草的《电子商务示范法》经联合国大会讨论通过，为各国电子商务立法提供了指导性规范。

2001 年，贸易法委员会起草的《电子签名示范法》经联合国大会讨论通过。贸易法委员会从 2000 年开始制定关于电子订约的公约，该公约的名称为《国际合同使用电子通信公约》，已经于 2005 年 7 月在贸易法委员会第三十八届会议上审议和通过，第六十届联合国大会也于 2005 年 11 月通过了该公约，并自 2006 年 1 月 1 日起开放供各国签署。该公约是有关电子商务的第一个专门性公约，目的是消除现行统一法公约和贸易协定对电子商务造成的障碍。

国际商会对贸易法委员会的工作给予积极协作和支持，并在电子商务立法方面也做出了重大贡献。国际商会于 1997 年 11 月发布了《国际数字签署商务通则》，该通则被认为第一部真正意义上的电子商务的全球性自律性规范。1990 年国际商会为使贸易术语能适应日益广泛使用的电子数据交换和不断革新的运输技术变化的需要，对该通则做了修订。为使贸易术语进一步适应交易中使用电子信息的增多等状况，国际商会再次对《通则》进行修订，并于 1999 年公布了《2000 年国际贸易术语解释通则》。国际商会制定的《UCP500 电子交单附则》也于 2002 年 4 月 1 日正式生效。

2005 年 4 月国际商会发布了经过修订的《营销和广告使用电子媒体指南》。此外，国际商会在2004年制定了《国际商会2004年电子商务术语》(载有《国际商会电子订约指南》)，为当事人提供了两个易于纳入合同中的简短条款，以此表明当事人打算商定一项具有法律约束力的电子合同。目前国际商会还正在制定《电子贸易和结算规则》。

欧盟的电子商务立法也很有代表性，其主要立法和有关文件有：1997年欧盟制定了《欧洲电子商务行动动议》，为规范欧洲电子商务活动制定了框架。同年，欧盟还颁布了《远程销售指令》。欧盟在1999年还颁布了《欧盟电子签名法律框架指南》。2000年5月欧盟通过《电子商务指令》，该指令试图对电子商务做出综合性的规范。

还有一些国际组织也在其职能范围内关注电子商务的发展并致力于相关立法工作，如国际海事委员会于1990年颁布了《国际海事委员会电子提单规则》，对电子提单做了规定；国际民航组织的《统一国际航空运输某些规则的公约》(1999年《蒙特利尔公约》，2005年7月31日正式对我国生效)则对电子客票做了规定。

国际电子商务的管理立法工作主要是由WTO来进行的。WTO是最适合承担此项工作的国际组织。WTO的成员方在1996年的WTO第一届部长级会议上就将电子商务纳入多边贸易体制，并从1998年起各成员同意暂不对电子传输的商品征收关税。1996年WTO第一届部长级会议通过了《关于信息技术产品贸易的部长宣言》，该宣言由正文和附件(关税减让模式及关于产品范围的两个附表)组成。1997年3月该宣言生效，该宣言以及各参加方提交的信息技术产品关税减让表构成《信息技术协议》。同年2月也达成了《关于电信服务的附件》，附件的中心条款是有关对公共电信传输网络及服务的接入和使用。1998年第二届部长级会议通过了《全球电子商务宣言》，该宣言指示WTO总理事会制定《综合工作计划》，以审查所有产生于电子商务的与贸易有关的问题，WTO关于电子商务的立法工作既涉及WTO现有规则体系的可适用审查，也涉及电子商务所产生的新问题的新规则制定。除了对电子传输暂时维持不征收关税的实践外，目前对所涉及的诸多新问题仍然停留在讨论和研究阶段。

### 9.5.2 国内电子商务立法现状

#### 1. 我国电子商务立法的现状

电子商务的健康发展需要和谐、透明的电子商务交易环境，我国的电子商务立法受到了政府及社会各界的关注，但对于电子商务的快速发展来说，立法问题还比较滞后。2000年年初，全国人大九届三次会议上张仲礼提出《关于制定我国“电子商务法”的议案》，将电子商务立法问题提上了议事日程。自此，我国电子商务立法发展到新阶段，成为众所瞩目的问题。目前，我国为了适应电子商务的发展，相关的立法机关及政府也采取了一些措施，取得了一定的成效。1997年10月我国颁布的基本法《刑法》中，就涉及计算机犯罪罪名的规定，主要包括非法侵入计算机系统罪、破坏计算机系统数据罪、传播计算机破坏程序罪等，这对维护网络安全起到了一定的促进作用。令人瞩目的是九届人大二次会议颁布的新《合同法》，在合同形式条款中涉及数据电文这一新的电子交易形式，主要规定有三个方面。

(1)将传统意义上的书面形式扩充到数据电文形式。《合同法》第11条规定：书面形式是指合同书、信件以及数据电文(包括电报、电传、传真、电子数据交换和电子邮件)

等可以有形地表现所载内容的形式。这就是说不管合同采用什么载体，只要能有形地表现所载内容，符合法律的要求，数据电文与书面形式就具有同等的效力，这是我国合同法律制度上的一大进步。

（2）确立了合同到达的时间。《合同法》第 16 条第 2 款规定：采用数据电文形式订立合同，收件人指定特定系统接收数据电文的，该数据电文进入该特定系统时间，视为到达时间；未指定特定系统的，该数据电文进入收件人的任何系统的首次时间，视为到达时间。

（3）承诺了电子商务合同生效的地点。《合同法》第 34 条规定：采用数据电文形式订立合同的，收件人的主营业地为合同成立的地点；没有主营业地的，其经常居住地为合同成立的地点。当事人另有约定的，按照其约定。虽然新《合同法》的规定还不够细致与完善，但增加的"数据电文"条款，为电子商务立法奠定了良好的基础，对电子商务活动的开展具有积极的意义。在法律上认可数据电文效力的另一部立法是《专利法实施条例》，规定可以电子通信方式提出专利申请。

另外，我国行政机关也制定了一些规章制度。2000 年 4 月我国证监会颁布的《网上证券委托暂行管理办法》，确立了通过互联网下达证券交易指令、获取成交结果的委托方式的合法性；2000 年 6 月教育部颁布的《教育网站和网校暂行管理办法》等。2004 年 8 月第十届全国人大常委会第十一次会议通过的《中华人民共和国电子签名法》，是我国电子商务立法史上具有划时代意义的一部法律，标志我国电子商务法制建设进入新阶段，是电子商务发展的里程碑，扫除了电子签名在电子商务及其他领域中应用的法律障碍，推动了我国电子商务的迅速发展。

我国的电子商务立法，除了全国人大代表的议案外，还没有正式的法律条文产生。值得注意的是，一些地方根据地方实际制定了大量的地方性法规。例如，2000 年 5 月北京工商局颁布的《关于对网络广告经营资格进行规范的通告》、上海市出台的《上海市电子商务管理办法》等，这些地方性法规对全国电子商务立法的规定具有一定的参考价值。

2010 年 5 月 31 日，国家工商总局颁布了我国第一部规范网络商品交易及有关服务行为的行政规章《网络商品交易及有关服务行为管理暂行办法》(简称《暂行办法》)。相对于以往出台的几部对电子商务行为有所涉及的法律而言,《暂行办法》相对更为完善。但是《暂行办法》是对于电子商务交易过程中消费者权益进行保证的一部制度，对于整个电子商务的规范推进，还存在一定的差距。《暂行办法》的进步，首先是要求电子商务经营人员的实名制，要求针对于网店等其他形式的网络经营主体进行有效识别，确保在消费者权益受到伤害时，能够在现实生活中对相应的负责人追诉责任。其次要求网络经营人员在进行电子商务交易的过程中，必须向消费者提前说明商品或者服务的名称、种类、数量、质量、价格、运费、配送方式、支付形式、退换货方式等主要信息，并且应做出必要的承诺，方便追究其责任。再次,《暂行办法》明确要求网络经营者提供正规的、权责明确的合同，并且有义务提醒消费者注意。此外，不得以电子格式合同条款等方式做出对消费者不公平、不合理的规定，或者减轻、免除经营者义务、责任或者排除、限制消费者主要权利的规定。最后,《暂行办法》还明确规定要求，网络经营者需要妥善使用消费者信息。

**2．我国电子商务立法中存在的问题**

从我国电子商务立法的现状可以看出，我国还没有专门的电子商务法，只是在一些相关的法律、法规及地方性法规中才有所体现，没有形成规范的法律法规体系，在电子商务立法方面还存在诸多空白领域，并且规范化层次低，与电子商务快速发展的需求还有着较大的差距。

（1）电子商务法律体系不完善。目前，我国的电子商务由于起步较晚，还处在初步阶段，与电子商务相关的法律法规还不健全，未形成完善的法律法规体系。电子商务立法主要散见于一些法律法规及地方性法规中，只是从某一方面涉及电子商务，还没有成立一部完整的电子商务法，使我国的电子商务发展处于无法可依状态，缺乏总体的法律体系来促进电子商务的发展。

（2）电子商务法多头管理，缺乏统一。在我国电子商务立法中，还没有国家统一的立法指导，也没有高层次的法律提供统一的法律原则。与电子商务有关的地方性法律法规中，缺乏全面的考虑及协调，出现了各自为政、多头管理的局面，都是站在自身的立场从便于自身行业管理的角度出发，制定了各种规章制度，对与其他部门相关的部分缺乏沟通、协调，使得各个地方的电子商务法律法规之间缺乏衔接与统一，容易出现管理矛盾及冲突，影响系统化的法律法规的形成及整体的执法效果。

（3）电子商务立法指导思想有偏差。我国电子商务立法主要集中在计算机及网络管制方面，大部分规范性文件的作用主要集中在把好电子商务的准入制度，真正意义上的电子商务立法还没有出台。即现阶段的电子商务立法主要集中在互联网管理的法律、法规、实施细则等方面，包括互联网安全、域名注册、信息网络管理、知识产权管理等方面，但是有关电子商务交易活动的法律法规还没有真正建立。

（4）电子商务立法不全面，存在空白领域。目前，我国的电子商务立法不全面，存在大量的空白领域，出现相关的法律法规缺失、模糊、不协调等问题。例如，我国还没有建立电子货币的法律框架，还没有涉及对电子货币的监督管理，对网络虚拟财产的保护还没有具体的法律法规，对电子记录证据的效力还没有给出相应的法律规定，网络购物中消费者权益保护存在诸多问题，电子商务交易难以进行税收征管，未形成全国统一的电子商务在线经营管理与监督机制，规范电子商务的法律法规缺失等。

（5）我国电子商务法律存在立法缺陷，可操作性不强。新《合同法》为电子商务立法奠定了基础，但是此部法律不够细致、完整，有关数据电文的详细内容没有涉及，在合同的产生及效力方面还存在立法缺陷，没有形成系统化的法律法规体系，在具体的实践中可操作性不强。《电子签名法》中对电子认证机构的条件规定比较模糊，实际操作性不强，可能会使行政自由裁量权泛滥化，也没有具体规定电子交叉认证问题等。

### 3. 我国电子商务的改进建议

（1）《暂行办法》立法层级偏低，仅由工商部门出面，难以实施有效的执行，在对相关部门的协调方面也存在障碍。同时，对于电子商务的监管，已经不仅仅是工商部门的职责所在，更多牵涉到了新闻、出版、卫生、药品等众多行业和部门，因此在未来进行立法时，应当着重提高立法层级。

（2）加强对消费者信息的立法保护。这一方面需要遵守的主要原则就是透明，无论经营者采集何种信息，都应当将相关信息的采集状况和将来的使用状况明确告知消费者，并且确保这些信息不会进行买卖交易。此外，从外部环境而言，还应当对任何形式的群发业务进行深入的核查，确保其不会买卖消费者资料，并且进行不恰当的信息发送服务。

（3）加强对于合法经营者的保护。目前电子商务平台以及相关法规，都很重视消费者权益，但是对于一些网络经营者，尤其是合法的网络经营者而言，保护也是必需的。这一方面是对于电子商务从业人员的有效保护；另一方面是对于电子商务综合环境的净化。在立法过程中，应该将目前广泛存在的恶意购买，以及市场中存在的恶性竞争等问题考虑到法制体系中。对于退货，应当设定必要的门槛，而不是一味地迁就消费者，否则将在一定程度上成为恶意购买的助长力量。法律的完善是一个长期过程，必须对目前的实际情况进行深入的分析，切实提出可行有效的限制条件，并且不断地在实践中加以试验，才会取得理想的效果。

## 本章小结

电子商务法是指调整以数据电文方式进行的商事活动的法律规范，可以分为调整交易形式的电子商务规范和调整交易内容的电子商务规范两大类。

电子商务法具有国际性、技术性、开放性和复合型等特点。而电子商务法规范的主要内容包括电子商务中的合同、电子商务中的消费者权益保护、电子商务中的知识产权保护、电子商务交易的安全保障等。

电子商务中的权益保护，其中包括知识产权保护、隐私权保护和网上消费者权益保护。电子商务中设计的知识产权保护问题主要有版权授权、域名纠纷、网络服务商的法律责任及网上法律合同问题等。电子商务中涉及的隐私权保护问题主要有三类：过度收集个人数据、个人数据分析利用和个人数据交易。电子商务中消费者权益的保护，应该包含五个方面的内容：网络接入服务中的保护、消费者网络隐私的保护、消费者交易安全的保护、杜绝网络交易中的欺诈、消费者评论权的保护。

电子合同是指用电子数据交换、电子邮件、电报电传、传真等方式订立的关于双方当事人权利义务关系的协议。我国电子合同的基本履行方式有：在线付款，在线交货；在线付款，离线交货；离线付款，离线交货。电子签名是指数据电文中以电子形式所含、所附用于识别签名人身份并表明签名人认可其中内容的数据。电子认证是特定的机构对电子签名及其签署者的真实性进行验证的具有法律意义的服务。

电子签名主要用于数据电文本身的安全，使之不被否认或篡改，是一种技术手段上的保障；而电子认证主要应用于交易关系主体的信用安全方面，保证交易人身份的真实与可靠，是一种组织制度上的保障。

电子支付又称“网上支付”，指的是支付命令发送方将存放于银行的资金，通过传输线路划入收益方开户银行，收益方开户银行再支付给收益方的一系列过程。电子支付法律关系的当事人主要有付款人、收款人、银行和认证机构。

网络犯罪是利用计算机技术对计算机网络信息系统的完整性或正常运行造成危害结果、构成犯罪的行为，当然，任何概念和法律都要适应当代的科学技术水平，网络犯罪也不例外。

我国还没有专门的电子商务法，只是在一些相关的法律、法规及地方性法规中才有所体现，没有形成规范的法律法规体系，在电子商务立法方面还存在诸多空白领域，并且规范化层次低，与电子商务快速发展的需求还有着较大的差距。

## 复习思考题

### 一、选择题

1. 订立电子合同的双方或多方一般是互不见面的。所有的买方和卖方都是在（　　）上运作的，其信用靠密码的辨认或认证机构的认证。

A. 传统市场　B. 虚拟市场　C. 批发市场　D. 二级市场

2. 电子签名是以（　　）形式出现的数据。

A. 文字　B. 合同　C. 电子　D. 文件

3. 电子支付又称“网上支付”，指的是支付命令发送方将存放于银行的资金，通过传输线路划入收益方开户银行，收益方开户银行再支付给收益方的一系列（　　）转移过程。

A. 货物　B. 信息　C. 资金　D. 密码

4. 我国第一部真正意义的电子商务法是（　　）。

A.《电子签名法》　B.《计算机信息系统安全保护条例》

C.《电子认证服务管理办法》　D.《维护互联网安全的决定》

### 二、判断题

1. 电子商务法是指调整以数据电文方式进行的商事活动的法律规范。（　　）

2. 电子商务法具有国际性、技术性、开放性、复合性。（　　）

3. 我国电子合同的基本履行方式有：在线付款，在线交货；在线付款，离线交货；离线付款，离线交货。（　　）

4. 电子商务中设计的知识产权保护问题主要有版权授权、域名纠纷、网络服务商的法律责任及网上法律合同问题等。（　　）

### 三、多选题

1. 电子商务法的特征有（　　）。

A. 国际性　B. 技术性　C. 开放性　D. 符合性

2. 对一个电子文件进行数字签名并在网上传输，其技术实现过程大致有（　　）。

A. 身份认证　B. 签名　C. 验证　D. 盖章

3. 网络环境下知识产权保护的主要内容有（　　）。

A. 商标权的保护　B. 专利权的保护

C. 域名保护　D. 著作权的保护

### 四、简答题

1. 简述电子商务中的知识产权保护。

2. 网络犯罪有哪些表现形式？如何防范？

# 第 10 章　电子商务典型应用

## 引导案例

### 同程旅游网

同程网创立于2002年，总部设在中国苏州。经过数年的艰苦创业，公司目前拥有员工270多名。2007年同程网已成为国内最大的旅游B2B电子商务平台。目前，B2B平台（www.17u.net）拥有旅游企业注册会员4万名，月增加注册会员2 000名，在全球Alexa排名中名列中文旅游网站前五名，旅游资讯类网站第一名。2005年11月，同程网开通了基于Web 2.0的大众旅游平台同程旅游网（www.17u.com），力图打造全新的旅游网站模式。目前，网站拥有国内最好的目的地指南，23 000多条旅游点评，35 000多条旅游问答，36 000多个旅游博客，20万普通游客注册会员。

1. 公司定位

（1）目标市场。“国内最大的旅游电子商务平台之一，也是目前中国唯一拥有双平台的旅游电子商务平台。”两个平台的运营目标客户不同，战术方法不同，自然战略定位不同。同程网的目标定位是B2B和B2C，也就是同程网所说的行业商务和社会商务。同程网搭建包括旅行社、酒店、景区、交通、票务在内的近10万余家旅游企业间的信息、交易平台，在全球中文旅游网站中排名前三，旅游B2B交易网站排名第一。同程网在2005年正式启动大众旅游市场，向超过300余万注册会员提供包括在线酒店机票预订、景区门票折扣与预订、旅游线路比价搜索、特惠餐馆、旅游资讯及博客服务在内的全方位旅行及旅游相关服务，并成功打造成为以旅游点评、旅游问答、旅游询价、旅游博客为特色的Web 2.0时代的新旅游旗帜网站。

（2）收费方式。对于行业商务，也就是B2B方式，同程网主要通过会员费和广告费获取收入；而对于社会商务，也就是B2C方式，同程网主要通过与相关酒店、景区、餐馆等获取一些中介的费用。

2. 商业模式

（1）旅游服务。全国连锁式的旅游服务是同程网旅游服务的特色。“同程的目标是，对于任何一个城市的游客，看到‘同程旅行全国连锁’的标志就知道这里可以提供酒店机票预订、租车、门票预订、线路预订等服务。”这是一种模式的建设过程，也是一种新的信任关系的建设过程。“同程旅行全国连锁”并不改变旅行社原有的经营体制，从表面看，旅行社只是多挂了一块牌子，有点像一个旅行社联合体，只不过这是一个巨大的旅行社联合体。但和传统旅游联合体不同的是，几千家旅行社不仅在同程旅游网拥有自己的“网店”，而且都可以接入同一个分销平台，进行散客的酒店、机票、门票、旅游线路的分销。

（2）旅游用品的零售。传统旅游业和在线旅游业各具优势，在目前的市场上，除了相互竞争，更多的是相互补充。而同程旅行连锁计划最希望达成的效果就是将传统分销和在线分销结合起来，更大限度地满足普通消费者的需求。

- 普通旅行社门市在客户接待上的优势将被充分发挥，消费者可以方便地进入旅行社中，与服务人员进行面对面的交流，更细致地了解旅游产品各方面的情况。服务人员也可以记录下每位客户的特殊需求，及时为客户设计更加人性化的产品。当然，面对面的交易最重要的特点就是大大提高消费者的信任度，以保证有更好的“售后服务”。消费者可以从任何一家同程旅行连锁店中购买到全国任意地区的旅游和旅行产品，无论是单项产品还是打包产品。进入一家旅行社就如同进入了一个巨大的旅游超市，对于需求多样的消费者来说，这是最具吸引力的一点。适应人们各种空余时间的旅游产品也可以刺激旅游市场进一步发展。
- 对于习惯于在线预订的消费者来说，无论是上网的方式还是电话的方式，同程旅行连锁店都给出了相应的解决方案。每家旅行社就是一个电话中心，随时提供服务，而各个旅行社也在同程旅游网上拥有自己的网上门市——旅游网店，满足喜欢足不出户的消费者的需求。

（3）特有的 Web 2.0 模式。2007 年同程旅游网完成了一次彻底的改版。改版之后的同程网将实际的旅游产品如线路、酒店机票、门票等，与时下正流行的 Web 2.0 模式成功结合，创造性地建立了一种新型的旅游门户网站。致力于为出行者提供最贴心服务的同程旅游网，不同于传统的旅游资讯网站，不同于时尚的旅游出行社区，也不同于纯粹的在线预订网站，而是三者合理的结合与发展。在资讯方面，同程旅游网摒弃了原始的资料添加和堆积，更多地利用了网友的自主分享，极大地实现了互动式的资讯和信息传递。在网友体验上，同程旅游网则专注于旅游博客的建设，目前已经成为中国最好的旅游博客服务商，为网友记录旅游经历，分享行走感悟，帮助更多人出行提供了非常好的平台支持，尤其是旅游博客大赛的成功开展，更大大推动了旅游信息的分享和传播，让网友获得最大的满足。在产品预订上，同程旅游网更是充分发挥了其在旅游 B2B 电子商务上的领先优势，尽力展示推广数千个旅游企业的实际产品。这一突破为同程旅游网建立了一个非常好的行业壁垒，使得其他同类网站的模仿拷贝永远无法落实到最终的服务上。

3. 核心优势

（1）独特 Web 2.0 模式的优势。

- 信息收集的高速性：Web 2.0 的信息提供者是分散的个体，而个体的巨大数量提高了信息收集的速度。
- 信息形式的个性化：信息传播者的差异性促使不同提供者的信息形式也存在一些差异，而这种差异会满足信息获取者的个性化需求。

（2）优势资源。同程网经过长期酝酿，利用拥有 4 万旅游产品供应商的资源优势，2005 年 1 月推出面向普通游客的 B2C 平台。游客可以通过旅游点评、旅游提问、旅游询价、旅游博客等互动形式参与到网站中，并可直接与旅行社、酒店、景区、交通等旅游供应商进行沟通，进行旅游采购，降低旅游者采购风险与采购成本。随着 B2C 平台的推出，同程网亦成为目前中国唯一拥有双平台即 B2B 旅游企业间平台和 B2C 大众旅游平台的旅游电子商务平台。

（3）网络优势。同程网利用网络优势，将流行的 Last Minute 概念加以推广，整合酒店中突然取消的团队房、Noshow 的散客房等瞬间积压的资源，用超低价的优势在极短的时间内为它们寻找新的买家。虽然看起来是偶然性的资源，但是当这种偶然性积累到一定数量，达到相当规模时就变成了必然。而只有网络这种工具，才能让这种瞬间资源的规模化变成现实。

**本章学习目标**

- 了解旅游电子商务的含义、特点、影响、交易形式，网上证券交易电子交易流程，电子政务的含义、特点、内容、发展方向；
- 掌握网络保险的含义、特点、发展情况、运作方式，电子政务的应用。

## 10.1　旅游电子商务

**相关案例**

**中国国际航空公司的网上机票业务**

马先生是上海某外贸公司职员，经常需要搭乘中国国际航空公司的航班到外地出差，但是他通常不用亲自到航空售票处购票，而是访问中国国际航空公司网站，按提示填表预订自己所要搭乘的航班，选择现金支付或用招商银行“一卡通”进行网上支付，凭有效证件和取票代号就可以直接在机场取票登机，非常方便。

### 10.1.1　旅游电子商务简述

旅游电子商务，是指以网络为主体，以旅游信息库、电子化商务银行为基础，利用最先进的电子手段运作旅游业及其分销系统的商务体系。相对其他行业而言，以服务为主要内容的旅游业发展电子商务有其得天独厚的优势，因此它与软件、网上书店一起，被人们称为 IT 业最赚钱的三大行业。

一般认为，互联网的产生促成了旅游电子商务的产生。事实上，在 20 世纪六七十年代航空公司和旅游饭店集团基于增值网和电子数据交换技术构建的计算机预订系统可视为旅游电子商务的雏形。旅游电子商务的概念始于 20 世纪 90 年代，最初是瑞佛 · 卡拉克塔（Ravi Kalakota）提出的，由约翰 · 海格尔（John Hagel）进一步发展。尽管各国研究这一领域的文献数量可观，却很少有对“旅游电子商务”这一概念做出充分解释的，目前学术界对它也还没有一个完整统一的定义。

在国际上沿用较广的是世界旅游组织对旅游电子商务的定义，它在其出版物《E-Business for Tourism》中指出：“旅游电子商务就是通过先进的信息技术手段改进旅游机构内部和对外的连通性，即改进旅游企业之间、旅游企业与供应商之间、旅游企业与旅游者之间的交流与交易，改进企业内部流程，增进知识共享。”这一定义概括了旅游电子商务的应用领域，侧重的是对其功效的描述，但并未凸显旅游电子商务自身的特征。

在国内的研究文献中，王欣、陈禹、杨春宇等都对旅游电子商务有过不同的定义。最近两三年中，唐超将旅游电子商务定义为“在全球范围内通过各种现代信息技术尤其是信息化网络所进行并完成的各种旅游相关的商务活动、交易活动、金融活动和综合服务活动”。刘四青对旅游电子商务的定义是“买卖双方通过网络订单的方式进行网络和电子的服务产品交易，是一种没有物流配送的预约型电子商务”。刘笑诵给出的定义则是：“旅游电子商务是指同旅游业相关的各行业，以网络为主题，以旅游信息库为基础，利用最先进的电子手段，开展旅游产品信息服务、产品交易等旅游商务活动的一种新型的旅游运营方式。”

综上可以给出这样的定义，旅游电子商务是指通过先进的网络信息技术手段实现旅游商务活动各环节的电子化，包括通过网络发布、交流旅游基本信息和商务信息，以电子手段进行旅游宣传营销、开展旅游售前售后服务；通过网络查询、预订旅游产品并进行支付；也包括旅游企业内部流程的电子化及管理信息系统的应用等。

### 10.1.2 旅游电子商务的特点

#### 1. 聚合性

旅游产品是一个纷繁复杂，由多个部分组成的结构实体。旅游电子商务像一张大网，把众多旅游供应商、旅游中介、旅游者联系在一起。景区、旅行社、旅游饭店及旅游相关行业，如租车业，可借助同一网站招徕更多的顾客。新兴的“网络旅游公司”即将成为旅游行业的多面手，它们将原来市场分散的利润点集中起来，提高了资源的利用效率。由此可见，旅游市场的规模将因导入电子商务而扩大。

#### 2. 有形性

旅游产品具有无形性的特点。旅游者在购买这一产品之前，无法亲自了解，只能从别人的经历或介绍中寻求了解。随着信息技术的发展，网络旅游提供了大量的旅游信息和虚拟旅游产品，网络多媒体给旅游产品提供了“身临其境”的展示机会。这种全新的旅游体验，使足不出户畅游天下的梦想成真，并且培养和壮大了潜在的游客群。因此，旅游电子商务使无形的旅游产品慢慢变得“有形”起来。

#### 3. 服务性

旅游业是典型的服务性行业，旅游电子商务也以服务为本。根据中国互联网络信息中心的报告，用户选择网络服务商（ISP）最主要的因素，第一位是连线速度（占 43%），第二位是服务质量（占 24%）；用户认为一个旅游网站须具备的最主要因素，第一位就是信息量大，更新及时，有吸引人的服务（占 63.35%）。因此，旅游网站希望具有较高的访问量，能够产生大量的交易，必须提供在线交易的平台，提供不同特色、多角度、多侧面、多种类、高质量的服务来吸引各种不同类型的消费者。在国外，如 travelsource.com、triplel.com、travelweb.com 等旅游网站，它们以提供大量的旅游信息资源、完善的在线预订而为广大网民和游客所钟爱。

旅游电子商务，是指以网络为主题，以旅游信息库、电子化商务银行为基础，利用最先进的电子手段运作旅游业及其分销系统的商务体系。它集合了客户心理学、消费者心理学、商户心理学、计算机网络等多门学科，展现和提升了“网络”和“旅游”的价值，具有营运成本低、用户范围广、无时空限制以及能同用户直接交流等特点，提供了更加个性化、人性化的服务。

### 10.1.3　旅游电子商务的影响

#### 1．改变旅游业传统经营模式

旅游电子商务从根本上改变了传统旅游业的经营模式。电子商务在旅游业的应用和普及，使旅游者可直接通过网络进行旅游活动的信息查询、线路安排、票务酒店预订等，足不出户即可获得关于旅游地的详细资料。传统旅行社帮助游客设计线路、安排交通等职能在旅游电子商务中已非必需之物，旅行社将面临旅游营销中的困境，未来旅行社必将转化角色，由代表供应商利益向代表消费者利益转变。

#### 2．改变旅游消费结构和方式

旅游电子商务可以增强旅游企业之间的信息沟通和业务联系，旅行社直接面对旅游目的地企业和客源地的消费者，更有针对性地提供个性化、人性化服务，从而提高服务水平和效率，变被动营销为主动营销。

#### 3．改变旅游市场格局

旅游电子商务使传统旅游市场格局发生了巨大变化。它打破了地区垄断，扩大了旅游消费者的选择范围，开拓了新的旅游客源市场。市场格局的变化，也使旅游业面临新的竞争，一方面市场准入门槛低了，市场范围大了，竞争的层次和深度必然加大；另一方面市场的开放性加强，要求合作的程度更高。因此，旅游电子商务将引发竞争中的合作与合作中的竞争，从而将传统旅游市场导入以网络为核心的旅游电子商务领域。

### 10.1.4　旅游电子商务交易形式

旅游电子商务交易形式主要包括 B2B、B2E、B2C 与 C2B 四种类型。

#### 1．B2B 交易形式

在旅游电子商务中，B2B 交易形式主要包括以下几种情况。

（1）旅游企业之间的产品代理，如旅行社代订机票与酒店客房，旅游代理商代售旅游批发商组织的旅游线路产品。

（2）组团社之间相互拼团，也就是当两家或多家组团旅行社经营同一条旅游线路，并且出团时间相近，而每家旅行社只拉到为数较少的客人时，旅行社征得游客同意后可将客源合并，交给其中一家旅行社操作，以实现规模运作，降低成本。

（3）旅游地接社批量订购当地旅游饭店客房，景区门票。

（4）客源地组团社与目的地地接社之间的委托、支付关系，等等。

旅游企业间的电子商务又分为两种形式。

（1）非特定企业间的电子商务。它是在开放的网络中对每笔交易寻找最佳的合作伙伴。一些专业旅游网站的同业交易平台就提供了各类旅游企业之间查询、报价、询价直至交易的虚拟市场空间。

（2）特定企业之间的电子商务。它是在过去一直有交易关系或者今后一定要继续进行交易的旅游企业之间，为了共同经济利益，共同进行设计、开发或全面进行市场和存量管理的信息网络，企业与交易伙伴间建立信息数据共享、信息交换和单证传输。例如，航空公司的计算机预订系统（CRS）就是一个旅游业内的机票分销系统，它连接航空公司与机票代理商（如航空售票处、旅行社、旅游饭店等）。机票代理商的服务器与航空公司的服务器是在线实时链接在一起的，当机票的优惠和折扣信息有变化时会实时地反映到代理商的数据库中。机票代理商每售出一张机票，航空公司数据库中的机票存量就会发生变化。B2B电子商务的实现大大提高了旅游企业间的信息共享和对接运作效率，提高了整个旅游业的运作效率。

### 2. B2E 交易形式

B2E 中的 E 是指与旅游企业有频繁业务联系或为之提供商务旅行管理服务的非旅游类企业、机构、机关。大型企业经常需要处理大量的公务出差、会议展览、奖励旅游事务。他们常会选择和专业的旅行社合作，由旅行社提供专业的商务旅行预算和旅行方案咨询，开展商务旅行全程代理，从而节省时间和财务的成本。另一些企业则与特定的机票代理商、旅游饭店保持比较固定的业务关系，由此享受优惠价格。

旅游 B2E 电子商务较先进的解决方案是企业商务旅行管理系统（Travel Management Systerm，TMS）。它是一种安装在企业客户端的具有网络功能的应用软件系统，通过网络与旅行社电子商务系统相连。在客户端，企业差旅负责人可将企业特殊的出差政策、出差时间和目的地、结算方式、服务要求等输入 TMS，系统将这些要求传送到旅行社。旅行社通过电脑自动匹配或人工操作为企业客户设计最优的出差形成方案，为企业预订机票及酒店，并将预订结果反馈给企业客户。通过 TMS 与旅行社建立长期业务关系的企业客户能享受到旅行社提供的便利服务和众多优惠，节省差旅成本。同时，TMS 还提供统计报表功能。用户企业的管理人员可以通过系统实时获得整个公司全面详细的出差费用报告，并可进行相应的财务分析，从而有效地控制成本，加强管理。

### 3. B2C 交易形式

B2C 旅游电子商务交易形式，也就是电子旅游零售。交易时，旅游散客先通过网络获取旅游目的地信息，然后在网上自主设计旅游活动日程表，预订旅游饭店客房、车船机票等，或报名参加旅行团。对旅游业这样一个旅客地域高度分散的行业来说，旅游 B2C 电子商务方便旅游者远程搜寻、预订旅游产品、克服距离带来的信息不对称。通过旅游电子商务网站订房、订票，是当今世界应用最为广泛的电子商务形式之一。另外，旅游 B2C 电子商务还包括旅游企业对旅游者拍卖旅游产品，由旅游电子商务网站提供中介服务等。

### 4. C2B 交易形式

C2B 交易形式是由旅游者提出需求，然后由企业通过竞争满足旅游者的需求，或者由旅游者通过网络结成群体与旅游企业讨价还价。

旅游 C2B 电子商务主要通过电子中间商（专业旅游网站、门户网站旅游频道）进行。这类电子中间商提供一个开放的网上中介市场，提供一个信息交互平台。上网的旅游者可以直接发布需求信息，旅游企业查询后双方通过交流自愿达成交易。

旅游 C2B 电子商务主要有两种形式。第一种形式是反向拍卖，是竞价拍卖的反向过程。由旅游者提供一个价格范围，求购某一旅游服务产品；由旅游企业出价，出价可以是公开的或是保密的，旅游者选择质价合适的旅游产品成交。这种形式，对于旅游企业来说吸引力不是很大，因为单个旅游者预订量较小。第二种形式是网上成团，即旅游者提出他设计的旅游线路，并在网上发布，吸引其他相同兴趣的旅游者。通过网络信息平台，愿意按同一条线路出行的旅游者汇聚到一定数量，这时，他们再请旅行社安排行程，或直接预订酒店客房等旅游产品，可增加预订量。

## 10.2　网上证券交易

### 10.2.1　网上证券发展现状

作为互联网发源地的美国，拥有世界最发达的信息网络，既是网上证券交易业务最早开展的国家，也是网上证券交易业务最为发达的国家。美国网上证券交易的发展得益于信息技术的发展、交易成本的降低以及美国经济的发展等因素。根据美国国际证券业信息中心数据统计，全球网上证券交易用户：2001 年为 2 860 万户，2002 年为 4 090 万户，2003 年为 5 850 万户，2004 年为 7 135 万户，增长了 22%，2007 年为 1.6 亿户，2008 年为 2.2 亿户，2009 年为 2.99 亿户，2010 年为 4.1 亿户。全球网上证券交易用户在以 34.6%的平均增长速度增加，到了 2011 年为 5.6 亿户。

我国网上证券交易起步晚于美国，而且主要是由 IT 厂商和中小型券商的营业部推动发展的，网上交易可以降低券商的成本、突破地域和实践的限制，在全国甚至全球拓展客户，但投资者从一开始并不像券商那样积极投入；1997 年中国华融信托投资公司湛江营业部推出“视聆通”多媒体公众信息网网上交易系统，标志着中国证券网上交易的开始。

我国网上交易经过了以下几个发展阶段。

#### 1．起步阶段（1996—1997 年）

部分证券公司与 IT 公司开始最基本的合作，因为网络基础设施不完善（网络介入少、上网专线费用高等），导致只有极少数券商为极少数客户提供网上交易服务。这个时期的网上交易系统一般只能提供简单的行情浏览和股票交易等服务。

#### 2．初步发展阶段（1998—2000 年）

网上证券交易开始注重交易数据的安全性，并采用了 PKI、X509 等标准电子商务安全体系，部分证券公司已采用数字证书进行身份认证，安全技术的发展为网上证券交易提供安全保障；随后 2000 年 4 月证监会《网上证券委托暂行管理办法》的发行，对网上证券交易做出政策规范；1999 年年底，国内有 25 万证券投资者使用互联网交易，网上交易额占总交易额的 1%。

#### 3．快速发展阶段（2001—2008 年）

2001 年开始，我国网上证券交易进入快速增长时期，网上证券交易量沪深两市总成交量的比重在逐年增长，2001 年，已有 200 多家证券经营机构实验性开展了网上委托业务，网上开户数达到 40 万；2001 年证监会正式批准首批 23 家证券公司开展网上证券交易；2002 年 4 月，证监会联合国家计委和国家税务局制定颁布了《关于调整证券交易佣金收取标准的通知》，进一步促进网上证券交易的发展；2003 年已有 73 家证券公司获得网上证券交易资格。

4．调整阶段（2009 至今）

2008 年金融危机导致全球经济不景气，中国上证指数大跌，在国家经济发展模式由粗放型向集约型转变的背景下，网上证券交易也面临结构性的调整。

### 10.2.2 我国网上证券的基础

我国证券经过 20 年发展已经具备了相当雄厚的发展基础。我国证券发展网络交易的基础良好，主要表现在如下方面。

1．交易撮合“无纸化”和证券交易“异地化”

证券交易市场完成由手工竞价到电脑自动撮合、由分散过户到中央登记结算、由实物交易到电子簿记的过渡，实现了证券交易方式从“有纸化”向“无纸化”的转变。这种转变不仅在效率方面发生了质的飞跃，也为证券电子化的形成和发展奠定了基础；另一方面，交易所建成的“卫生证券通信网络”，使得在国内的任何一个地方都可利用该网络实时接收两个交易所和行情等交易信息，全国范围内的证券交易市场随即形成。

2．交易席位“无形化”和资金清算“电子化”

无形化的交易方式代表着全球证券市场的发展趋势，交易所开发的无形化电子交易系统提高了证券市场交易的效率。证券资金法人结算制度标志着证券资金清算进入全新的无纸化时代，而且对整个金融业的电子化进程起到了积极的推动作用，影响较为深远。

3．委托方式多样化

我国证券交易委托方式从传统的柜台填单委托，发展到条形码委托、电话委托、远程终端委托、网络委托，方式日趋多样化。最近券商借助电信、电视等现代化媒体，将电子商务的概念引入证券交易市场，交易手段也在不断创新。

4．现阶段证券电子商务显示出很多优势，拓展和延伸了证券经纪业务

在证券经纪业务中，证券电子商务能为投资者提供国际经济分析、政府政策分析、企业经营管理分析、证券版块分析、证券静态动态分析等方面服务；能够以每日国内外经济信息、证券行情、证券代理买卖、投资咨询、服务对象的辅助决策分析及提供特别专题报告等方式为投资者服务。具体来说，对证券市场各方主体有如下影响。

（1）对于券商而言，它是巨大的远程市场，可以打破时空界限，快速信息传递，使网上交易在开发客户资源上体现出竞争优势，无限地扩大客户资源；大幅降低交易成本，降低券商固定资产投入，为券商进行低成本扩张大开方便之门；提供个性化的资讯服务，以满足客户不同的信息需求，券商辐射范围加大。

网上交易仍是券商经济服务的一种延续，它实质上是使投资者有一个较好的顾问，并以较为低廉的成本和较快的速度来完成一个完整的交易，集中做好网上经纪服务管理工作将成为券商竞争的重要手段。

（2）对于投资者而言，可以排除空间、时间的障碍，方便地查询行情，获取投资公共资讯及私人资讯，投资者能够随时随地参与交易等，实用性高于其他方式。

（3）对于证券监管者而言，网上证券交易有可能减少信息不对称和不充分，抑制市场投机，可以扩大投资者队伍，倡导技术革新。

随着证券电子商务化程度的进一步深化，证券电子交易场所中的虚拟证券营业部出现，将迫使证券从业人士的服务方式和内容都做出重大调整。因为在网上交易模式下交易席位已经具备无形席位的全部特征，导致投资者有可能越过券商直接入市，在这种趋势下，交易者对券商的依赖则可能更多的是技术支持、信息咨询等服务而不是代理。经纪人的利润将有可能不再以代为撮合成交来赚手续费为主，而是变为以提供咨询服务为主。网上证券交易可以不需要中介方而使证券业的非中介化和网络化越来越明显，许多传统经纪人、投资专家、造市者、券商面临失业，要生存只能采取网上券商、经纪人、分析家的方式。

在未来的网络互连、信息共享的信息社会里，由于单一传统的经济业务组织方式受到挑战，证券公司将不再单纯依靠自身力量来发展网上经济业务，而是利用自身优势建立与银行、邮电、IT 公司、网络公司、信息公司等建立良好的合作关系。网上交易和移动交易全面冲击传统交易方式，各行业在优势互补、互惠互利的前提下联手为客户提供全方位的立体证券经纪交叉服务。例如，网上交易委托和手机短信息交易、手机上网交易、掌上交易器三种移动交易等，这种合作会给各方带来证券经纪成本的降低和客源的增加，从而达到增收节支、扩大业务的目的。

**【课堂讨论题】**

任选国内三家证券网站，对比分析其功能和网页设计的优点与缺点。

### 10.2.3　网上证券电子商务交易实现流程

网上证券电子商务交易实现流程如图 10-1 所示。

具体流程如下：

（1）用户通过 ISP 登录到证券公司网上。

（2）用户通过客户端软件登录其开户的证券经纪商并通过客户端进行信息查询、交易委托、撤单、银行转账等一系列活动。

（3）证券经纪商按照客户的委托通过连接到证券交易所的电子系统下单。

（4）交易所的电子交易系统完成最后的交割。

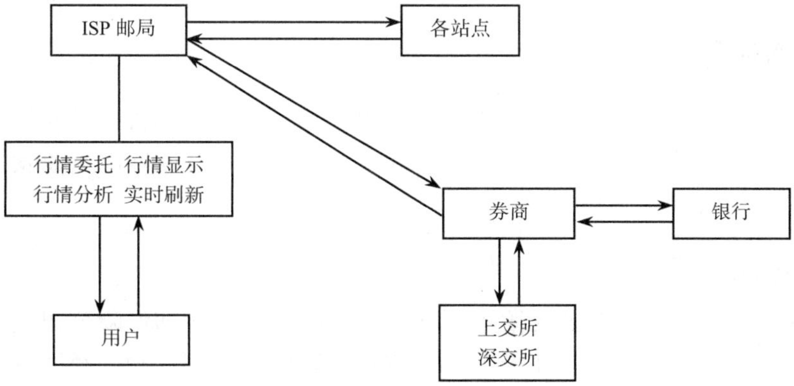


图 10-1　网上证券电子商务交易实现流程

**相关案例**

**美国最大的网上券商嘉信**

嘉信（Charles Schwab）是美国最大的网上券商之一。1997 年秋，嘉信开始进入网上证券经纪行业。1998 年年底，嘉信每周网上证券经纪交易额达 40 亿美元，占其总经纪量的一半以上，占全美网上日交易量的 30%，客户总数高达 550 万，客户总资产达 4 330 亿美元，互联网年经纪额超过 2 000 亿美元。由于投资者的追捧，嘉信股票的市盈率高达 82 倍。

进入 90 年代后，嘉信看到了互联网带来的巨大商业机会。1996 年，他们率先推出基于互联网的网上经纪服务系统，并不断对业务进行重组，以客户服务为中心改进其客户服务质量，降低经营成本，利用价格折扣吸引那些对服务要求不高的自助投资者。例如，同样买 200 股每股价格为 20 美元的股票，通过嘉信的交易费用为 29.95 美元，而传统的经纪服务商为 110 美元。价格成为嘉信主要的竞争手段。嘉信的模式是同时以店面、电话、Web 向投资者提供服务，客户可选择需要的服务模式。在该公司的站点上，不仅可以看到实时行情、新闻、历史财务数据，也可订制个人主页，查看自己的账户，编制自己的财产分配模型。嘉信实际上是服务个人财务的全能超市。

业务与技术的不断创新带动了嘉信的高速增长，它的多项指标一直保持着高速增长势头。其收益多年来一直按 30%的幅度递增，客户资产规模从 2 400 亿美元增至 5 200 亿美元，从传统的证券公司抢走了不少客户。尽管美林仍以 1.5 万亿元的客户资产规模雄居榜首，但嘉信经过两年多的爆炸性成长，股票市值在 1999 年年底已经超过了美国的百年证券老店美林证券。

面对网络的迅速发展，嘉信正在制订一项“一点就通”的宏大计划。这项计划充分利用了自己既有店面又有完备技术手段的优势。这个战略的目标是：将网络交易和售后服务与自己公司的电话中心和 300 家零售网点连接起来，从而构成一个更加庞大、更加完备的网上证券交易和服务网络。

（资料来源：中国证券报，http://www.cs.com.cn/）

## 10.3 网络保险

作为一种全新的经营理念和商业模式，保险产品具有网上销售的可操作性，具有选择广泛、降低成本、无地域时间限制和保护隐私的特点。随着互联网的高速发展，已将网络保险推到了人们面前。

### 10.3.1 网络保险的含义

网络保险，也称网上保险或保险电子商务，是指保险企业即保险公司或保险中介机构以信息技术为基础，以互联网为主要渠道来进行保险经营管理活动的经济行为，是电子商务环境下的保险创新。它包含两个层次的含义：一是指保险业务网络化，二是指保险公司内部管理网络化。因此，网络保险可以理解为是保险企业采用网络来开展一切活动的经营方式，它包括在保户、政府及其他参与方之间通过电子工具、通过网络来共享结构化和非结构化的信息，并完成商务活动、管理活动和消费活动。

通俗地讲，网络保险是通过网络进行各种保险业务活动，将整个保险业务流程实现网上运作，包括保险信息咨询、险种查询、投保、核保、保费查询缴纳、理赔等。

网络保险的优势：首先，大大降低经营成本，要比传统营销方式节省 60%以上；其次，拓宽保险业务的时间和空间，实现全天候 24 小时在线作业；最后，投保人可以主动选择和实现自己的投保意愿，可在多家保险公司及多种产品中实现比较和选择，无须消极接受保险中介人的硬性推销。

## 10.3.2　网络保险的特点

与保险公司传统的经营方式相比，网络保险具有许多优势和特点，主要体现在以下几个方面。

### 1．扩大知名度，提升企业竞争力

互联网的主要特征就在于其信息传递和处理的快速性和共享性，以及信息传播的广阔性。利用互联网技术，保险公司可以在全球范围内介绍自己的公司，推销自己的产品和服务，有效抢占保险市场。

### 2．快捷方便，不受时空限制

通过互联网开展保险业务，保险公司只需要购买一定的网络设备，向网络服务供应商支付较为低廉的网络服务费，就可以全年在本地区、本国乃至全世界范围内进行经营，同时也可省去传统的保险代理人、保险经纪人等中介环节，直接与客户进行交易，还能大大缩短投保、承保、保费收缴和保险金支付等保险业务流程上所花费的时间。另外，通过互联网，保险公司还可以有效地与各种人群和组织发生联系，特别是传统保险中介人无法或不愿接触的客户，这样就能获取更多的业务，扩大保险覆盖面，规模经济效应将更加突出，从理论上更加符合保险经营的“大数法则”，更加有利于保险公司的经营稳定性。

### 3．简化交易，降低经营成本

电子商务的发展大大简化了商品和服务的交易手续，网络保险也是如此。一个典型的网络保险交易的情形是，被保险人只需通过键盘和鼠标就能轻松地访问保险公司的网站，了解保险公司提供的产品和服务，输入自己的购买意向，甚至还可通过网站提供的特定软件来设计最适合自己的投保方案，保险公司可以立即接收到这些信息并做出快速回应。这个过程节省了买卖双方进行联系和商谈的大量时间，可以免除传统保险经纪人和保险代理人的介入，提高了效率，降低了保险公司的销售成本。同时，由于管理费用的降低和佣金的免除，保险公司还可以通过降低保险费率来进一步吸引客户，客户也将从中受益。对于买卖双方来说，是一个双赢的结局。

### 4．免除传统中介，为客户创造和提供更加高质量的服务

网络保险拉近了保险公司与客户之间的距离，因为买卖双方通过互联网实现了直接的双向交流，可以不再需要第三方就能完成交易。

#### 5．改善管理，提高企业经营效率

先进、有效的经营管理是保险公司能够持续、快速、健康发展的“法宝”。随着互联网技术的发展和普及，这一现代信息技术对保险公司的内部经营管理方式也将会产生深刻的影响。

综上所述，与传统保险相比，网络保险具有简单、高效、低成本、易于管理的优势，无论对于传统保险公司，还是新型的网络保险中介，开展网络保险都将是保险企业今后通往成功、在激烈的市场竞争中立于不败之地的一条必由之路。

### 10.3.3 网络保险的发展情况

#### 1．国外网络保险的发展情况

首先来看一个国外网络保险发展的成功案例。eCoverage 公司，这家在旧金山启用互联网的公司，正试图占领价值大于 600 亿美元的保险产业。eCoverage 公司是第一家也是唯一一家通过互联网向客户提供从报价到赔偿服务的公司，他们的任务就是彻底简化整个保险操作。在该公司的网站上，客户可以花费比过去短的时间获得报价、购买方针以及文件赔偿等。eCoverage 不但从流程中去掉了保险推销员，而且能向客户提供 24 小时的服务。

根据 Forrester 的调查，到 2003 年，保险业的在线销售可望达到 41 亿美元超过四分之一的客户现在愿意在网上购买。eCoverage 公司正计划成为从这种趋势中获益的公司之一。

互联网出现之前，保险销售依赖于多年的教育和经验。现在，互联网和商业发展的速度已经改变了这些传统，互联网经济正在使非传统保险公司在传统领域有发言权。也许，以后传统保险公司进入网络世界将不得不遵从 eCoverage 公司的规则。因为互联网给予客户更多的控制权，所以需要更快地提供高质量的客户服务。显然，互联网正在改变这个游戏规则和它在未来操作的方式。

通过提供从报价到赔偿的全套服务，eCoverage 正成为这个产业的巨人。它正利用互联网来淘汰旧的保险商业模式——高额房租开支和过高的保险代理费。通过它的联机系统，来指导客户了解报价、保险项目和赔偿过程（通过对保险术语进行简单明了的解释）。eCoverage 有一个承诺，通过授权客户自我服务来使保险经历非神秘化。eCoverage 公司认为，这是互联网为公司发展带来的绝好机会。以前，一个像 eCoverage 这样刚刚起步的公司想与传统的保险公司竞争可能是不现实的。但是，通过互联网技术，eCoverage 公司可以实现它的目标，提供世界范围内的汽车、轮船以及房屋的全套个人保险业务。

#### 2．我国网络保险的发展情况及挑战

中国保险网开网当天，就促成了我国网上投保的第一单，是由新华人寿保险股份有限公司承保的，这成为我国保险业迈入网络大门的标志。

关于网上保险的发展前景，中国保监会副主席李克穆表示：网上保险作为一种新兴的营销渠道和服务方式，是在经济全球化、信息网络化的基础上形成的，同时也是保险业自身发展的内在要求。

保险网络营销将给我国保险业的发展注入新的活力，但同时也给我国保险业的经营者和管理者提出了新的课题。

（1）对保险中介人的影响。保险网络营销方式的出现，会减少市场上对传统保险代理

人和经纪人的中介需求。然而，由于受现有技术和互联网普及程度的约束，短期内保险中介人的地位不会受到冲击。这就要求保险中介人早日调整自己的经营方向和经营理念。

（2）对保险公司的影响。自我国恢复国内保险业务以来，保险公司发展业务的一般思路是以扩大机构的设置来增大市场占有率。网络作为一种全新的经营管理工具应用于保险业，保险公司完全可以在网上做核保、核赔和远程保险服务，这无疑对传统的保险经营模式提出了严峻的挑战。

（3）由于网上关键大众的数量不足，加上保险在我国本身就处在发展阶段，更加剧了网上销售不足的矛盾。

目前，我国的保险公司都将网站定位在宣传窗口、客户服务和保险信息查询、现有销售渠道的补充等方面，其原因除了网络安全、网上支付等问题以外，就是上述几个挑战无法回避等原因造成的。

**【课堂讨论题】**

观察国内主要的三家保险公司网站，分析其主要功能和发展面临的主要问题。

### 10.3.4　网络保险的运作方式

1.网上销售保险的过程

（1）客户通过公司网站提供的产品服务项目的详细内容，或利用搜索引擎，选择适合自己的险种、费率等投保内容。

（2）依照网上设计表格一次输入个人资料，确定后通过电子邮件传入保险公司。

（3）经核保后，公司同意承保，将以电子邮件方式向客户确认；在客户正式签名后，则合同订立。

（4）通过网络银行转账系统或信用卡方式，保费自动转入公司，保单正式生效。

（5）客户在签订合同期间，还可利用网上售后服务系统，对整个签订合同、划缴保费过程进行监督，确保自己的利益不受侵害。

2005 年 4 月 1 日，《中华人民共和国电子签名法》实施后，投保过程的变化：传统的网络保险仅实现了网上投保和支付，而核保和递送保单扔需人工操作；而实施后的网络保险是实现投保、核保和给付的网络化。即传统的网上投保，客户首先需登录保险公司网站，选择产品后递交投保信息，再由保险公司人工出单并且将保单递送给投保人并收取保费；而实施后的网络保险电子保单的投保过程则是，用户在登录网站、选择产品之后，就可以直接进行网上支付，并由系统自动完成合同，之后收发电子保单，整个过程自主完成。

2．网络保险公司的运作形式

（1）纯网络保险销售公司。如美国旧金山的 eCoverage，该公司 100%通过互联网向客户提供从报价到赔偿的一系列服务。

（2）传统的保险公司与互联网嫁接的形式，如太保网、泰康在线等。

（3）独立的网络公司，通过与传统保险公司在一定范围内的合作，介入网络保险市场，如易保网等。

**相关案例**

**保险业电子商务应用案例——平安保险**

平安保险是国内保险业最早“触网”的企业之一，也是中国第一家引入外资的全国性保险公司，早在2000年8月18日就开通了综合理财网站，可以为个人客户和企业客户提供系列的个性化产品和服务。

平安保险公司网站的主要功能：

（1）关于平安：公司信息、荣誉、大事记和新闻报道等。

（2）个人客户：

- 保险业务，汽车保险、旅游保险、养老等其他保险和保险服务；
- 股票、信托、期货、外汇，财经咨询和股票交易信息与服务等；
- 年金，年金介绍、投资、账户设置、退休支付和服务指南等；

网上门店，销售交强险等保险产品。

（3）公司客户：

- 保险，团体投连保险价格公告、保障员工保险、保障经营风险等；
- 理财服务，股票、投资银行、资产管理等；
- 外汇业务，外汇存款、交易和外汇融资等。

## 10.4 电子政务

### 10.4.1 电子政务的含义和特点

#### 1. 电子政务的含义

电子政务是近几年来伴随着互联网的发展和应用而产生的新概念，它是电子商务实现的重要组成部分。这个概念最早由美国前总统克林顿在1992年提出，美国政府将依托信息技术使其成为“电子政府”。目前，关于电子政务的概念还没有统一的定义，国内外对电子政务的含义的解释一般存在以下几种：

（1）电子政务是政府机构应用现代信息和通信技术，将政府的管理和服务通过网络技术进行集成，在互联网上实现政府组织结构和工作流程的优化重组，超越时间、空间与部门分割的限制，全方位地想社会提供优质、规范、透明和符合国际水准的政府管理和服务。

（2）电子政务是指公用管理组织在政务活动中，全面应用现代信息技术、网络技术以及办公自动化技术等进行办公、管理和为社会提供各种公用服务的一种治理方式。

（3）电子政务是用以网络技术为核心的信息技术对传统政务活动进行持续不断的创新和优化，以实现高质量、高效率、低成本的政府管理和服务职能。

（4）电子政务是政府在国民经济和社会信息化的背景下，以提高政府办公效率，改善投资环境和决策为目标，将政府的信息发布、管理、服务和沟通功能向互联网上迁移的系统解决方案。

（5）电子政务是通过在网上建立政府网站而构建的虚拟政府，它的实质是把工业化模型的大政府即集中管理、分层结构、在物理经济中运行的传统政府，通过互联网转变为新型的管理体系，以适应虚拟的、全球性的、以知识为基础的数字经济，也适应社会运行的根本转变。这种新型的管理体系就是电子政府。

（6）电子政务是一个利用信息和通信技术，在公用计算机网络上有效地实现行政、服务及内部管理等功能，在政府、社会和公众之间建立有机服务系统的集合。

从上述电子政务的含义上可以看出：

第一，电子政务必须借助现代信息与通信技术；

第二，电子政务是在对传统“政务”改革和业务流程重组的前提下实现的高效率、高透明、方便快捷的新型政府管理与服务体系。

因此，现阶段电子政务的概念可以定义为：政府部门运动现代管理思想对传统“政务”进行改革和业务流程重组，充分利用信息和通信技术，将政府的管理和服务通过网络技术进行集成，实现超越时间、空间与部门分割的限制，全方位地向社会提供优质、规范、透明和符合国际水准的管理和服务。

**2．电子政务的特点**

（1）以改革政务流程为基础的人机结合的信息系统。电子政务是一个在政府业务流程优化的基础上包含计算机网络软硬件、政府工作人员、社会公众和企业在内的一个完整的人机结合的应用系统和社会系统工程，没有政府业务流程的优化，没有政府工作人员、社会公众和企业参与的由计算机和网络软硬件组成的系统都不可能称为完整的电子政务系统。

（2）以安全支撑体系为保障。政府是国家管理机构，政府部门拥有的信息具有经济、政治和军事等多方面的不同价值，同时政府机构又是行使国家行政权力的部门，电子政务系统的安全决定了政府机构的业务、权力能否正常开展和运行。因此安全成为电子政务最为重要的基石，电子政务的安全支撑体系不仅包括通过技术手段保证网络安全和信息安全，还包括安全管理制度建设和对政府工作人员安全意识的培养和树立等内容。

（3）以互联网为基础运行环境。互联网的发展，使得广域的政府机构和众多的企业和社会公众能够通过方便、快捷、低成本的互联网进行有效的沟通和协同工作。互联网从其诞生开始就成为一个最佳的广域信息沟通平台。互联网本身所具有的开放性、全球性、低成本、高效率的特点成为电子政务的内在特征，并使得电子政务大大超越了作为一种政务运行平台所具有的价值，它不仅会改变政府本身的业务活动过程，促进政府业务流程的重组，而且对整个社会及其相关的运行模式都会产生积极有益的影响。

（4）以不断发展的政府各部门业务信息化水平为支撑。从发达国家的电子政务经验来看，在经过持续近 50 年各种形式信息化的努力下，国外政府内部的管理信息系统和各种决策支持系统应用已经非常广泛。互联网的发展，使得政府能够利用互联网将政府的信息系统在技术和功能上向政府外部延伸，初步形成电子政务的基本构架。

从我国政府应用信息系统开发建设来看，政府应用的信息系统已经涉及办公自动化、公文流转、项目招标、档案管理、人事管理、税务、海关、银行等众多领域。我国政府各部门信息化应用的普及和工作人员信息化应用水平的普遍提高已经为我国电子政务的建设打下了坚实的基础。

（5）以满足公众和企业对政府的新要求为目标。从企业角度来看，知识经济时代，企业纵向一体化已经被企业综合集成取代，价值主导型企业集中精力于核心竞争力，其他职能都通过外购或外包来实现。企业内部各业务单元成为协同竞争的内部资源，政府、供应商、合作伙伴成为企业协同竞争的外部资源。利润的最大化驱使企业和资本不断地在各行业中转移、寻求新的合作伙伴，企业不停地整合自身的供需网络以适应环境的改变。企业的信息系统必须适应企业在不同时期不同业务的特点，必须支持企业在最短的时间内、在合适的地点为顾客提供最优质的个性化服务。互联网的发展恰好能够满足企业的上述需求。

从社会公众的角度来看，随着信息社会和新经济的发展，信息的价值越来越被广大的社会公众所认知。公众对信息特别是政府信息的公开和增加政府透明度的要求也越来越高，而互联网正好成为实现公众上述需求的平台。

总的来说，使政府由一个多层次、多部门的“管理型”政府，向一个智能化、高效、公开、透明、低成本运行的“管理服务型”政府转变，这是新经济时代企业和社会公众对政府的主要要求之一。

（6）以政府、企业和社会公众为行为主体。与电子政务相关的行为主体主要有政府机构（包括政府工作人员）、企业和社会公众（居民）。因此，政府的业务活动也主要围绕这三个行为主体展开，即包括政府与政府之间的互动、政府与企业之间的互动、政府与公民之间的互动。

（7）以适用、高效为发展方向。首先，电子政务的实践在各国还处于不断迅速发展过程中，电子政务概念本身也还处于发展之中。即使在电子政务发展最快的国家，能够做到实现双向互动或事物处理的电子政务项目还只有 30%左右。因此，毫无疑问，电子政务是一项政府管理创新和实践的过程，其发展还有一段漫长的路要走。

其次，妨碍电子政务发展的主要问题之一依然是数字鸿沟的存在。虽然近几年我国国际互联网用户数迅速增长，但按人均比例和区域分布看，多数需要政府提供服务的群体，特别是弱势群体，并不具备上网的条件和技能。在制定电子政务的发展策略和进行电子政务建设时，必须实事求是地考虑数字鸿沟的因素，以效益为先，通过推动国家纵向典型管理服务业务系统建设和开展中心城市典型电子政务示范项目建设的多种措施，推动电子政务发展的同时，加大人员培训的力度和兴建各种免费上网设施，以消除数字鸿沟对电子政务建设的不利影响。

### 10.4.2 我国电子政务的发展情况

20 世纪 80 年代，我国政府部门开始利用计算机技术实施政务活动，即“办公自动化”。在此基础上，国务院办公厅实时提出了建设全国政府行政首脑机关办公决策系统，并提出了“政府信息化”概念。从总体上看，我国电子政务的发展可以分为初期缓慢发展、快速发展阶段和专业化发展阶段。

#### 1. 初期缓慢发展

20 世纪 80 年代末，中央和地方党政机关开展的办公自动化工程，建立了各种纵向和横向的内部信息办公网络，为利用计算机和通信网络技术奠定了基础。1993 年启动了“金桥工程”、“金关工程”和“金卡工程”，这是以中央政府主导，以政府信息化为特征的系统工程，重点是建设信息化的基础设施。

#### 2．快速发展阶段

到 20 世纪 90 年代末，由于信息网络技术的快速发展和信息基础设施的不断完善，电子政务的发展进入了快车道，突破了部门和地域的限制，开始向交互性和互联网方向发展。

1998 年 4 月，青岛市在互联网上建立了我国第一个严格意义上的政府网站“青岛政务信息公众网”。

1999 年 5 月，在中国政府网（gov.cn）下注册的政府域名增加到 1 470 个。截止到 2001 年 1 月底，以 gov.cn 为结尾的注册政府域名总数达到 4 722 个，已建成的政府网站达 3200 多个，70%以上的地市级政府在网上开设了办事窗口。

#### 3．专业化发展阶段

到现在为止，许多地方政府都将国民经济和社会信息化作为政务建设的重要内容。上海、深证等许多城市提出建立数字化城市，专业化的政府网站日益增多，服务内容更加丰富，功能不断增强，互动性得到很大提高。例如，北京市工商行政管理局建立了网上办公品台——“红盾 315 网站”（www.hd315.gov.cn）。

总的来看，虽然我国电子政务建设通过这几年来的摸索和实践，积累了大量经验，取得了大量成绩，但我国电子政务的起步较晚，发展缓慢，与世界先进国家相比，还有很大差距，需要加倍努力。

### 10.4.3　电子政务的内容

电子政务的内容非常广泛，国内外也有不同的内容规范。根据国家政府所规划的项目来看，电子政务主要包括政府间的电子政务、政府对企业的电子政务、政府对公民的电子政务。

#### 1．政府间的电子政务

政府间的电子政务是上下级政府、不同地方政府、不同政府部门之间的电子政务。其主要包括以下内容：

（1）电子法规政策系统。对所有政府部门和工作人员提供相关的现行有效的各项法律、法规、规章、行政命令和政策规范，使工作人员真正做到有法可依、有法必依。

（2）电子公文系统。在保证信息安全的前提下在政府上下级、部门之间传送有关的政府公文。

（3）电子财政管理系统。向各级国家权力机关、审计部门和相关机构提供分级、分部门的历年政府财政预算及其执行情况，便于有关领导和部门及时掌握和监控财政状况。

（4）电子办公系统。通过电子网络完成机关工作人员如申请出差、请假、文件复制、使用办公设施和设备等的许多事务性工作，提高工作效率。

（5）电子培训系统。对政府工作人员提供各种综合性和专业性的网络教育课程，特别是对员工进行与信息技术有关的专业培训。

（6）电子司法档案系统。在政府和司法机关之间共享司法信息。

（7）业绩评价系统。按设定的标准对政府各部门业绩进行科学考评。

#### 2．政府对企业的电子政务

政府对企业的电子政务是指政府通过电子网络系统进行电子采购与招标，精简管理业务流程，快捷迅速地为企业提供各种信息服务。其主要包括：

（1）电子采购与招标。通过网络公布政府采购信息与招标信息，为企业特别是中小企业参与政府采购提供必要的帮助，向他们提供政府采购的有关政策和程序，减少政府采购中的徇私舞弊和暗箱操作，降低企业交易成本，节约政府采购支出。

（2）电子税务。企业通过政府税务网络系统，在企业办公室里就能完成税务登记、税务申报、税款划拨、查询税收公报、了解税收政策等业务。电子税务既方便了企业，也提高了政府的办事效率。

（3）电子证照办理。企业通过网络申请办理各种证件和执照，电子证照办理可以缩短办理周期，减轻企业负担。

（4）信息咨询服务。这是指政府将有关的各种数据库信息对企业开放，方便企业利用。

（5）中小企业服务。政府对中小企业实行积极扶持、加强引导、完善服务、依法规范、保障权益的方针，为中小企业的建立和发展创造有利的环境。

3．政府对公民的电子政务

（1）教育培训服务。政府建立全国性的教育平台，并资助所有的学校和图书馆介入互联网和政府教育平台；政府出资购买教育资源，然后提供给学校和学生；政府重点加强对信息技术能力的教育和培训，以适应信息时代的挑战。

（2）就业服务。通过电话、互联网或其他媒体向公民提供工作机会和就业培训，促进就业。例如，开设网上人才市场或劳动市场，提供与就业有关的工作职位缺口数据库和求职数据库信息等。

（3）电子医疗服务。通过政府网站提供医疗保险政策信息、医药信息、执业医生信息，为公民提供全面的医疗服务，公民可通过网络查询自己的医疗保险个人账户余额和医疗情况。

（4）社会保险网络服务。通过电子网络建立覆盖地区甚至国家的社会保险网络，使公民通过网络即时全面地了解自己的养老、失业、工伤、医疗等社会保险账户的明细情况。

（5）公民信息服务。使公民得以方便、容易、费用低廉地接入政府法律规章数据库；通过网络提供被选举人背景资料，存进公民对被选举人的了解；通过在线评论和意见反馈了解公民对政府工作的意见，改进政府工作。

（6）电子证件服务。允许居民通过网络办理结婚证、离婚证、出生证、死亡证明等有关证件。

（7）电子税务。允许公民个人通过电子报税系统申报个人所得税、财产税等个人税务。

### 10.4.4 电子政务的发展方向

电子政务是随着信息技术和网络技术的发展而产生、发展起来的，其中经过了办公自动化、政务公开以及互动式的电子政务等几个阶段。未来社会中，电子政务的发展将逐渐使政府由传统政府向电子政府转变，最终将实现一体化电子政府。

一体化包含两个方面的含义：一是同级政府的不同部门的一体化，二是不同政府的一体化。一体化的政府使各级政府的各部门拥有了统一的服务平台。在这个平台上，公众面对的是一个一体化政府，而不必关心与自己打交道的是哪一级政府的哪个部门，只要获取服务就可以了，这将大大提高政府的服务效率，为公众节省大量的实践。同时，一体化政府可以每天 24 小时、每周 7 天地向公众提供各种服务，服务范围也大大拓展，使公众更容易获得政府的服务；政府也可以从大量繁杂的具体事务中解放出来，抓好关系国计民生的大事，更好地实现政府的管理功能。

### 相关案例

**去哪儿在动携程奶酪：打造垂直旅游“淘宝+百度”**

过去，去哪儿网（www.qunar.com）身上的标签是“垂直旅游行业的百度”，业务模式是 CPC（搜索比价）；现在，去哪儿网将标签换为“垂直旅游行业的百度+淘宝”，业务模式是 TTS（Total Solution，酒店在线交易系统）+CPC。

2013 年 4 月 23 日，去哪儿网 CEO 庄辰超表示：“这方便了消费者，过去需要学习，适应不同的 OTA 网站，现在不需要了，只需要面对去哪儿网。去哪儿网对于消费者而言，相当于‘一站式在线旅游服务平台’。”

今年 3 月，去哪儿网鼓励 OTA 合作伙伴加入酒店业务 TTS 平台，加入 TTS 平台可获得更多价格上的优惠。这一决定却引起轩然大波。4 月初，OTA（包括艺龙、同程网）等宣布从去哪儿网集体下线，俨然形成对抗去哪儿网联盟。集体下线事件不足半月，OTA 联盟内部分裂，如家宣布终止与同程合作，同程网则暗指行业老大携程背后操纵。

随后，除了艺龙之外，包括芒果在内的 OTA 纷纷回归去哪儿网并接入 TTS 平台。

这并不是战争的终结，去哪儿网的 CPC 模式是对携程“呼叫中心模式”的一次颠覆。过去数年，去哪儿网快速崛起，俨然挑战携程的统治地位。TTS 又一次动了携程的奶酪，携程作为在线旅游行业的老大无法坐视。

（资料来源：中国财经新闻网，www.21cbh.com）

【讨论】

1. 试分析自助游电子商务市场的优势与制约因素。
2. 观察一组国内外旅游电子商务网站，比较分析其前台功能和服务方式。

## 本章小结

旅游电子商务是指通过先进的网络信息技术手段实现旅游商务活动各环节的电子化，包括通过网络发布、交流旅游基本信息和商务信息，以电子手段进行旅游宣传营销、开展旅游售前售后服务；通过网络查询、预订旅游产品并进行支付；包括旅游企业内部流程的电子化及管理信息系统的应用等。

网上证券电子商务是证券行业以互联网为媒介为客户提供的一种全新商业服务。它是一种信息无偿、交易有偿的网络服务，它是运用最先进的信息与网络技术对证券公司原有业务体系中的各类资源及业务流程进行重组，使用户与内部工作人员通过互联网就可开展业务与提供服务。目前，我国比较典型的证券电子商务领域集中体现在证券电子商务促进证券经纪业务的拓展和延伸。

网络保险，也称网上保险或保险电子商务，是指保险企业即保险公司或保险中介机构以信息技术为基础，以互联网为主要渠道来进行保险经营管理活动的经济行为，是电子商务环境下的保险创新。它包含两个层次的含义：一是指保险业务网络化，二是指保险公司内部管理网络化。因此，网上保险可以理解为是保险企业采用网络来开展一切活动的经营方式，它包括在保户、政府及其他参与方之间通过电子工具、通过网络来共享结构化和非结构化的信息，并完成商务活动、管理活动和消费活动。

电子政务的概念可以定义为：政府部门运动现代管理思想对传统“政务”进行改革和业务流程重组，充分利用信息和通信技术，将政府的管理和服务通过网络技术进行集成，实现超越时间、空间与部门分割的限制，全方位地向社会提供优质、规范、透明和符合国际水准的管理和服务。

## 复习思考题

### 一、选择题

1. 政府对企业的电子政务主要包括电子用采购与招标、（　　）、电子证照办理、信息咨询服务、中小企业电子服务。

A. 电子公文系统　　B. 电子办公系统
C. 电子培训系统　　D. 电子税务

2. 下列电子货币中，（　　）属于储值卡型电子货币。

A. 电子支票　　B. 银行卡　　C. 购物卡　　D. 信用卡

3. 在网上银行的基本业务中，为用户提供方便的个人理财渠道，称为（　　）。

A. 家庭银行　　B. 企业银行　　C. 各种支付　　D. 信用卡业务

4. 在上海，用户若使用招商银行的网上支付卡来完成网上支付，则相应的信息将会通过（　　）提供的支付网关进入银行专网。

A. 商家　　B. 中国银行　　C. 招商银行　　D. ChinaPay

### 二、判断题

1. 网上商店具有可以直接获得网上销售收入而不仅仅是进行产品宣传的特点。（　　）
2. 网上银行最早起源于英国，后迅速蔓延至整个欧洲。（　　）
3. 网络银行没有建筑物、没有地址，只有网址，其分行是终端机和互联网带来的虚拟化的电子空间。（　　）
4. 旅游业是典型的服务性行业，旅游电子商务也以服务为本。（　　）
5. 网络保险是通过网络进行各种保险业务活动，将整个保险业务流程实现网上运作，包括保险信息咨询、险种查询、投保、核保、保费查询缴纳、理赔等。（　　）

### 三、多选题

1. 网上银行也称（　　）。

A. 个人银行　　B. 电子银行　　C. 在线银行　　D. 家庭银行

2. 电子商务商店类型的选项属于网上商店的有（　　）。

A. 综合商城　　B. 百货商店　　C. 轻型品牌店　　D. 复合品牌店

3．政府对公民的电子政务包括（　　）。

A．教育培训服务　　B．就业服务

C．电子医疗服务　　D．电子证件服务

## 四、简答题

1．简述旅游电子商务发展的优势，并举例说明。

2．简述电子政务的类别与应用。

# 参考文献


[1] 陈拥军，孟晓明. 电子商务与网络营销（第 2 版）[M]. 北京：电子工业出版社，2012.

[2] 陈卫中. 决胜 O2O——互联网思维完全实战指南[M]. 北京：北京理工大学出版社，2014.

[3] 崔广风，钟仪华. 数据挖掘方法在电子商务领域的研究综述[J]. 现代商业，80-83.

[4] 董铁. 物流电子商务[M]. 北京：清华大学出版社，2006.

[5] 符贝贝. 近代移动通信系统的研究[J]. 河南省通信学会学术年会论文集，2008.

[6] 郭敏杰. 大数据和云计算平台应用研究[J]. 现代电信科技，2014（8）：8.

[7] 仝新顺，王初建，于博. 电子商务概论[M]. 北京：清华大学出版社，2010.

[8] 胡晓燕. 无线应用协议（WAP）的体系结构分析[J]. 计算机与信息技术，2007：29.

[9] 胡斌. 电子商务概论[M]. 北京：人民邮电出版社，2015.

[10] 黄若. 我看电商[M]. 北京：电子工业出版社，2013.

[11] 黄若. 我看电商[M]. 北京：电子工业出版社，2014.

[12] 贾玢，刘纪元. 电子商务概论[M]. 北京：电子工业出版社，2010.

[13] 刘宏. 电子商务概论[M]. 北京：清华大学出版社，北京交通大学出版社，2010.

[14] 兰岚. 移动电子商务的发展与应用[J]. 黑龙江对外经贸，2011：11.

[15] 李庆艳，金铎，张文安，张涛. 移动电子商务发展趋势探讨[J]. 电信科学，2011：6.

[16] 李乔，郑啸. 云计算研究现状综述[J]. 计算机科学，2011，4（38）：4.

[17] 李洪心. 电子商务概论[M]. 大连：东北财经大学出版社，2008.

[18] 郦瞻. 网络营销[M]. 北京：清华大学出版社，2013.

[19] 黎万强. 参与感——小米口碑营销内部手册[M]. 北京：中信出版社，2014.

[20] 孟从，黄晓春. 关于电子商务发展中应用云计算技术的研究[J]. 企业改革与管理，2015（3）：下.

[21] 史海霞. 网络营销[M]. 成都：西南财经大学出版社，2010.

[22] 苏静，王宇静. 电商时代传统企业 O2O 之道[M]. 北京：电子工业出版社. 2014 年

[23] 王意洁，孙伟东，周松，裴晓强，李小勇. 云计算环境下的分布存储关键技术[J]. 软件学报，2012，23（4）：962-986.

[24] 汪琪. 略论移动电子商务的应用[J]. 安徽商贸职业技术学院学报，2008，4（7）.

[25] 谢希仁. 计算机网络[M]. 北京：电子工业出版社，2008.

[26] 叶符明. 论大数据时代下的电子商务[J]. 研究与探讨——信息技术与信息化，2014，7.

[27] 张茹芳. 浅析 4G 移动通信技术的要点和发展趋势[J]. 信息通信，2013，1.

[28] 翟彭志. 网络营销[M]. 北京：高等教育出版社，2009.
[29] 赵卫东. 电子商务模式[M]. 上海：复旦大学出版社，2011.
[30] 赵芳. 电子商务概论[M]. 大连：东北财经大学出版社，2015.
[31] 周鸿祎. 我的互联网方法论[M]. 北京：中信出版社，2014.
[32] 中国互联网络信息中心. 第 34 次中国互联网络发展状况统计报告[J]. China Internet 互联网天地，Jul.2014，No.7.
[33] 中国电子商务研究中心，http://b2b.toocle.com.

# 反侵权盗版声明

电子工业出版社依法对本作品享有专有出版权。任何未经权利人书面许可，复制、销售或通过信息网络传播本作品的行为；歪曲、篡改、剽窃本作品的行为，均违反《中华人民共和国著作权法》，其行为人应承担相应的民事责任和行政责任，构成犯罪的，将被依法追究刑事责任。

为了维护市场秩序，保护权利人的合法权益，我社将依法查处和打击侵权盗版的单位和个人。欢迎社会各界人士积极举报侵权盗版行为，本社将奖励举报有功人员，并保证举报人的信息不被泄露。

举报电话：（010）88254396；（010）88258888

传　　真：（010）88254397

E-mail：　dbqq@phei.com.cn

通信地址：北京市万寿路 173 信箱

　　　　　电子工业出版社总编办公室

邮　　编：100036